Altrove

Elsewhere

Video d'arte e ricerca
Experimental and Art Video

CHARTA

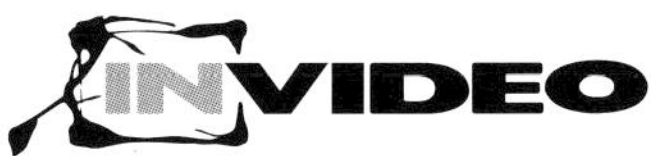

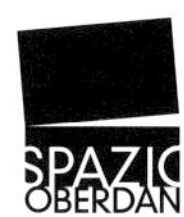

Mostra internazionale di video d'arte e ricerca   XI Edizione

International Experimental and Art Video Exhibition   *11th Edition*

Milano, Spazio Oberdan
7/11 novembre 2001

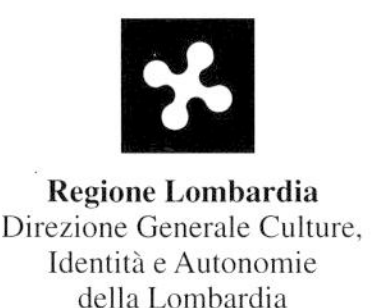

Regione Lombardia
Direzione Generale Culture,
Identità e Autonomie
della Lombardia

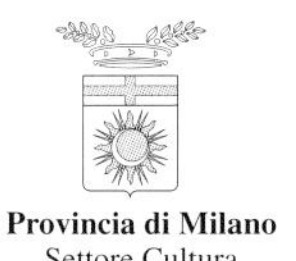

Provincia di Milano
Settore Cultura

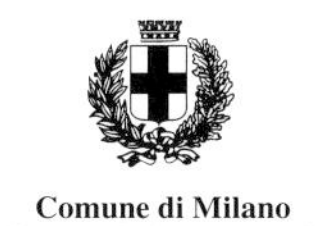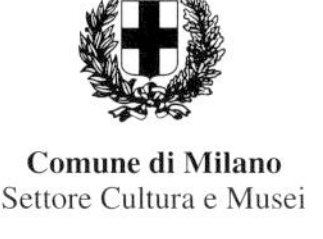

Comune di Milano
Settore Cultura e Musei

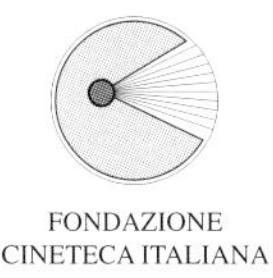

FONDAZIONE
CINETECA ITALIANA

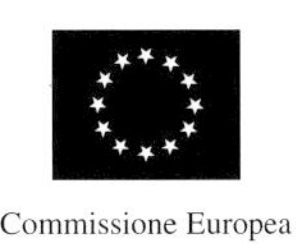

Commissione Europea

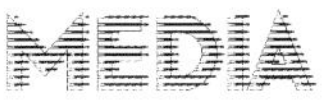

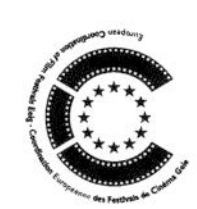

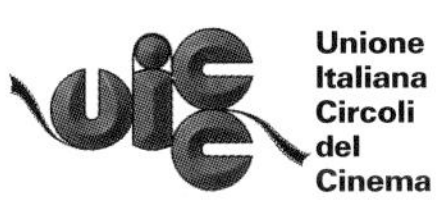

**Unione
Italiana
Circoli
del
Cinema**

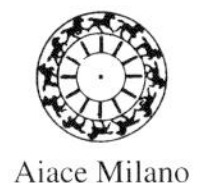

Aiace Milano

Catalogo/catalogue

A cura di/editor
Alessandro Amaducci

Collaborazioni/staff
Chicca Bergonzi, Sandra Lischi

Documentazione/documentation
Valentina Di Prisco

Fotografie/photography
Maurizio Pratesi per Fama sas

Traduzione dall'italiano in inglese/
translation into English
 John Young

Traduzione dall'inglese in italiano/
translation into Italian
Irene Floriani

Graphic design
A+G Achilli Ghizzardi Associati

Designer
Elisabetta Resconi

Fotolito e stampa/photolitho and printing
Tipolito Restelli, Costa Volpino (BG)

In copertina/cover photograph
Le conte du monde flottant di Alain Escalle

© 2001
AIACE, Milano

© 2001
Edizioni Charta, Milano

ISBN 88-8158-358-5

Edizioni Charta
via della Moscova, 27
20121 Milano
Tel. +39-02-6598098/6598200
Fax +39-02-6598577
E-mail: edcharta@tin.it
www.chartaartbooks.it

Finito di stampare nel mese di novembre 2001
Printed November 2001

Invideo
XI edizione
Mostra internazionale di video d'arte e ricerca

XI edition
International Experimental and Art Video Exhibition

Invideo è un progetto AIACE sostenuto dalla Regione Lombardia - Direzione Generale Culture, Identità e Autonomie della Lombardia, dalla Provincia di Milano - Settore Cultura, dal Comune di Milano - Cultura e Musei - Settore Spettacolo - Turismo, dalla Commissione Europea - Programma Media

Invideo si avvale anche del contributo di British Council, Centro Culturale Svizzero, Fondazione Cineteca Italiana, Goethe Institut, Ondavideo, Pro Helvetia, UICC
Realizzato in collaborazione con New Service, Milano

Mostra/exhibition

Direzione/directors
Chicca Bergonzi, Romano Fattorossi, Sandra Lischi

Ricerca e selezione opere/video research and selection
Alessandro Amaducci, Chicca Bergonzi, Romano Fattorossi, Sandra Lischi, con la collaborazione di Valentina Di Prisco e Laura Marcellino

Coordinamento/coordinator
Romano Fattorossi

Coordinamento del progetto per la Regione Lombardia/ project coordinator for the Region of Lombardy
Gaetano Fasano, Graziella Gattulli

Coordinamento del progetto per la Provincia di Milano/ project coordinator for the Province of Milan
Massimo Cecconi, Aurelio Citelli, Maddalena Pugno, Velia Tolomelli

Coordinamento del progetto per il Comune di Milano/ project coordinator for the City of Milan
Massimo Accarisi, Pierfranco Bianchetti

Coordinamento del progetto per la Commissione Europea, Programma Media/project coordinator for the European Commission, Media Programme
Jean-Michel Baer, Jacques Delmoly, Elena Braun

Segreteria e coordinamento autori e festival/ festival and videomaker coordinator and secretary
Valentina Di Prisco con la collaborazione di/assisted by Liliana Barchiesi, Daniele Buggio, Gian Luca Paoletti

Ufficio Stampa/press officer
Laura Mazza

Fotografie/photography
Maurizio Pratesi per Fama sas

Assistenza tecnica/technincal assistants
Antonio Cominati, Elvira Grosso, Giuseppe Mazzotta, Renato Minotti, Nicola Pellicani
(Medialogo - Servizio Audiovisivi - Provincia di Milano)

Si ringraziano/thanks to
Arcipelago
Mauro Bianchi
James Burton
Gianni Comencini
Martine Dondeyne
Festival Internazionale del Cortometraggio, Siena
Festival Internazionale del Film Locarno
Tiziana Finzi
Ludovica Fonda
Caroline Harvey
Benoit Ginistry
Giuseppe Guastella
Emma Lee
José Carlos Mariategui
Paul McKee
John Payne
Paolo Spina

AIACE - INVIDEO
Via Piolti de' Bianchi, 19
20129 Milano
Tel: 02 76115394
Fax: 02 75280119
E mail: info@mostrainvideo.com

In collaborazione con/supported by

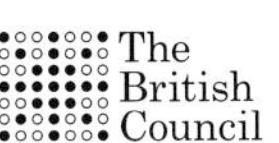
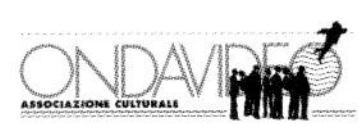
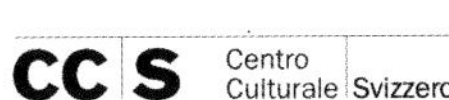
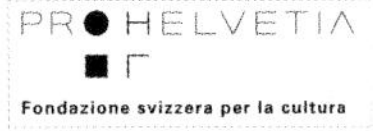
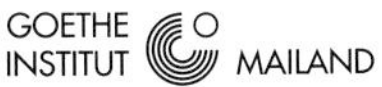

In un'epoca, quella attuale, in cui tutto, finanche il sapere ed il pensiero, è affidato alla tecnologia, alla quale - sola - compete la divulgazione di significanti e significati, sempre maggiore importanza assumono manifestazioni come INVIDEO, giunta quest'anno alla sua undicesima edizione. Sono elementi che la Regione Lombardia aveva già colto, sulla base dei quali ha promosso fin dal 1990 l'iniziativa che continua a sostenere, con convinta partecipazione, anche in questa VII legislatura. La fruizione dell'opera d'arte attraverso il video è il prodotto di una tecnologia recente ed affascinante. INVIDEO è una manifestazione che vuole esaltare la visibilità nella visibilità. È l'intento da perseguire, così che le opere d'arte realizzate, avvalendosi dei supporti video e dell'ausilio delle nuove tecnologie mostrino, ma nello stesso tempo vengano mostrate. L'importanza dello sguardo nella cultura del terzo Millennio conferisce dunque ulteriore rilievo a chi vi affida il senso della propria arte. La raccolta di queste opere, frutto dell'ingegno e dell'attitudine alla progettualità e al "fare" artigiano caratteristici della cultura lombarda, in un archivio permanente consegna inoltre alla Lombardia un patrimonio che verrà doverosamente custodito, valorizzato e promosso nel tempo. Così come già attualmente la Regione fa nei confronti del suo patrimonio, per nulla in contraddizione con le espressioni e la realtà di oggi e di domani. ◼

Ettore A. Albertoni
Assessore Regionale
alle Culture,
Identità e Autonomie
della Lombardia

*I*n an epoch such as the present in which all things, even thought and knowledge, are entrusted to technology – which in turn becomes the sole vehicle for conveying meaning – events such as this, the eleventh INVIDEO, gain in significance year by year. The Region of Lombardy was quick to recognise such an important event, promoting it from 1990 and continuing its wholehearted support during the current VIIth legislature.
Video as an art form is a product of recent and fascinating technology. INVIDEO is an event which attempts to exalt visibility by visibility. This is its challenge: to use the video medium and new technologies to make sure that the works of art both display and are displayed.
The importance of vision in the culture of the new millennium further enhances art which derives its meaning from viewing. The archive of these videos, born from the creativity and inventiveness that have long been typical of Lombard culture, establishes a permanent collection for Lombardy that will be duly safeguarded, exploited and promoted in the future, in keeping with the Region's longstanding policy towards the heritage of the past, a policy in touch with the reality of today and tomorrow. ◼

Ettore A. Albertoni,
Director of the Dept.
of Cultural Affairs,
Regional Identities
and Autonomy in Lombardy

I l percorso intrapreso da INVIDEO oltre dieci anni fa, anche se nasceva sotto i migliori auspici, non poteva certo prevedere né assicurare quel successo e quella credibilità a cui la manifestazione è approdata oggi.

I motivi sono molteplici, non ultimo quello di aver intuito, in anni non sospetti, la potenzialità di una espressione artistica che si sarebbe affermata con forza e con determinazione proprio nel corso degli anni 90.

Il passaggio di secolo ha definitivamente sancito, a livello internazionale, la validità della ricerca per immagini al punto che numerosi musei nel mondo ormai ospitano abitualmente opere che coniugano in sé alta tecnologia ed espressione visiva in movimento.

Penso vada ad onore degli enti pubblici milanesi aver colto allora quella proposta ed averla sostenuta, nello spirito di favorire la conoscenza e la diffusione di nuovi linguaggi artistici che interessano, per altro, un pubblico sempre più vasto.

Sono anche lieta, naturalmente, che l'archivio di INVIDEO, venga concretamente ospitato presso Medialogo, il nostro servizio audiovisivi, e posso testimoniare che sono numerose le richieste di visione e di consultazione delle centinaia di video che oggi l'archivio propone.

Sono certa che la nuova rassegna di INVIDEO, ospitata presso il nostro Spazio Oberdan, saprà aggiungere valore ad un patrimonio sempre più significativo ed emblematico di opere che meritano la massima considerazione perché interpretano in senso propositivo il nostro presente, con gli occhi decisamente puntati sul nostro futuro. ■

Paola Iannace
Assessore alla Cultura e Beni Culturali
Provincia di Milano

Although the prospects were bright for INVIDEO when it first began ten years ago, no one could have forecast, still less guaranteed, the success and credibility enjoyed by the event today.

There are many reasons behind this success, not least the intuition, well in advance of its becoming a commonplace, that this kind of artistic expression would become so firmly established during the 1990s.

The turn of the century has consolidated at international level the validity of experimentation in images, to the point where many of the world's museums now regularly house works that combine high technology and expression through moving pictures.

I believe that credit is due to the public authorities of Milan for the support they have given INVIDEO from the outset, with the aim of fostering awareness and dissemination of new artistic languages that are also attracting an ever broader public.

I am also naturally very pleased that the INVIDEO archive should be located at Medialogo, our audiovisual service, and I can testify that there is high demand for watching and consulting the hundreds of videos now in the archive.

I am certain that this year's INVIDEO, taking place at our Spazio Oberdan arts centre, will give further added value to an increasingly significant and emblematic collection of works. These videos deserve the fullest consideration because they offer a proactive interpretation of our present, while looking determinedly towards our future.

Paola Iannace
Director, Dept. of Culture
Province of Milan

Ci sono almeno tre motivi che spiegano il crescente successo di INVIDEO giunto alla sua undicesima edizione.

Innanzi tutto, la possibilità di presentare ogni anno le le eccellenze tra produzione internazionale di video di ricerca nel corso di una grande Mostra che si è andata affermando come il più importante appuntamento del settore a livello nazionale, capace di attirare un pubblico numeroso ed attento sia di specialisti - autori, studenti universitari, artisti, pubblicitari- che di semplici curiosi. È quasi naturale che ciò sia accaduto, e accada, a Milano che ospita la più alta percentuale italiana di lavoratori legati alle nuove tecnologie.

Dietro l'evento, pur importante, c'è l'archivio che si è andato formando di INVIDEO: praticamente tutte le opere presentate vengono acquistate per restare definitivamente a disposizione del pubblico. In questo modo, anno dopo anno si è costituito a Milano un patrimonio unico: centinaia e centinaia di video, di sperimentazioni, di idee, di innovazioni. Dalla loro visione sono nate tesi universitarie, spunti per spot pubblicitari. Ma anche, semplicemente, queste opere, sono state una occasione per i più attenti e curiosi di piacere visivo diverso dal solito.

Ultimo motivo, ma non meno importante: INVIDEO è entrato a far parte di una rete di Festival europei dove gli operatori del settore si incontrano periodicamente, scambiano idee, esperienze, informazioni.

Questo ha permesso di avere le antenne puntate nella giusta direzione per cogliere quanto di nuovo sta emergendo nel campo dell'arte video, ovunque accada. E ha permesso, anche attraverso lo scambio di personale tra i festival, di arricchire le esperienze di ciascuno ma anche di contribuire a creare quel cittadino di domani che è europeo ma radicato nella sua cultura di origine. ■

Salvatore Carrubba
Assessore alla Cultura e Musei
Comune di Milano

I There at least three reasons behind the ongoing success of INVIDEO, of which this is the eleventh event.

First of all, there is the annual presentation of the most outstanding productions in international experimental video, in the form of a large-scale exhibition which has established itself as the major event of its kind in Italy, capable of attracting a large and enthusiastic audience, drawn both from specialists – videomakers, students, artists and advertisers – and from the general public. It is only natural that this should have happened in Milan, the Italian city with the highest percentage of its working population involved with new technologies.

Behind the event itself is another important factor: the fast-growing INVIDEO archive. Practically all the works selected for the exhibition are purchased and thus made permanently available to the public. In this way, year after year, a unique resource has been built up in Milan: hundreds and hundreds of videos, experiments, ideas, innovations. These works have provided ideas for uses ranging from degree theses to advertising, but above all they have simply given rare viewing pleasure to the more careful kind of media users.

Last but not least: INVIDEO has joined a network of European festivals in which industry players regularly meet to exchange ideas, experience and information. This allows it to point its antennae in the right direction to pick up new trends in video art, whenever and wherever they emerge. It has also made it possible, partly through exchanges of festival personnel, to enhance the professional knowhow of those involved, while helping to create the citizens of tomorrow: European, but rooted in their culture of origin. ■

Salvatore Carrubba
Director, Dept. of Museums and Culture
City of Milan

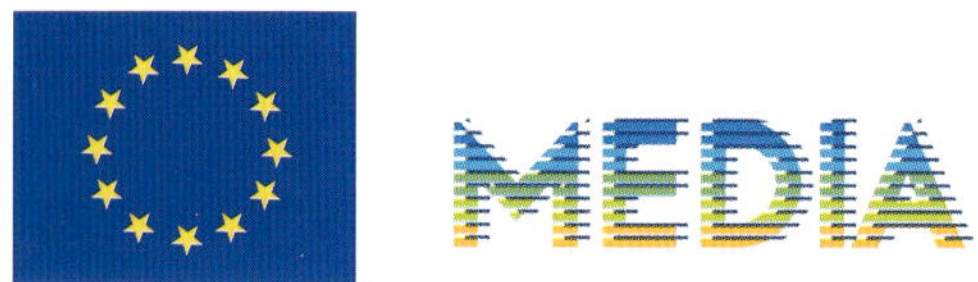

Media Plus e il sostegno dell'Unione Europea alla promozione di lungometraggi cinematografici e opere audiovisive

Con l'inserimento del Media Plus all'inizio del 2001- e per i prossimi cinque anni - il Programma Media intensificherà gli sforzi per incrementare la circolazione e la promozione dei lungometraggi cinematografici e delle opere audiovisive sia attraverso un sostegno ai festival che incrementando la presenza di professionisti europei ai mercati europei e internazionali.

I festival, oltre che una parte importante nell'economia del cinema, giocano anche un ruolo culturale, sociale ed educativo unico nei confronti dei loro pubblici. Cosciente del fatto che i legami tra il pubblico europeo e il suo cinema debbano essere rafforzati, il Programma Media sostiene annualmente circa cinquanta festival nell'ambito degli stati membri e dei paesi che vi partecipano. Circa diecimila film e programmi, che rappresentano la ricchezza e diversità del cinema europeo, vengono presentati pubblicamente a due milioni di spettatori.

Inoltre, la Commissione Europea è stata associata per un certo tempo con la rete dei festival del cinema a livello europeo. In questo ambito, le attività del Coordinamento dei Festival del Cinema incoraggiano la cooperazione tra festival, mirando allo sviluppo di azioni comuni con un impatto positivo sul cinema europeo. ■

Il Programma Media
Sponsor di INVIDEO - Mostra Internazionale
di video d'arte e ricerca - XI edizione

Commissione Europea
Direzione Generale per l'Educazione e Cultura
Programma Media
DG EAC-C3, B-100, 4/28
Rue de la Loi 200
B-1049 Bruxelles
Tel. +32-2-296 0 3 96
Fax +32-2-299 9214

Media Plus and the European Union's support for promotion of feature films and audiovisual works

With the introduction of Media Plus at the beginning of 2001 for the coming five years, the Media Programme will enhance its efforts to improve the circulation and promotion of feature films and audiovisual works through its support for festivals and by increasing the presence of European professionals at European and international markets.

While an integral part of the economics of cinema, festivals also play a unique cultural, social and educational role for audiences. Conscious of the fact that the links between the European audience and its cinema must be strengthened, the Media Programme annually supports some fifty festivals within the member states and participating countries. Some 10,000 films and programmes, representing the richness and diversity of the European film, are presented to a public audience of 2,000,000 people.

Furthermore, the European Commission has for some time been associated with the networking of film festivals at the European level. In this area, the activities of the European Coordination of Film Festivals encourages co-operation between festivals leading to the development of common actions with a positive impact on European cinema. ■

The Media Programme
Sponsor of INVIDEO - International
Experimental and Art Video Exhibition
11th Edition

European Commission
Directorate - General for Education and Culture
Media Programme
DG EAC-C3, B-100, 4/28
Rue de la Loi 200
B-1049 Brussels
Tel. +32 2 296 03 96
Fax +32 2 299 92 14

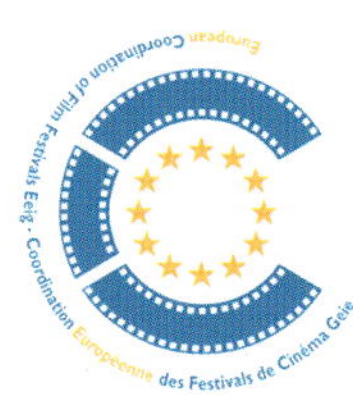

Coordinamento Europeo dei Festival del Cinema

Il Coordinamento Europeo di Festival di Cinema, un Gruppo Europeo di Interesse Economico (GEIE), è composto da 160 festival caratterizzati da tematiche e dimensioni differenti, tutti impegnati nella crescita e nella difesa del cinema europeo. Sono rappresentati tutti i Paesi membri dell'Unione Europea, oltre ad altri Paesi Europei non membri.

Il Coordinamento sviluppa una serie di azioni comuni per i suoi membri, nella prospettiva di valorizzare il cinema Europeo, di migliorare la sua diffusione e la conoscenza da parte del pubblico.

I membri partecipano attivamente al finanziamento di queste attività e sono coinvolti nell'elaborazione di progetti specifici. Altre fonti di finanziamento sono i fondi privati e pubblici, in particolare quelli provenienti dall'Unione Europea.

Oltre a queste attività comuni, il Coordinamento incoraggia le cooperazioni bilaterali e multilaterali tra i suoi membri.

Il Coordinamento assicura inoltre che le problematiche dei festival di cinema siano prese in considerazione dal Parlamento Europeo, quando vengono prese decisioni in merito ai festival di cinema. Il Coordinamento distribuisce delle note e delle relazioni a tutti i membri oltre che alle organizzazioni internazionali interessate.

Il Coordinamento ha infine elaborato un codice deontologico, adottato da tutti i suoi membri, che incoraggia l'armonizzazione dei metodi professionali all'interno dei festival.

Il Coordinamento è anche un centro di documentazione e un punto di incontro per i festival. ■

Commissione Europea
64 rue Philippe le Bon, B-1000 Bruxelles
Telefono: +32 2 280 13 76
Fax: +32 2 230 91 41
E-mail: cefc@skypro.be
http://www.eurofilmfest.org/

European Coordination of Film Festivals

*T*he European Coordination of Film Festivals, a European Economic Interest Group (EEIG), is composed of 160 festivals of different themes and sizes, all aiming to promote European cinema. All member countries of the European Union are represented as well as some other European countries.

The Coordination develops common activities for its members, through co-operation, with the aim of promoting European cinema, improving circulation and raising public awareness.

The members pay a fee that finances these activities, the members also contribute financially to specific projects. Other sources of financing are private and public grants, particularly from the European Union.

Besides these common activities, the Coordination encourages bilateral and multilateral co-operation among its members.

The Coordination ensures that the issues affecting film festivals are highlighted when the Euro-pean Parliament makes policy decisions. The Coordination distributes a report to these institutions, and in addition to other international organisations, on film festival matters.

The Coordination has produced a code of ethics, which has been adopted by all its members, to encourage common practise in professional practises.

The Coordination is also an information centre and a place for festivals to meet. ■

European Commission
64 rue Philippe le Bon, B-1000 Bruxelles
Tel.: +32 2 280 13 76
Fax: +32 2 230 91 41
E-mail: cefc@skypro.be
http://www.eurofilmfest.org/

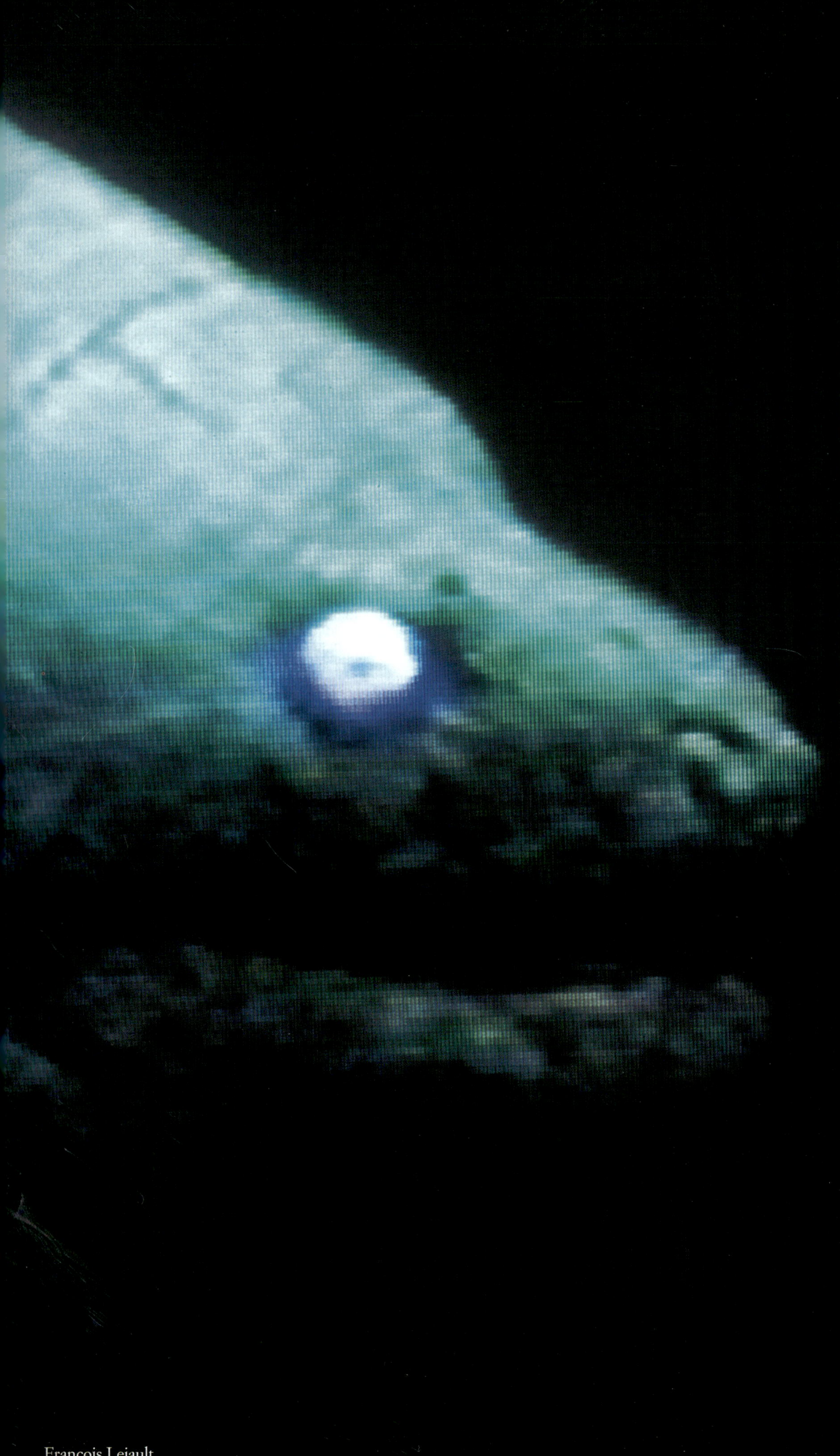

François Lejault
Le rêve du cachalot

Sommario/*Table of Contents*

"La pace non scaturirà dallo strepito delle armi, ma da una giustizia effettiva".

È Bill Viola a mandarci questa frase di Gandhi, nei giorni successivi ai terribili attentati di New York e Washington. E mentre scriviamo, purtroppo, quel rumore di armi si fa sempre più vicino. Sono molti gli autori e artisti video che, in questo periodo, ci hanno fatto pervenire le loro riflessioni, brani letterari, poesie, petizioni contro il pericolo di una nuova guerra mondiale. Ma ancora prima, fin dal momento di questa selezione per INVIDEO 2001, i segnali di un interesse nuovo, o rinnovato, nei confronti del mondo erano apparsi con chiarezza nei lavori pervenuti, pur senza la drammatica urgenza imposta dagli eventi più recenti. E abbiamo cercato di coglierli e di rappresentarli nella mostra di quest'anno, non a caso intitolata *Altrove*: un "altrove" estetico, certo, di linguaggi e modalità espressive, come sempre per la nostra manifestazione; ma anche un altrove geografico, e soprattutto mentale. L'interesse per luoghi diversi va di pari passo, così ci sembra, con l'esplorazione di modalità diverse di racconto. Ecco allora i ragazzini polacchi che imparano a testimoniare una realtà difficile con le loro piccole telecamere; e quelli del Senegal che raccontano lucidamente la propria esistenza abbandonata alle strade. Ecco un video di Giacomo Verde sui giorni del G8 a Genova narrato intrecciando i registri del documentario, della citazione letteraria e poetica, del pianto e del sorriso; e ancora, video che evocano architetture belliche, o animazioni che alludono metaforicamente a scenari di battaglia e morte.

Ma la clamorosa potenza e presenza delle telecamere portatili, evidenziata proprio nei giorni di Genova e poi negli USA, ha proposto e quasi imposto una riflessione anche sull'ubiquità degli occhi elettronici, di cui i vari "grandi fratelli" sono solo una patetica e vuota parodia. La riproposizione dei classici di Michael Klier, con un dibattito sull'odierno voyeurismo, è nata dal bisogno di rivedere e ripensare le ipotesi artistiche sulla sorveglianza e il controllo. E scaturisce probabilmente da questo clima di fermento "controculturale", come si sarebbe detto una volta, la proposta-provocazione di Carlo Isola di un palinsesto televisivo paradossale: per i suoi autori (artisti), le sue opere (dall'animazione alla gag, dalla performance a preziosi materiali d'archivio), le sue modalità di fruizione (videoproiezioni pubbliche). Anche qui, il richiamo a un classico, il "poetronico" Gianni Toti, autore espulso dai palinsesti RAI, che aveva appunto tentato di rinnovare "poeticamente" (e invano) negli anni '80.

Ma, naturalmente, la mostra continua a esplorare anche le novità nei territori consueti delle fantasmagorie elettroniche, con straordinarie animazioni digitali; del ritratto, con "documentari di creazione" su una serie di artisti; dell'autobiografia e del diario; della videoarte, con le sue metamorfosi di forme e colori, i suoi giochi visivi, le sue alterazioni grafiche; delle videoinstallazioni, cui è dedicato anche un seminario; dello spettacolo interattivo. Con la personale di Chris Cunningham si affronta poi il vastissimo ambito dei rapporti fra immagine e musica, solo parzialmente illuminato nelle selezioni passate, scegliendo un autore raffinato e importante, una "videomusica" dotata di spessore e stile.

Last but not least, la selezione inglese appare quanto mai opportuna ed esemplare per la sua capacità di porre alla nostra attenzione una serie di problemi e questioni che travagliano il panorama odierno della creazione audiovisiva: committenze e modalità distributive, felice commistione di supporti, incontro fecondo fra il video "delle gallerie d'arte", concettuale o performativo, e la videoarte classica. E, ancora, i richiami al cinema sperimentale e indipendente da un lato e il riferimento alle arti contemporanee dall'altro. Non senza un insopprimibile *sense of humour* mescolato a toni intimistici e lirici.

Il catalogo, come sempre, vuol essere allo stesso tempo la testimonianza di quanto abbiamo scelto di presentare (e di acquisire per il nostro ormai imponente e prezioso archivio, conservato presso Il Medialogo della Provincia di Milano) e uno strumento di riflessione capace di andare oltre i materiali della mostra per contribuire alla costruzione di un pensiero sul nostro universo audiovisivo e sulle proposte di uso artistico delle nuove tecnologie. Un catalogo capace insomma di andare oltre. Di andare altrove, a *vedere se c'è qualcosa da vedere*, come diceva Godard. Come fanno, coraggiosamente, i nostri autori e i nostri video e i nostri occhi elettronici; e come noi ci auguriamo, in questi scenari di guerra, di poter continuare a fare. ■

Chicca Bergonzi
Romano Fattorossi
Sandra Lischi

"Peace will not come out of a clash of arms, but with justice lived".

Bill Viola sent us these words of Gandhi, in the days following the terrible attacks on New York and Washington. Sadly, as we write, the noise of arms is closer than ever. Many videomakers and artists have written to us during this period with meditations, literary pieces, poems and petitions against the danger of another world war. Even before, however, from the moment the selection process for INVIDEO 2001 began, there were clearly detectable signs in the works submitted of a new – or renewed – interest in the world, even without the dramatic urgency imposed by recent events.

We tried to take in those signs and give them a place in this year's show, aptly titled Elsewhere: partly in an aesthetic sense, certainly – other languages and ways of expression, as always in our exhibition; but also geographically and above all mentally elsewhere. An interest in other places goes hand in hand, we feel, with exploring other ways of telling a story. Which is why we have young Polish kids learning to use their mini cameras to bear witness to their difficult lives; kids from Senegal lucidly recounting their own existence on the streets; a video on Genoa during the G8 summit, weaving registers from documentary, poetic and literary quotation, laughter and tears; and videos that evoke the architecture of war, or animation alluding metaphorically to scenarios of battle and death.

The enormous presence and power of portable cameras, which emerged so clearly from the events in Genoa and later in the USA, made it imperative to include a reflection on the ubiquitous intrusion of electronic eyes, of which the various versions of Big Brother are no more than an empty, pathetic parody. The decision to include classics by Michael Klier, with a debate on the voyeurism of today, was based on the need to re-view and rethink artistic hypotheses on surveillance and control. Very probably this "counter-cultural" ferment – as it would once have been termed – was also the basis for the provocative proposal from Carlo Isola to create a paradoxical TV schedule – paradoxical in its authors (artists), works (from animation to gags, from performance to rare archive material), its medium of use (public video screenings). Here again there is a reference to a modern classic, the "poetronics" of Gianni Toti, who made a (vain) attempt at "poetical" renewal in the 1980s before being removed from the schedules of state broadcaster RAI.

The exhibition continues, of course, to explore new work from what has become familiar terrain: electronic phantasmagoria, with some extraordinary digital animation; portraiture, with a series of "creation documentaries" on artists; autobiography and video diaries; video art, with its metamorphoses of forms and colours, its visual games and graphic permutations; video installations (also featuring a seminar on the subject); interactive performance. A section dedicated to Chris Cunningham will address the huge area of relations between image and music, only partly touched on in previous years, with a focus on the gifted, stylish work of one of the major, most refined talents in "music video".

Last but not least, the UK selection seems more timely and exemplary than ever, with its ability to put before us the problems and issues affecting audiovisual creation today: commissions and distribution, successful mixing of supports, fertile encounters between "art gallery" video, conceptual or performing, and classic video art. Plus references to experimental and independent cinema, on the one hand, and to contemporary art on the other. Nor is an irrepressible sense of humour lacking, mixed with intimist and lyrical traits.

As always, this catalogue is intended to be a record of the works we have chosen to present (and also to purchase, for what has grown into an impressive and valuable archive, kept at the Province of Milan's Medialogo centre); at the same time it is also a study tool that goes beyond the material on display, making a contribution to current thinking on the audiovisual and how new technologies can be used for art. In other words, a catalogue that goes beyond, elsewhere, to "see if there's anything to see", as Godard put it. As do, courageously, our videos, our videomakers and our electronic eyes; and as we ourselves count on doing in the future, against this backdrop of war. ■

Chicca Bergonzi
Romano Fattorossi
Sandra Lischi

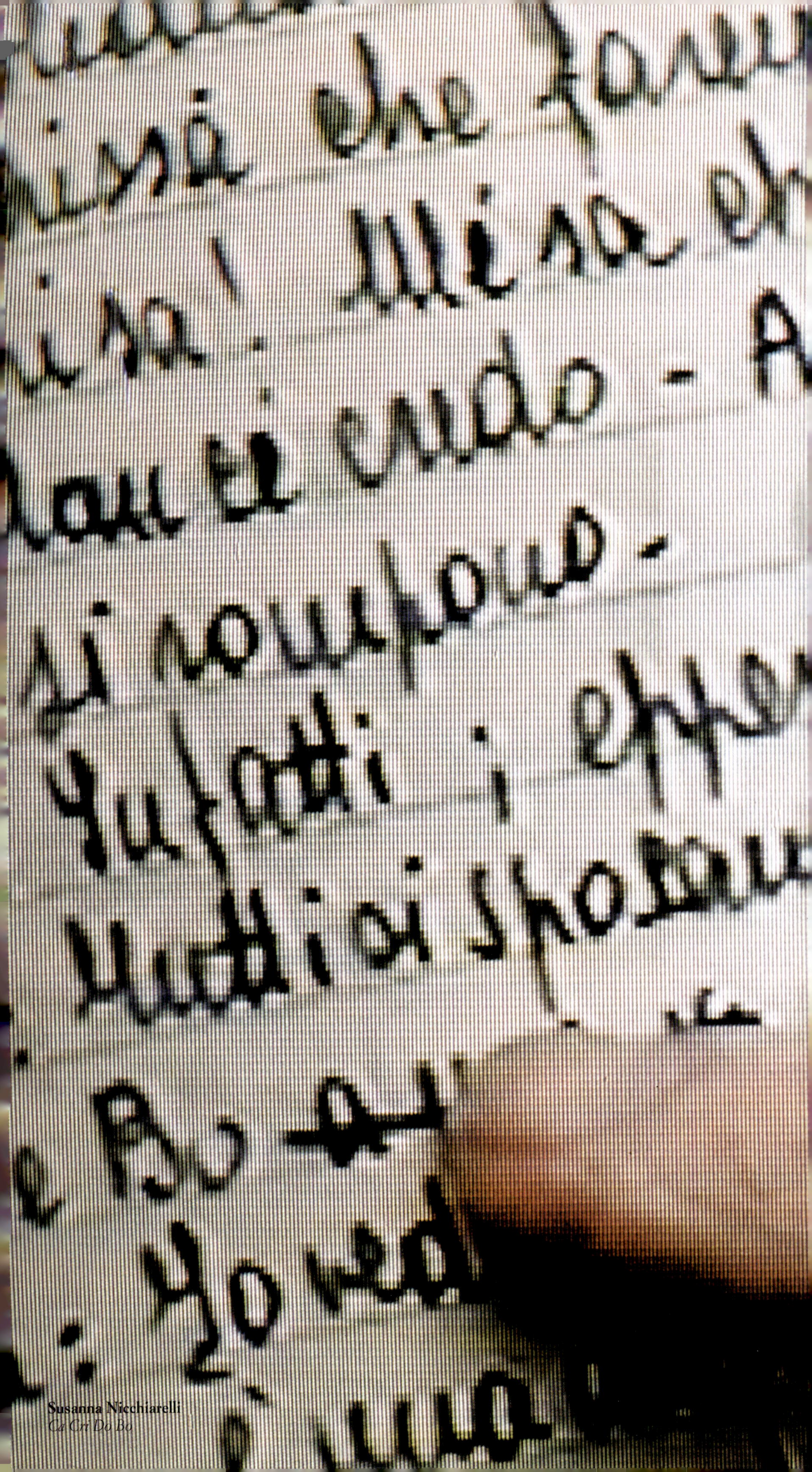

Susanna Nicchiarelli
Ca Cri Do Bo

Contributi critici

Critical contributions

Dialoghi
Corpi, presenze, performance tra video e interattività

Appunti sull'arte dell'installazione

L'installazione - video, interattiva - è una forma d'arte molto diffusa e praticata negli ultimi vent'anni, la cui complessità deriva in buona parte dal proprio statuto ibrido - tecniche, linguaggi, materiali eterogenei e, nel caso dei dispositivi interattivi, l'ibridazione tra reale e virtuale - (1) e dalla varietà del dialogo che instaura con diverse discipline - umanistiche, artistiche, scientifiche - e con altre forme dell'arte. Le installazioni si propongono come luoghi di interpretazione del mondo contemporaneo e partecipano alla produzione della molteplicità di atteggiamenti artistici radicati nelle nuove tecnologie, nei media elettronici e informatici. La novità tecnologica non è un criterio di valutazione in sé e la tecnologia deve essere messa in relazione con una eredità e un contesto intellettuali: il campo di ricerca sulle installazioni si apre alla videoarte, alle arti figurative, alla performance, al teatro.

Così, anche se ne è evidente la continuità, l'interattività va distinta dall'interazione e dalla partecipazione richiesta al pubblico e sperimentata in molti campi artistici negli anni '60, negli happenings, nelle performance, nella land art, nel minimalismo. Si rileva, nelle pratiche degli artisti che sperimentano l'arte dell'installazione, una continuità concettuale e intenzionale che mira a implicare il pubblico nell'esperienza dell'opera (oggetti, installazioni, *performance*, video e dispositivi interattivi) ma anche una rottura che ci fa prendere coscienza del fatto che le installazioni interattive costituiscono una nuova categoria estetica. Le installazioni presentano tratti specifici quanto alle loro modalità di esistenza, essendo ibridazioni di oggetti, eventi, dispositivi; per le installazioni interattive, si aggiungono delle modalità di esecuzione, nel coinvolgimento del pubblico nella partecipazione e nell'azione, condizioni necessarie affinché l'opera esista. Questa modalità non è esclusiva delle installazioni che utilizzano l'interattività informatica; alla fine degli anni '60 alcuni artisti - Peter Campus, Dan Graham, Nam June Paik, Steina Vasulka, Bruce Nauman, per citarne alcuni (2) - realizzano videoinstallazioni sperimentando dei dispositivi di dialogo con il pubblico semplicemente coinvolto fisicamente e spesso chiamato a partecipare. (3)

Tuttavia, l'interattività informatica presenta tratti specifici, tra i quali, più direttamente legati alla relazione con il corpo di colui che interagisce, la dimensione performativa e la pluralità esecutiva, che sono in grado di contribuire ad alcuni cambiamenti della nozione di arte, di opera, di autore. Le pagine che seguono vogliono far emergere alcuni elementi essenziali sulle installazioni e su alcune implicazioni artistiche della tecnologia interattiva: le installazioni che abbiamo scelto di descrivere e analizzare in queste pagine e nel seminario che si terrà durante INVIDEO sono spazi di produzione e di elaborazione di un pensiero artistico, politico, sociale, tecnologico che prende forma nei dialoghi tra il dispositivo, il corpo, il pubblico, il mondo dell'arte e della cultura. Di questi dialoghi, sono trattati qui più particolarmente quelli tra l'opera e il corpo dello spettatore partecipe in un territorio di videoinstallazioni e dispositivi interattivi. La creazione che si serve delle nuove tecnologie informatiche produce degli "oggetti" problematici quanto al loro statuto e alla loro esistenza come opere d'arte. Succede a volte per le arti interattive - installazioni, cd-rom, internet, immagine di sintesi, dispositivi di realtà virtuale... - quello che è successo vent'anni fa per le arti video: alle sperimentazioni sulle nuove immagini realizzate dagli artisti, il pubblico reagiva dubitando del valore artistico di tali produzioni. Questi lavori in video operavano dei cambiamenti nelle nozioni di immagine, di rappresentazione, di narrazione: e rinviavano il pubblico alla propria esperienza della relazione con l'oggetto artistico. Ogni installazione - video, interattiva - è da studiare nella sua dimensione concettuale e estetica - relativa all'immagine, alla rappresentazione, alla narrazione, alla composizione, alla scrittura, alla programmazione, all'interfaccia - e nel suo impatto sensibile, nella relazione che vuole stabilire con il pubblico. Le nozioni di presenza, di partecipazione, di esperienza, sono tra i tratti di una estetica contemporanea che evolve con la partecipazione e l'interazione tra l'opera e il pubblico, la cui consapevolezza della propria posizione al tempo stesso di soggetto e oggetto della percezione, del farsi e divenire dell'opera si attiva attraverso le dinamiche che è chiamato a vivere con il corpo. La partecipazione del corpo umano nell'esperienza dell'opera d'arte è stata particolarmente rivendicata e radicalizzata come elemento portante di un nuovo sentire artistico e estetico a partire dalla scultura minimalista americana agli inizi degli anni '60. Gli artisti Fluxus, negli stessi anni, promuovono e propongono una pratica artistica fondata sulla performance, variabile e mutevole, ispirata alla prassi musicale. (4) Molti artisti che sperimentano con il video a partire degli anni '70 lo fanno dirigendo la telecamera verso il proprio corpo o scrutando il corpo altrui: l'"estetica del narcisismo" video (5) permette di sfuggire alla fascinazione ipnotica del sé interrogando le potenzialità del mezzo e prendendo il corpo umano come scala di misura.

La tecnologia informatica apre un nuovo capitolo nella storia delle immagini, dell'arte, della relazione al corpo. Il trattamento digitale nella produzione globale delle immagini, dei dati, dell'informazione, della comunicazione, contribuisce a produrre, insieme ad altri fattori, due tendenze di segno diverso relative al corpo umano nella società di oggi: c'è una perdita di realtà, di consistenza, di "peso" delle immagini del corpo, delle identità ora digitali. Il corpo appare senza carne, senza spessore, un doppio inquietante perché potrebbe essere dotato di un'intelligenza autonoma capace di autoregolarsi. Lo spazio delle figure digitali appare abitato da spettri senza tempo. E c'è d'altra parte una pratica artistica tesa a riconquistare la fisicità, la presenza corporea; performance della carne e del corpo di chi fa parte dell'opera, nella produzione e nella ricezione.

Immagini e interazioni.
Installazioni come luoghi problematici della visione e della produzione d'immagini

Lo spazio-tempo del dispositivo dell'installazione implica il corpo e lo sguardo del pubblico in una relazione drammatizzata con gli elementi dello spazio. Il procedimento di messa in scena "teatralizzata" cerca di produrre delle interazioni audiovisive che attirano l'attenzione del pubblico, senza fermarlo né orientarlo in maniera arbitraria, come è tendenza nella pittura, nel cinema e in altri oggetti artistici. Nelle installazioni, gli elementi hanno lo stesso statuto, e dei passaggi si effettuano tra i concetti, gli oggetti e le immagini che non hanno più un luogo fisso. (6)

Giacometti's Scale è una videoinstallazione dell'israeliana Irit Batsry presentata la prima volta alla Kunsthaus Rhenania, a Colonia, nel 1995: una lunga stanza rettangolare, sulla parete di fondo, una grande proiezione (retroproiezione) del video *Scale*, realizzato dall'artista nel 1994. Un muro costruito per l'installazione separa questo spazio dall'adiacente, nel quale dei videoproiettori posti al suolo e orientati verso il soffitto in direzioni diverse diffondono le parole, le frasi in inglese estratte da testi di Alberto Giacometti (7) ed elaborate in post-produzione video. La videoinstallazione propone uno spazio complesso, che il pubblico è invitato a esplorare deambulando e confrontando la propria visione e percezione in relazione a una disposizione studiata nei minimi dettagli di immagini e di parole nello spazio, proiettate con scale di grandezza diverse. Lungo i muri della sala dove si svolgono le proiezioni di *Scale* sono state tappate le finestre, dei piccoli fori sono stati praticati e su di essi sono stati installate delle lenti convesse. Il visitatore si avvicina e può avere una visione dell'esterno. Lo spazio e l'installazione assumono la funzione di una grande camera oscura: il pubblico crea un proprio montaggio, un proprio testo nel dispositivo dell'installazione e ha anche la responsabilità della produzione di una rappresentazione. La

videoinstallazione di Irit Batsry accoglie il corpo del visitatore e lo pone in relazione con l'immagine, attraverso un gioco di schermi e di variazioni di scale. Come cambia la percezione dell'immagine quando la scala è in miniatura e quando è a grandezza d'uomo? Ci è richiesta una certa attività fisica, deambulare, leggere, guardare; il nostro corpo è uno degli elementi che compongono l'opera, ne attua la sintesi, sempre individuale e singolare, mentre si offre, in una performance, alla percezione degli altri visitatori. L'arte della videoinstallazione cattura sovente una presenza individuale che rende elemento di un'opera collettiva e c'è sempre in questi casi uno svelamento del dispositivo. Per Nam June Paik, come per numerosi artisti che sperimentano negli anni '60 nuovi territori per la creazione, non si tratta di produrre degli artefatti, ma di mettere il pubblico nella situazione di fare l'esperienza di rapporti nuovi e mutevoli. Non un oggetto unico, ma un insieme di situazioni e l'attualizzazione dei concetti in forme diverse e variabili: questa è la nozione d'opera nelle pratiche artistiche in Fluxus e in molti artisti che utilizzano il video. L'immagine video, la sua temporalità, le sue possibilità di metamorfosi, di manipolazione, offre in questo senso delle prospettive illimitate e prende parte al processo di evoluzione dello statuto dell'opera. Nell'esposizione di Paik del marzo 1963 alla galleria Parnass di Wuppertal, *Exposition of Music-Electronic Television*, la partecipazione del pubblico si rivela essere uno dei principi del lavoro dell'artista. Sono esposti diversi oggetti Fluxus, un'installazione sonora interattiva, *Random Access*, e i televisori manipolati, tra cui *Participation TV*. Questa installazione interattiva, il cui principio nelle sue varianti è l'intervento del suono sull'immagine, aveva avuto un predecessore nei primissimi anni '60: una versione composta da un monitor collegato a un microfono che permetteva di modificare il segnale video. La versione di Wuppertal è più complessa: al centro dello schermo di un televisore appare una forma composta di linee che, non appena qualcuno agisce sul microfono, implodono e compongono delle figure strane, aleatorie, frutto del caso. In seguito, i microfoni sono due; uno permette l'alterazione del segnale sull'asse verticale, l'altro sull'asse orizzontale. In alcune presentazioni, l'installazione è a colori. *Participation TV II* (1969), è un'installazione a circuito chiuso che utilizza tre telecamere come sorgente d'immagine i cui segnali sono modificati dal suono; tre o quattro monitor a colori che diffondono delle immagini di nuvole, di nebbia; una telecamera collegata ai tre colori primari di una televisione; e degli apparecchi audio che permettono di modificare i livelli di luminosità dell'immagine. Questa installazione è uno spazio complesso, dove l'immagine colta in diretta passa nei televisori con delle diverse manipolazioni ed è sottoposta alle interferenze e perturbazioni provocate dal sistema di registrazione e dal feedback sonoro. Questi dispositivi, concepiti da Paik sperimentando sullo "specifico" video, non potrebbero esistere senza la presenza del pubblico. Il corpo interagisce e permette la realizzazione di diverse versioni dell'opera, tutte giuste e sempre diverse.

Cinema 81 è un dispositivo realizzato da Dan Graham nel 1981 e ora tra le acquisizioni di opere d'arte contemporanea del Musée National d'Art Moderne Centre Georges Pompidou, Parigi. Si presenta come un modellino architettonico di una sala cinematografica: su di una colonna di legno nera poggia un cubo i cui lati sono una superficie riflettente, uno specchio. In "stato di riposo", il dispositivo è semplicemente costituito da questa struttura di specchio, enigmatica, alta a grandezza d'uomo, che ci ricorda alcune installazioni di Robert Morris. Il visitatore può muoversi attorno, si specchia sulle pareti del cubo. Premendo un pulsante posto sulla colonna nera di legno, viene azionato il dispositivo cinematografico interno: tramite un videoregistratore, le immagini animano lo schermo che si trova all'interno del cubo e che non potevamo vedere prima. Queste immagini sono poco riconoscibili: dei musicisti, un cantante, un concerto? Non appena l'interno della struttura viene illuminato, le facce del cubo, di specchio traslucido, rivelano l'interno della sala cinematografica: vediamo alcuni spettatori seduti nelle file di poltrone davanti allo schermo. Il dispositivo è una "perceptual machine", che vuole mettere a nudo la "macchina cinematografica", procedendo da un'idea teorica del cinema influenzata da Lacan - gli studi sullo "stadio dello specchio" - e dall'opera di Christian Metz *Cinema e psicanalisi* (8). L'artista realizza una "scatola-sala cinematografica", lo schermo e le pareti sono di specchio che secondo l'illuminazione può essere una superficie riflettente o vetro trasparente. "Operano qui due forme di trasparenza: una dei materiali, che permette allo spettatore-voyeur di guardare all'interno; una trasparenza *apparente*, dove il muro traslucido ci immerge in uno spazio-specchio che rinvia allo spettatore la propria immagine, in una serie di piani virtuali infinitamente stratificati." (9) *Cinema 81* si propone come una zona d'interstizio, un'interfaccia che mette in relazione e dialogo l'interno e l'esterno, il materiale e l'immateriale, il fatto di avere un corpo e avere un'immagine. Mette a nudo il meccanismo dell'illusione cinematografica, del dispositivo (10): rivela, come un bagno di sviluppo fotografico, gli sguardi impossibili, invisibili, del cinema e della sua materia fantasmatica, spettrale. Il corpo del pubblico è essenziale al funzionamento del dispositivo e permette l'apertura tra la macchina cinematografica e la città. Quando la sala è al buio, lo spettatore può vedere il film proiettato e i passanti lo vedono come immagine rovesciata sulla facciata.

Quando la sala è illuminata, gli spettatori si vedono grazie agli specchi che tappezzano la sala. A questo punto, sono visti dai passanti all'esterno nel loro gesto di guardare. E nella sala scura gli spettatori possono veder sfilare i passanti. Si operano delle stratificazioni di immagini, l'immagine del passante può mescolarsi a quella del film proiettata sullo schermo: questa macchina percettiva mescola l'attuale e il virtuale, il vedere e l'essere visto. Lo sguardo vede se stesso, è visto mentre vede, il cinema vi vede. Contemporaneamente, un occhio voyeur penetra la sala; un occhio narcisista si osserva, si specchia. Si tratta di mettere a nudo un meccanismo di produzione delle immagini: lo spettatore del dispositivo dell'installazione è presente e agisce, partecipa alla rivelazione della macchina, che permette di annullare l'ipnosi dell'immagine per produrre un effetto di coscienza. (11)

Tecnologia. Altre relazioni con le immagini

Lo sviluppo dell'interfaccia uomo/macchina a partire dagli anni '80 ha permesso di concepire altre relazioni, con uno spettro di possibilità di montaggio, composizione, manipolazione, evoluzione dell'immagine attraverso l'azione che il corpo umano esercita sul programma informatico realizzato per questo tipo di dialogo. Le immagini audio-visive sono il frutto dell'incontro tra il gesto dell'utilizzatore e il programma: gli artisti che lavorano con l'interattività digitale hanno spesso un comportamento critico verso l'industria tecnologica tendente ad una standardizzazione degli strumenti, e la sperimentazione artistica è territorio di una scrittura personale attraverso una padronanza dei nuovi materiali. Affinché le immagini e altri dati digitali sonori e linguistici possano vivere, una reazione deve farsi in risposta alle sollecitazioni degli schermi. Il ruolo di chi partecipa nei dispositivi interattivi contribuisce a costruire un nuovo pensiero e un'inedita consistenza dell'immagine. I dispositivi digitali propongono delle ibridazioni tra testo, immagine e suono pilotati da gesti, con delle possibilità combinatorie che non offrono né il cinema, né la televisione, e che cominciano a spostare il ruolo egemonico dell'immagine tradizionale. Le condizioni di accesso ai dati digitali proposti dall'interattività numerica - immersione, navigazione, esplorazione, conversazione - privilegiano un visuale arricchito e corporeo, sinestetico, a detrimento di un visuale lineare, retinico. Dalle ricerche e dalle realizzazioni degli artisti, risulta che ciò che si può designare, nei dispositivi interattivi, come "opera" - quale lavoro concettuale e sulla forma, discorso, creazione simbolica - è un insieme di elementi che include necessariamente lo spettatore preso nel gioco delle interazioni. L'interattività implica un'azione da parte del pubblico: ma non è per questo sinonimo di una reversibilità d'autorità a suo beneficio. Offre certo la possibilità di manipolare l'opera, ma anche quella di manipolare il pubblico, condizionando i suoi gesti e le sue scelte. Proponendo delle modalità variabili di accesso alle immagini, alla rappresentazione, alla narrazione, il dispositivo interattivo gioca con i principi di desiderio e di divieto, di piacere e di frustrazione, di chiarezza e di opacità. L'interattività dà accesso all'immagine pensata più come un insieme di elementi che come una costruzione stabile, definita, rassicurante, riprendendo in questo senso alcune sperimentazioni realizzate nelle videoinstallazioni.

Roy Ascott, artista e teorico delle arti elettroniche, precisa che nell'interattività si tratta "(...) dell'apertura di uno spazio che autorizza la partecipazione e l'interazione, (...) e dell'arricchimento di questo spazio con una responsabilità spirituale, morale e intellettuale capace di dargli un contenuto pertinente." (12)

Gli artisti elaborano un pensiero estetico con la consapevolezza delle possibilità dei nuovi strumenti: nel manifesto dell'interattività *Itinerario pilota in cinque punti per una cartografia del reale*, firmato da numerosi artisti e teorici italiani, Mario Canali (Correnti Magnetiche), Antonio Caronia, Gino di Maggio (Mudima), Antonio Glessi (Giovanotti Mondani Meccanici), Maria Grazia Mattei, Paolo Rosa (Studio Azzurro), Giacomo Verde - a Milano, nel 1992, sono enunciati i punti essenziali propri all'arte interattiva: "1. eventualità; 2. l'autore collettivo; 3. l'interattività come divisione della responsabilità dell'opera tra autore e pubblico; 4. la virtualità; 5. la plurisensorialità."(13)

Presenza, partecipazione, interattività: toccare, con gli occhi, con le mani. Pluralità reale e virtuale dei dispositivi

L'interattività, né genere, né strumento, è una configurazione, un'interfaccia che mette in interdipendenza l'attuale e il virtuale. Essa mette il corpo umano al centro dell'esistenza e dell'esperienza dell'opera. Essa gioca sull'assenza e la presenza dei corpi, dell'autore, di chi guarda, in dinamiche che ci rinviano alle pratiche della performance e delle videoinstallazioni. Di queste ultime, riprende il funzionamento come messa in scena di un insieme strutturato di relazioni tra tempo, spazio, oggetti, proiezioni, il corpo di chi guarda e agisce, che ne opera la sintesi.

A Room of One's Own è un'installazione interattiva realizzata dall'artista americana Lynn Hershman nel 1993. Si tratta di un'installazione di tipo immersivo: sono gli occhi di chi guarda che penetrano nello spazio di un *peep show* elettronico. Il dispositivo si compone di una colonna sulla quale è montata una scatola, una specie di casa in miniatura, al cui interno è riprodotto uno spazio privato, una camera da letto. Possiamo penetrare in questo spazio attraverso un periscopio. Vediamo, da destra a sinistra; un letto, una sedia da regista cinematografico, un tappeto, un televisore, un telefono. La parete che ci è frontale ha la funzione di schermo. Il fondo della struttura è di plexiglas, e permette di vedere da fuori l'interno del dispositivo. Si tratta di penetrare con lo sguardo e di toccare con gli occhi: il dispositivo è interattivo, una piccola telecamera capta e digitalizza i movimenti degli occhi, invia il segnale a un computer che pilota le sequenze audio-visive di un videodisco. I cinque oggetti nella stanza possono attivare 17 sequenze, il programma informatico ne permette delle articolazioni variabili. Il fatto di posare gli occhi su uno degli oggetti avvia le sequenze che si vedono sullo schermo: appare a volte una donna che si rivolge a chi guarda lamentandosi di questa intrusione nel suo mondo intimo. Una posizione del periscopio dirige la piccola camera sull'occhio di chi guarda e lo rivela sul televisore: se il periscopio si fissa su quest'occhio, appaiono sullo schermo del fondo della camera delle immagini aggressive, tratte da serie televisive, e una pistola minaccia lo spettatore. Il dispositivo è anche concepito per rispondere alla presenza fisica di chi guarda attraverso dei sensori che sono posti vicino all'apertura della scatola. Suoni e parole avvolgono l'ambiente e invitano, come sirene, alla risposta. Come in molte altre opere di Lynn Hershman, il voyeurismo è presentato come uno dei tratti della relazione con l'opera d'arte. Ma la configurazione tipica del voyeurismo - chi guarda resta invisibile - è qui incrinata dal momento che gli occhi di chi guarda partecipano alla scena vista e che li vede. C'è un altro sguardo, quello di una "macchina", di un sistema di telesorveglianza. L'io, l'occhio - The I/The Eye - ha perso il proprio statuto d'osservatore onnipotente e non è più il soggetto unico dell'esperienza. La posizione iniziale dello spettatore è quella del voyeur, di un soggetto la cui attività dello sguardo attiva la tensione tra l'esterno e l'interno, e mette in movimento il dispositivo. Le installazioni interattive elaborano e ci permettono di concepire, come le videoinstallazioni, delle nuove esperienze del tempo. Tempo dell'opera, tempo dell'attualizzazione e della reazione del pubblico. L'articolazione temporale permette lo sviluppo di una narrazione che si svolge con lo spazio e il tempo del presente.

Nel 1995 Studio Azzurro realizza *Tavoli - perché queste mani mi toccano*, un ambiente video interattivo, che apre per il gruppo milanese una nuova fase di ricerca e di sperimentazione. Il dispositivo si compone di 6 tavoli di legno; sei videoproiettori; sei sorgenti video; dei sensori; un computer; un programma interattivo; sei videodischi. In uno spazio semibuio sono disposti i tavoli, i sei proiettori sono installati al soffitto e sopra i tavoli: sul piano di ognuno sono proiettate delle immagini appartenenti a un universo domestico e familiare; degli oggetti da cucina, del pane, una donna che dorme, dell'acqua, del fuoco. Le immagini appaiono senza contorno, non percepiamo il rettangolo di proiezione, sono scelte secondo una logica narrativa e sono quasi immobili: una donna addormentata respira appena, una goccia d'acqua cade in modo quasi ossessivo in una tazza, una mosca ronza...Tutto sembra sospeso finché un visitatore tocca un'immagine poggiando la mano sulla superficie di legno. A questo punto, attraverso i sensori collegati al computer e al programma che pilota i videodischi e i videoproiettori, l'immagine si attiva, reagisce, e sviluppa una porzione della sua storia. In rapporto al numero di persone che toccano le immagini, si sviluppa una narrazione ambientale in cui è coinvolto il pubblico come spettatore e operatore. (14)

Tavoli è soprattutto uno spazio da percorrere e da toccare: è il tatto che mette in attività il dispositivo. Il soggetto che percepisce e agisce è messo al centro dell'opera: il gesto, la produzione e la ricezione delle tracce sono il luogo della ricerca.

Il cambiamento del modo e di nozione dell'opera, al quale partecipano certe manifestazioni della videoarte e dell'arte interattiva, può essere riassunto come passaggio dello statuto d'opera autografica a quello di opera allografica, per riprendere la terminologia di Nelson Goodman (15), cioè verso opere che hanno molteplici modalità di esistenza.

L'autore con il *team* che dirige produce degli schemi, delle simulazioni, dei disegni, e c'è una prima "realizzazione" del progetto dell'opera nella fase della concettualizzazione e della formalizzazione. In seguito, c'è una seconda fase dell'esecuzione, materiale, nel dispositivo dell'installazione. Tale dispositivo è variabile, le sue dimensioni, i suoi materiali stessi possono variare, per adattarsi meglio e interagire con lo spazio e le situazioni proposte. Non c'è "la" versione dell'installazione, ma una versione X. C'è una terza fase del funzionamento dell'installazione interattiva: il momento in cui chi guarda è chiamato a agire sul dispositivo, a effettuarne la realizzazione attraverso versioni diverse. Questo terzo momento dell'esistenza e del funzionamento per pluralità di esecuzione costituisce una specificità dell'installazione interattiva. Queste esecuzioni, diverse, sono delle variazioni, delle possibilità "corrette" dell'opera. L'autore propone un programma costituito da una rete di possibilità: chi guarda opera una scelta che determina una manifestazione dell'opera, una versione.

La pluralità - reale e virtuale - è il modo di esistenza dell'installazione interattiva e il performativo e il teatrale ne sono degli elementi costitutivi.

La teatralità cui ci riferiamo è marcata da alcuni "sintomi" approfonditi da Bernard Guelton a proposito dell'attività dell'esposizione: "si tratta di un interesse rinnovato per un'estetica *relazionale* o interattiva, di un ricorso al vivente e della penetrazione in profondità della narrazione."(16) Evidentemente, la situazione della rappresentazione teatrale (simulazione con gli attori) è diversa dalla situazione dell'interazione con l'opera interattiva (esperienza diretta e reale); è piuttosto la teatralità nella sua forma partecipativa e nella sua richiesta di complicità diretta al pubblico che è applicabile alle situazioni proposte dai dispositivi interattivi. La performance è del corpo, del dispositivo, dell'immagine.

Performance. Agire e pensare
Connected ES è un'installazione interattiva del torinese Piero Gilardi presentata in occasione della mostra *L'arte elettronica. Metamorfosi e metafore* allestita a Ferrara, al Palazzo dei Diamanti, dal 23 giugno al 2 settembre 2001. Tre persone interagiscono contemporaneamente con il dispositivo, composto da una struttura in legno circolare, dalla forma di un pozzo, sulla quale i tre "performers" e il pubblico si affacciano; un videoproiettore; uno schermo sul fondo della struttura, sul quale appaiono delle immagini astratte che evolvono, in cicli di nascita, sviluppo e "fine"; tre sensori della frequenza cardiaca e del ritmo respiratorio, un computer.

Tre persone, avvolte dal buio dell'ambiente esterno, si isolano mettendo delle cuffie che rinviano loro il proprio battito cardiaco. I sensori del respiro, installati in una cintola, e quelli del battito cardiaco, posti sulle dita, trasmettono segnali al programma informatico che registra ogni variazione fisiologica e agisce in un dialogo con le immagini. Il corpo, essenziale per il funzionamento del dispositivo, interagisce con la tecnologia in modo involontario, e si mette in scena per il resto del pubblico, visitatore e spettatore, a cui è dato di osservare il divenire della *performance*. Si tratta di mettere in una relazione intima e profonda con l'opera il pubblico che partecipa fisicamente e il pubblico che assiste: questa pare potersi connettere direttamente al sistema vitale del corpo umano. Senza mediazioni, pare fluisca da un sistema all'altro, in un *feed-back* dal naturale all'artificiale, una stessa corrente con diramazioni specifiche: quella che dà impulso alla vita, quella che dà impulso a fenomeni di natura elettronica. Il dispositivo solleva questioni importanti di natura etica, estetica e artistica, relativi all'ibridazione del naturale e dell'artificiale e al divenire del corpo umano. Per via della partecipazione che gli è richiesta, il pubblico diventa operatore e performer. La manifestazione di un dispositivo interattivo si fa - secondo le linee della strategia percettiva, cognitiva ed estetica programmata dall'autore - nello svolgimento di una performance dell'operatore con l'opera. Le opere interattive mettono in gioco una relazione individuale con il pubblico; l'esperienza estetica che è data da vivere non è dell'ordine della contemplazione ma del processo, qualche cosa si fa sotto la nostra mano, sotto i nostri occhi, con il nostro corpo. Una certa responsabilità è richiesta all'operatore, che deve scegliere dei percorsi, degli approcci, agire con e sull'opera. L'operatore è spettatore: assiste a uno "spettacolo" che si svolge sotto i suoi sensi, ma è anche oggetto, perché si dà "in spettacolo" agli altri del pubblico. Rendere manifesto il processo della percezione è una pratica frequente nel cinema contemporaneo (17) e la videoarte, sin dai suoi inizi, non cessa di fare dell'immagine audiovisiva un processo percettivo e cognitivo.

Le videoinstallazioni, anche attraverso il dispositivo del circuito chiuso e il tempo reale, mettono in scena le configurazioni dello sguardo e del soggetto, e interrogano lo statuto stesso dello sguardo. Il soggetto è messo in crisi come entità che produrrebbe l'immagine. I dispositivi interattivi, chiedendo al pubblico di agire, di sperimentare come soggetti, sono luoghi problematici e non della risposta rassicurante. Il titolo dell'installazione di Lynn Hershman *A Room of One's Own* riprende quello del saggio scritto da Virginia Woolf (18) in cui la scrittrice esplora l'esistenza di uno "spazio per sé" necessario alla creazione letteraria, in modo letterale - "a woman must have a room and a little money to write fiction" - e metaforico, dal momento che "la stanza tutta per sé" diventa l'immagine della camera mentale, la camera dell'intimità, prima condizione della produzione artistica. La scrittura di Virginia Woolf si serve di questa immagine per evocare la disgregazione del soggetto in molteplici manifestazioni identitarie. Una disgregazione dell'interno a cui fa eco un'esplosione dell'esterno, della rappresentazione: è una frammentazione dell'introspezione e della visione, della produzione dell'identità e della soggettività attraverso lo sguardo e il linguaggio, in dinamiche che la psicanalisi esplora con Freud e Lacan.

L'installazione di Lynn Hershman si costruisce attorno allo sguardo e procede da un'intenzione artistica indissociabile da un impegno sociale e politico, attento a cogliere i conflitti e i parossismi di una società costruita anche sui poteri dello sguardo, e lo sbriciolarsi della realtà e del soggetto negli ingranaggi dei media elettronici; televisione, satellite, internet, sistemi di sorveglianza.

Tavoli è un'opera accompagnata da un vasto insieme di testi del gruppo Studio Azzurro, di riflessione teorica e critica sull'arte e la tecnologia. Il tatto non ha in quest'installazione una competenza specifica, deve solo osare, sfiorare. La sensorialità umana è osservata, studiata, interpretata nelle forme complesse della creazione artistica che oggi ancor di più cammina di pari passo con la scienza, con la filosofia. Per contribuire alla formulazione di domande, e non per dimostrare la tecnica o la teoria.

Il protagonista del dispositivo realizzato da Piero Gilardi è il corpo umano, il suo bioritmo, il sangue, la respirazione. L'immagine che ci è data da sperimentare in molti dispositivi interattivi è mentale, corporea e plurisensoriale; esce ormai dalla visione puramente retinica e condizionata dai mezzi di rappresentazione che tanto è messa in crisi nell'arte di questo secolo e già nella produzione di Marcel Duchamp. L'interattività prolunga, con modalità proprie, alcune delle quali sono state accennate in questo testo, il processo di decostruzione dell'immagine iniziato in parte con la videoarte e con le videoinstallazioni a partire dagli anni '70. Al centro dell'arte tecnologica, di cui l'arte interattiva nelle sue diverse forme è una componente, il divenire del soggetto e le sue relazioni con il vivente e l'artificiale sono un oggetto appassionante per l'esperienza e la riflessione. ■

Simonetta Cargioli

Note

(1) Sulle relazioni reale/virtuale, rinviamo a Gilles Deleuze, "L'actuel et le virtuel", in *Dialogues*, Gilles Deleuze e Claire Parnet, Paris, Flammarion, 1996

(2) Per un approfondimento di alcune questioni essenziali relative alle videoinstallazioni rimandiamo ad alcuni testi di base: Dany Bloch, *L'art vidéo 1960-1980*, ed. Vidéo Art Festival de Locarno, 1982; Anne-Marie Duguet, *Dispositifs*, in "Communications" n. 48, *Vidéo*, Paris, le Seuil, 1988 (trad. it. "Dipositivi" in A. Amaducci e P. Gobetti, a cura di, *Video Imago*, "Il Nuovo Spettatore" n. 15, Franco Angeli, Milano 1993); i testi di Anne-Marie Duguet e Dany Bloch sulle videoinstallazioni in Rosanna Albertini e Sandra Lischi (a cura di), *Metamorfosi della visione*, ETS Pisa 1988 (2a ed. 2000); Vittorio Fagone, *L'immagine video*, Milano,Feltrinelli, 1990; Margareth Morse "Video Installation Art", in *Illuminating Video*, a cura di Doug Hall and Sally Jo Fifer., New York: Aperture, Bay Area Video Coalition, 1990. Più recentemente, Monique Maza, *Les installations vidéo, "oeuvres d'art"*, Paris, ed. L'Harmattan, 1998; Silvia Bordini (a cura di) *L'arte elettronica. Metamorfosi e metafore*, Gallerie d'Arte Moderna e Contemporanea di Ferrara, 2001 (con saggi di S.Bordini, Marco Maria Gazzano, Sandra Lischi, Ralph Melcher). La manifestazione Taormina Arte. Rassegna Internazionale del Video d'Autore curata da Valentina Valentini, dal 1989 al 1993 ha dedicato uno spazio di riflessione e di presentazione sulle videoinstallazioni.

(3) Nel contesto degli studi sulla partecipazione del pubblico nell'opera, a forme di interazione al di fuori dell'interattività informatica, rimandiamo a: Umberto Eco, *Opera Aperta*, Milano, Bompiani, 1962, i testi teorici di Robert Morris, i testi di Allan Kaprow, alla fine degli anni '60. Più recentemente, rinviamo a Lucilla Meloni, *L'opera partecipata. L'osservatore tra contemplazione e azione*, Rubettino Editore, 2000; a Nicolas Bourriaud, *Esthétique relationnelle*, Paris, Les presses du réel, coll. Documents sur l'art, 1998. I due testi analizzano, con esempi diversi, le forme di un'estetica relazionale che si distingue dal senso attribuito abitualmente all'interattività associata all'uso delle tecnologie digitali di produzione dell'immagine e del suono, rinviando alle forme dinamiche delle relazioni tra pubblico e opera nella situazione dell'esposizione. "L'arte relazionale (...) nasce dall'osservazione del presente e da una riflessione sul destino dell'attività artistica. Il suo postulato di base: la sfera delle relazioni umane come luogo dell'opera d'arte." (Bourriaud, a pagina 46)

(4) Gli artisti Fluxus avevano una concezione musicale della creazione: il lavori realizzati erano considerati come degli spartiti e potevano essere eseguiti più volte e da artisti diversi, come nella musicale strumentale e indeterminata di Stockausen e di Berio.

(5) Riferimento al saggio di Rosalind Krauss, "Video, the Aesthetics of Narcissism", in *New Artists Video: a Critical Anthology*, a cura di Gregory Battcock, New York E. P. Dutton, 1978. Trad. it. "Il video, l'estetica del narcisismo", in Valentina Valentini (a cura di), *Allo specchio*, Lithos, Roma 1998.

(6) Una mostra è stata realizzata sulla nozione di passaggi dell'immagine e di drammatizzazione delle immagini nello spazio e nel tempo: *Passages de l'image*, Musée national d'art moderne Centre Georges Pompidou, nel 1989, curata da Christine Van Assche, Catherine David, Raymond Bellour.

(7) Frammenti di Alberto Giacometti utilizzati nella videoinstallazione di Irit Batsry: "Prima, vedevo attraverso uno schermo, attraverso l'arte del passato. Poi, lentamente, ho cominciato a vedere senza questo schermo. Avevo l'impressione che non ci fosse difficoltà tra la mia visione e la possibilità di creare, dominavo la mia visione... Qualsiasi cosa guardassi, tutto era impressionante e stupefacente, e non so esattamente che cosa vedessi. È troppo complesso... E come se la realtà fosse continuamente

dietro un sipario che qualcuno strappa...ce n'è ancora un altro, sempre un altro... L'arte mi interessa sempre molto, ma la realtà mi interessa infinitamente di più... Più lavoro, più vedo in modo diverso...ogni cosa cresce giorno dopo giorno, diventa sempre più sconosciuta e bella. Più mi avvicino, più cresce, più si allontana... Ma ho l'impressione o l'illusione che sto facendo ogni giorno dei progressi. Questo è ciò che mi fa agire, come se qualcuno fosse capace di capire il cuore della vita. E uno procede nella consapevolezza che più si avvicina alla cosa, più questa si allontana. È una ricerca senza fine. Sino all'età di 18-19 anni, avevo l'impressione che non sapevo più come fare le cose... la realtà sfuggiva. La realtà mi sfuggiva. Non so che cosa vedo. È troppo complesso. Era allo stesso tempo l'incanto e l'impossibilità di esprimerlo."

(8) Christian Metz, *Cinema e Psicanalisi. Il significante immaginario*, Venezia, Marsilio Editore, 1980. Trad. it. di Daniela Orati di *Le signifiant imaginaire. Psychanalyse et cinéma*, Paris, Union Générale d'Editions, 1977

(9) Christine Buci-Glucksman, *Cinema 81. La machine du cinéma mise à nu*, nel catalogo della mostra precedentemente citata, Passages de l'image, Paris, ed. centre Pompidou, 1989.

(10) Riprendiamo la nozione di "dispositivo"nella formulazione di Jean-Louis Baudry, "Le dispositif: approches métapsychologiques de l'impression de réalité", in "Communications" n. 23, Paris, Le Seuil, 1975. A pagina 58: "In modo generale, distinguiamo l'apparecchio di base, che riguarda l'insieme dei materiali e delle operazioni necessarie alla produzione di un film e alla sua produzione, dal dispositivo, che riguarda unicamente la proiezione e nella quale il soggetto a cui si rivolge la proiezione è incluso."

(11) Lavorando sul "medium" ed esplorandone le possibilità linguistiche ed estetiche, gli artisti rompono la relazione speculare e riflessiva del video e ne sviluppano l'autoriflessività. Rimandiamo al saggio già citato di Rosalind Krauss, "Video, the Aesthetics of Narcissism".

(12) Roy Ascott, in Frank Popper, *L'art à l'âge électronique*, Paris, Ed. Hazan, 1993, pagina 173

(13) "Itinerario pilota in cinque punti per una nuova cartografia del reale", in *Studio Azzurro. Percorsi tra video, cinema e teatro*, a cura di Valentina Valentini, Milano, Electa, 1995, pagina 99.

(14) Studio Azzurro, Paolo Rosa, "Images sensibles . (Du village global à l'homme total?)", in *Turbulences Vidéo - Vidéoformes 97*, catalogo del festival, aprile 1997. "Gli obiettivi dello Studio nella realizzazione dell'installazione erano molteplici: il primo, era di creare un meccanismo che uscisse dalla dinamica individuo-macchina che spesso ci impone la tecnologia interattiva. Volevamo uno spazio che potesse essere animato da più persone e che diventasse quasi un luogo conviviale (d'altronde, l'immagine dei tavoli lo suggerisce). Il secondo punto era l'esclusione di ogni presenza tecnologica, d'interfaccia tecnologica; limitare l'apparenza delle macchine e aumentare la sensibilità dell'ambiente, per creare in questo modo una condizione di normalità e di familiarità. Terzo e ultimo aspetto, nello spirito degli ambienti video che esploriamo da qualche anno, l'ambiente doveva essere narrante e mutante, il dispositivo doveva dare la possibilità di mettere in relazione in modo diverso le figure, le evocazioni, a seguito dell'interazione delle persone."

(15) Per il filosofo statunitense, le arti autografiche si distinguono dalle arti allografiche per il loro modo di produzione e di fruizione. Arti autografiche sono quelle arti che producono un oggetto unico, fisico, per il quale ha senso parlare di autenticità e di singolarità. Le arti allografiche sono invece caratterizzate dalla molteplicità, dalla varietà, da una diversità nel modo di produzione. Rimandiamo al celebre testo di Goodman, *Languages of the arts*, 1974, traduzione francese, J. Morizot, *Langages de l'art*, Nîmes, éditions Chambon, 1990. Le installazioni interattive ci sembrano vicine alle opere a due fasi, come la musica e l'architettura, di cui parla Goodman, per il quale, la presenza di due fasi (ciò che Gerard Genette ha definito in seguito come "immanenza ideale e manifestazione fisica", in *L'oeuvre de l'art I. Immanence et transcendance*, Paris, Seuil, 1994) permetterebbe di situare le opere tra le allografiche. Anche se la distinzione autografico-allografico può essere pertinente nel nostro caso, è comunque poco precisa e insufficiente. C'è nelle installazioni interattive una pluralità - virtuale e reale - sconosciuta nelle altre forme artistiche e che ci pare essere uno dei tratti estetici e teorici maggiori in queste forme d'arte.

(16) Bernard Guelton, *L'exposition, interprétation et réinterprétation*, Paris, Ed. L'Harmattan, 1998, p. 128.

(17) Rimandiamo al cinema della visione a discapito del cinema dell'azione, in Gilles Deleuze, *L'image-temps*, Paris, les Editions de Minuit, 1985. Trad. it. *L'immagine-tempo*, Milano, Ubulibri, 1989

(18) Virginia Woolf, *A Room of One's Own*, 1929. Ripubblicato nel 1966-67 in *Collected Essays*, London, Paperback. Trad. it. di Maria Antonietta Saracino, *Una stanza tutta per sé*, Torino, Einaudi, 1995

Dialogues
Bodies, presences, performances, between video and interactive technology

Notes on installation art
The installation - video and/or interactive - has become widespread as an art form over the past two decades. Its complexity derives to a great extent from its hybrid status - regarding techniques, languages, variety of different materials and, in the case of interactive devices, the hybridisation of the real and the virtual (1) - and from the different dialogues it establishes with other disciplines - the humanities, the arts and sciences - and other art forms. Installations put themselves forward as places of interpretation of the contemporary world and contribute to producing the multiplicity of artistic approaches rooted in new technologies, in electronic and computer media.

Technological novelty is not in itself a criterion of evaluation. Technology must be placed in relation to an intellectual context and inheritance: the field of research into installations is open to video art, figurative arts, performance art, theatre.

Thus, although the continuity is self-evident, interactivity must be distinguished from interaction and from audience participation as experimented with in many fields of art in the 1960s, in happenings, performances, land art and minimalism.

We may note, in the practice of artists who experiment with installation art, a continuity of concept and intent which aims to involve the public in experiencing the work (objects, installations, performances, video and interactive devices), but also a rift which forces us into awareness of the fact that interactive installations constitute a new aesthetic category. Installations have specific characteristics in their modality of existence, since they are hybrids of objects, events, devices; for interactive installations, we must add the modality of execution, and of involvement of the public in participation and action, as preconditions for the very existence of the work.

These modalities are not a prerogative of installations using computerised interactivity; in the late 1960s a number of artists - Peter Campus, Dan Graham, Nam June Paik, Steina Vasulka, Bruce Nauman, to cite just a few names (2) – created video installations by experimenting with devices for dialogue with the public, who were simply physically involved and often called upon to participate. (3) Computerised interactivity, however, has its own specific characteristics. These include, linked more directly to the relation with the body of the interactor, the performing dimension and the plurality of execution, both of which are factors which may alter our notions of art, artwork and artist.

This essay intends to bring out certain essential elements regarding video installations and some of the artistic implications of interactive technology: the installations I have chosen to describe and analyse here and during the seminar to be held during INVIDEO are spaces for production and development of artistic, political, social and technological thought. They take shape in the dialogues between, device, body, public, the world of art and culture. Among those dialogues, I intend to focus on those between the work and the body of the viewer-participant, in the domain of video installations and interactive devices.

Creation using new computer technologies produces problematic "objects" as regards their status and existence as works of art. What happened to the video arts twenty years ago is now happening sometimes to the interactive arts – installations, CD-ROM, Internet, synthetic image, virtual reality devices: the public reacts uncertainly as to the artistic value of the experiments made by artists with the new images. Video works introduced changes to the concepts of image, representation and narration; they forced the public to review their own experience of relating to the art object. Every video/interactive installation has to be studied in its conceptual and aesthetic dimension - regarding image, representation, narration, composition, writing, programming, interface - and in its appreciable impact, in the relationship it tries to establish with its public. The concepts of attendance, participation, experience are among the characteristics of contemporary aesthetics as it evolves to embrace interaction between work and public.

The public's awareness of its own position as simultaneously object and subject of perception, of the making and becoming of the work, is activated through the dynamics which it is called upon to experience physically. Participation of the human body in experiencing the art work has long been claimed and radicalised, as a vital part of a new way of artistic and aesthetic feeling, starting with American minimalist sculpture in the early 1960s. In the same period the Fluxus artists promoted and proposed a practice of art founded on performance, variable and changeable, inspired by musical practice. (4) Many artists who experimented with video from the 1970s did so by aiming the camera at their own bodies or examining the bodies of others: the "aesthetic of narcissism" in video (5) allowed escape from the hypnotic fascination of the self by exploring the potential of the medium, using the human body as a scale of measurement.

Information technology is opening a new chapter in the history of images, art and our relationship with our bodies. Digital processing of the global production of images, data, information and communication is producing, together with other factors, two markedly different tendencies regarding the human body in the society of today: on the one hand there is a loss of reality, substance, "weight" of images of the body, of now digital identities. The body appears fleshless, without solidity - a double and a disturbing one, too, because it might be equipped with an independent intelligence capable of self-regulation. The space of digital figures appears inhabited by timeless ghosts. On the other hand, there is a kind of art which struggles to regain physicality, the bodily presence; performances in the flesh and body of those who are part of the work, in its production and reception.

Images and interaction
Installations as problematical places of vision and production of images
The time space of an installation's device places the body and the watching public in a relationship dramatised by spatial elements. The procedure of a "theatrical" enactment attempts to produce audiovisual interaction to attract the interest of the public, but without stopping or arbitrarily directing it, as is the tendency in painting, cinema and other art objects. In installations the elements have the same status; passages are put in place between concepts, objects and images that no longer have a fixed place. (6)

Giacometti's Scale is a video installation by Israeli artist Irit Batsry, presented for the first time at the Kunsthaus Rhenania in Cologne in 1995: a long rectangular room; on the back wall a back-projection of her video Scale, made in 1994. A wall specially built for the installation separates this space from the next, in which floor projectors aimed at the ceiling in different directions project words and phrases in English taken from the writings of Alberto Giacometti (7) processed on video in post-production. The video installation sets up a complex space that viewers are invited to walk about in and explore, comparing their own vision and perception in relation to a layout worked out down to the last detail of images and words in the space, projected on different scales of size. Along the walls of the room where Scale is screened, the windows have been blocked up, but little holes have then been bored in them and convex lenses inserted in these. Moving closer, the visitor can view the outside. The space and the installation take on the function of a large-scale camera obscura: the public creates its own editing and provides its own text in the installation's device, and also has a measure of responsibility in production and representation.

Irit Batsry's video installation receives the visitor's body and places it in relation with the image through its play on screens and variations in scale. How does perception of the image alter when the scale is in miniature or when it is life-size? A certain amount of physical activity is required: walk about, read, observe; our body is one of the elements which make up the work, enabling its always individual and singular synthesis, while in a performance it is offered up to the perception of other visitors. The art of the video installation often captures an individual presence and makes it an element of a collective work; in all such cases the device is revealed thereby.

For Nam June Paik, as for many artists who in the 1960s experimented with new territories for creativity, the issue is not to create artefacts but to put the public in a position to experience new and changing relations. Not a single object, but an ensemble of situations and the realisation of concepts in different and variable forms: this is the work as conceived by the Fluxus movement and by many artists using video. The video image, with its temporality, its potential for metamorphosis and manipulation, offers unlimited possibilities in this sense and is an active part of the evolutionary process of the status of the work.

In Paik's March 1963 exhibition at the Parnass gallery in Wuppertal, "Exposition of Music-Electronic Television", participation by the public was revealed as one of the principles in the artist's work. On display were various Fluxus objects, an interactive sound installation Random Access and manipulated television sets, including Participation TV. This interactive installation, whose principle in all its variants is the interference of sound with image, had a precursor in the very early 1960s: a version which consisted of a monitor linked to a microphone allowing modification of the video signal. The Wuppertal version was more complex: in the centre of the screen of a television set appeared a shape made up of lines which, as soon as the microphone was interfered with, imploded and composed strange, coincidental figures, the result of chance intervention. Subsequently there were two microphones, one allowing alteration of the vertical hold and the other of the horizontal hold. In some presentations the installation was in colour.

Participation TV II (1969) was a closed circuit installation using three cameras as the source of the images, whose signals were modified by sound; three or four colour monitors screened images of clouds and mist; a camera linked to the three primary colours of a television set; and sound units that made it possible to modify the levels of brightness of the image. This installation was a complex space in which the live filmed image passed into the television sets with various manipulations and was subjected to interference and disturbance created by the recording system and audio feed-back. These devices, conceived by Paik through experiments with the specifics of video, could not exist without the presence of the public. The body interacts and allows the creation of different versions of the work, all of which are correct although diverse.

Cinema 81 was a device made by Dan Graham in 1981 which has since become one of the purchases of contemporary art made by the Pompidou Centre in Paris. In appearance it is an architectural model of a cinema: a cube resting on a column of black wood has sides with a reflecting surface, a mirror. When on "standby", the device consists simply of this mirror structure, enigmatic, as tall as a man, recalling certain installations by Robert Morris. Visitors can move around it, seeing themselves in the sides of the cube. When a button is pressed on the black wooden column, an internal cinematographic device is switched on: a VCR produces images on a video screen inside the cube which was previously invisible. These images are hard to make out: musicians, a singer, a concert? As soon as the inside of the structure is lit up, the faces of the cube, translucent mirrors, reveal the inside of the cinema theatre: we see a number of spectators sitting in the rows of seats in front of the screen.

The device is a "perceptual machine" intending to lay bare the "cinematographic machine", premised on a theoretical idea of the cinema influenced by Lacan – the studies on the "stadium of the mirror" – and by Christian Metz' essay Cinema and Psychoanalysis (8). The artist creates a "cinema-box", the screen and the walls are mirrors which can be reflecting surfaces or transparent glass according to the lighting. "Two forms of transparency operate here: one of materials, allowing the spectator-voyeur to look inside; an 'apparent' transparency, in which the translucent wall immerses us in mirror-space which returns to the viewer his or her own image, in a series of infinitely layered virtual planes." (9)

Cinema 81 proposes an interstitial zone, an interface which relates and connects in dialogue the outer and the inner, the material and the immaterial, the fact of having a body and of having an image. It exposes the mechanism of the cinematographic illusion, of the device (10): it reveals, as in a photographic developing bath, the impossible, invisible gaze of the cinema and of its phantasmatic, spectral material.

The body of the spectator is essential to the working of the device and creates the opening between the cinematographic machine and the city. When the theatre is in darkness, the spectator can see the film being screened and passers-by can see it as an inverted image on the façade. When the theatre is lit up, the spectators see themselves thanks to the mirrors which line the walls. At this point they, too, are observed in their watching by the passers-by outside. And when the theatre is dark the spectators can watch those outside passing by. Images are stratified, the image of the passer-by can mix with that of the film projected on the screen: this perception machine mixes the actual and the virtual, seeing and being seen. The gaze sees itself, is seen as it sees, the cinema sees you. At the same time, a voyeur eye peeps into the theatre; a narcissistic eye observes itself in the mirror. The issue at stake is to lay bare a mechanism of image production: the spectator of the installation device is present and acts, participates in the revelation of the machine, allowing the hypnosis of the image to be cancelled out so as to produce an effect of awareness. (11)

Technology. Other relations with images

The development of the man/machine interface since the 1980s has made it possible to conceive of other relations, with a spectrum of possibilities for editing, composition, manipulation and evolution of the image through the action exerted by the human body on software created for this kind of dialogue. Audiovisual images are the result of the encounter between the gesture of the user and the programme: artists working with digital interactivity are often critical of a technological industry which tends to standardise the tools available, and artistic experiment is a terrain for personal authorship requiring mastery of the new materials.

In order for images and other sound and language data to come to life, there must be a reaction in response to the stimuli from the screens. The role of the participant in interactive devices contributes to construction of a new way of thinking and an entirely new substance of the image. Digital devices propose hybrids of text, images and sound piloted by gestures, with possible combinations that offer neither cinema nor television and are starting to shift the hegemony of the traditional image.

The conditions for access to digital data set by numerical interactivity - immersion, navigation, exploration, conversation - give preference to an enhanced and corporeal, synesthetic view, to the detriment of a linear, retinal view. Artists' researches and creations have revealed that what may be designated an "artwork" in interactive devices - as work on concept and form, discourse, symbolic creation - is an ensemble of elements that necessarily includes the spectator caught up in the play of interaction.

Interactivity implies action on the part of the public: this does not, however, signify that it must be synonymous with a reversibility of authorship to its own benefit. Certainly it offers the possibility of manipulating the artwork, but also that of manipulating the public, conditioning their gestures and choices. By putting forward variable modalities of access to the images, to representation and narration, the interactive device plays with the principles of desire and prohibition, pleasure and frustration, clarity and opacity. Interactivity affords access to the image, thought of more as an ensemble of elements than as a stable, defined, reassuring construction, and in this sense it takes up where some experimental video installations left off.

Roy Ascott, artist and electronic arts theorist, specifies that in interactivity we have "(...) the opening of a space which authorises participation and interaction, (...) and of the enhancement of this space with a spiritual, moral and intellectual responsibility capable of giving it pertinent content." (12)

Aware of the potential of the new tools, artists are developing aesthetic thinking: the interactivity manifesto "A five-point pilot itinerary for a cartography of the real", signed in Milan in 1992 by numerous Italian artists and theorists – Mario Canali (Correnti Magnetiche), Antonio Caronia, Gino di Maggio (Mudima), Antonio Glessi (Giovanotti Mondani Meccanici), Maria Grazia Mattei, Paolo Rosa (Studio Azzurro), Giacomo Verde - listed the essential points of interactive art: "1. eventuality; 2. collective authorship; 3. interactivity as sharing of responsibility for the work between artist and public; 4. virtuality; 5. pluri-sensoriality." (13)

Presence, participation, interactivity: touching, with the eyes, with the hands
Real and virtual plurality of devices

Interactivity, neither genre nor instrument, is a configuration, an interface which makes the actual and the virtual interdependent. It places the human body at the centre of the existence and experience of the work. It plays upon the absence and presence of bodies, of the author, of the viewer, in dynamics which refer back to performance and video installations. From the latter it takes the function of the scenic realisation of a structured and synthesizing ensemble of relations between time, space, objects, projections, the body of the spectator and actor.

A Room of One's Own is an interactive installation set up by American artist Lynn Hershman in 1993. It is an immersion installation: the eyes of the viewer penetrate into the space of an electronic peep show. The device consists of a column on which is mounted a box, a kind of doll's house inside which is reproduced a private space, a bedroom. We can penetrate this space using a periscope. From left to right we can see: a bed, a movie director's chair, a carpet, a TV set, a telephone. The wall in front of us functions as a screen. The bottom of the structure is in Plexiglas, making it possible to view the inside of the device from the outside. The viewer penetrates and touches with the eyes: the device is interactive, a miniature camera captures and digitizes the eye movements, sending a signal to a computer which controls the audiovisual sequences on a video disc. The five objects in the room can activate 17 sequences and the software allows variable combinations. Setting one's eyes on one of the objects triggers the sequences seen on screen: sometimes a women appears, turning to the watcher and complaining about the intrusion into her privacy. One periscope position directs the miniature camera at the eye of the viewer, showing it on the television: if the periscope then fixes on that eye, the screen at the back of the room shows aggressive pictures from TV series and a pistol threatens the viewer. The device is also designed to respond to the physical presence of the viewer through sensors placed close to the box aperture. Sounds and words flow through the space and, siren-like, invite a response. As in many other works by Lynn Hershman, voyeurism is presented as one of the aspects of relating to a work of art. But the typical procedure of voyeurism – with the voyeur remaining hidden – is upset, because the voyeur can see his own looking and his eyes take part in the scene on view.

There is another kind of viewing performed by a "machine", closed circuit TV surveillance. The I/The Eye has lost its status as omnipotent observer and is no longer the sole subject of experience. The initial position of the spectator is that of the voyeur, a subject whose watching activity creates tension between external and internal and sets the device in motion. As with video installations, interactive installations elaborate on and allow us to conceive new experiences of time. Time of the work, time of actualisation and the public's response. Temporal articulation allows development of a narrative that unfolds with the space and time of the present.

In 1995 Studio Azzurro created Tavoli - perché queste mani mi toccano, *an interactive video environment which inaugurated a new phase of research and experiment for the Milan-based group. The device consisted of six wooden tables; six video projectors; six video sources; sensors; a computer; an interactive programme; six video discs. The tables are set out in the space in semi-darkness, the six projectors are ceiling-mounted above the tables: on each table top are projected images belonging to familiar, domestic existence: kitchen objects, bread, a woman asleep, water, fire. The images appear without outline so that we cannot perceive the projection rectangle, are chosen according to a narrative logic and are almost immobile: a sleeping woman hardly breathing, a drop of water falling almost obsessively into a cup, a fly buzzing… Everything appears suspended until a visitor touches a picture by laying his hand on the wooden surface. When that happens, sensors linked to the computer and to the software controlling the video discs and projectors cause the image to activate and react, developing a part of its story. According to the number of persons touching the pictures, an environmental narration is worked out in which the public is involved as spectator and operator. (14)*

Tavoli is first and foremost a space to go through and touch: it is touch which sets off the device. The subject that acts and perceives is placed at the centre of the work: gesture, production and reception of the traces are the locus of research. The alteration in the modality and conception of the work, in which certain kinds of video and interactive art are engaged, can be summarised as a passage from the status of autograph work to that of allograph work, if we may adopt the terms used by Nelson Goodman (15), in other words towards works which have multiple modalities of existence.

The author, with the team (s)he directs, produces schemes, simulations and drawings, and thus there is a first "realisation" of the projected work in the phase of conceptualisation and formalisation. Subsequently, there is a second phase of execution, material, in the installation device. This device is variable, its dimensions and even its materials can vary so as best to adapt and interact with the spaces and situations made available. There is no "definitive" version of the installation, but simply version "x". A third phase is represented by the functioning of the interactive installation: the moment at which the viewer is called upon to intervene with the device, to carry out its realisation through different versions. This third moment of existence and functioning by a plurality of executors constitutes one specificity of the interactive installation. The different executions are variations on and "corrections" to the work. The artist proposes a programme made up of a network of possibilities: the viewer opts for one of these which then determines one manifestation of the work, one version. Plurality – real and virtual – is the mode of existence of the interactive installation, while the performing and the theatrical are constituent elements.

The theatricality to which we refer is marked by a number of "symptoms", analysed by Bernard Guelton with reference to the activity of display: "there is here a renewed interest in 'relational' or interactive aesthetics, a recourse to the living and a deep penetration into narration." (16) Evidently, the situation of theatrical representation (simulation using actors) is different from the situation of interaction with an interactive work (direct and real experience); rather it is theatricality in its participatory form and in its demand for the direct complicity of the audience that is applicable to the situations proposed by interactive devices. The performance is of the body, the device, the image.

Performance. Acting and thinking

Connected ES was an installation by the Turin artist Piero Gilardi set up for the exhibition "Electronic Art. Metamorphosis and Metaphors" at Ferrara in the Palazzo dei Diamanti, from 23 June to 2 September 2001. Three people interact simultaneously with the device, which consists of a circular wooden structure, shaped like a well, over whose sides the three "performers" and the public lean; a video projector; a screen at the bottom of the structure, on which appear abstract images evolving in cycles of birth, development and "end"; three sensors of heartbeat and rhythm of breathing, a computer. Three people, enveloped by the darkness of the outer ambience, are isolated by putting on headphones which play back their own heartbeat. The breathing sensors, installed in a belt, together with the pulse sensors worn on the fingers, transmit signals to the software which records any physiological variation and engages in a dialogue with the images. The body, essential for the device to function, interacts with technology involuntarily, and becomes part of the scene for the rest of the viewing or attending public who watch the performance as it develops. The idea is to bring both the physical participants and the onlookers among the public into a profound and intimate relationship with the work: the public can apparently connect directly to the vital system of the human body. With no kind of mediation there is an apparent flow from one system to another, in a feedback from the natural to the artificial, a single current with specific branching outflows: one giving impulse to life, one giving impulse to electronic phenomena. The device raises important ethical, aesthetic and artistic issues with regard to the hybridisation of the natural and the artificial and to the manner of becoming of the human body. Through the participation they are required to contribute, the members of the public become operators and performers. The manifestation of an interactive device is achieved – along the lines of aesthetic, cognitive and perception strategy programmed by the author – in the performance of the operator with the work.

Interactive works place put at stake an individual relationship with the public; the aesthetic experience which is offered is not so much contemplative as a process, something is done at our fingertips, beneath our noses, with our bodies. A certain responsibility is required of the operator, who must choose paths and approaches and act with and on the work. The operators are also spectators: they attend a "spectacle" which is performed before their senses, but they are also objects, because they make a "spectacle" of themselves before the rest of the audience.

The process of perception is often made manifest in contemporary cinema (17) and video art, from the outset, has never ceased to make the audiovisual image a perceptual and cognitive process. Video installations, in part through the devices of closed circuit and real time, enact configurations of viewing and the subject, and question the status of viewing itself. The subject as image-producing entity is forced into crisis. By asking the public to act, to experiment as subjects, interactive devices pose awkward problems and do not give reassuring answers.

The title of Lynn Hershman's installation A Room of One's Own is taken from Virginia Woolf's critical essay (18) in which she explored the existence of such a necessary space for literary output, both literally – "a woman must have a room and a little money to write fiction" – and metaphorically, given that "the room of one's own" becomes the image of a mental room, the room of privacy, primary condition for the production of art.

Virginia Woolf used the image to evoke the disintegration of the subject into multiple manifestations of identity. A disintegration from within echoed by an external explosion of representation: a fragmentation of introspection and vision, of the production of identity and subjectivity through vision and language, in dynamics explored psychoanalytically by Freud and Lacan.

Lynn Hershman's installation is built around vision and proceeds from an artistic intention that is inseparable from social and political commitment, carefully noting the conflicts and outbursts of a society founded in part on the power of vision, and the grinding down of reality and the subject in electronic media: television, satellite, Internet, surveillance systems.

Tavoli by Studio Azzurro is a work with a large-scale textual accompaniment, a critical and theoretical reflection on art and technology. In this installation touch has no specific competence, it simply has to dare, to skim. Human sensoriality, studied, interpreted in the complex forms of artistic creation which today more than ever walks hand in hand with science and philosophy. To contribute to the formulation of questions, not to demonstrate technique or theory. The protagonist of the device created by Piero Gilardi is the human body, its bio-rhythm, blood, breathing.

The image which we are given to experiment with in many interactive devices is mental, corporeal and pluri-sensorial; now and henceforward it goes beyond the purely retinal vision, conditioned by the means of representation, that was so completely revolutionised in the course of the twentieth century, from as early as the work of Marcel Duchamp.

By its own particular modalities, some of which have been discussed here, interactivity extends the process of deconstruction of the image begun partially by video art and video installations from the 1970s onward. At the centre of technological art, to which interactive art in its various forms belongs, the process of becoming of the subject and its relations with the living and the artificial provide fascinating objects for experience and reflection. ∎

Simonetta Cargioli

Notes

(1) On the real/virtual relationship, see Gilles Deleuze, "L'actuel et le virtuel", in Dialogues, *Gilles Deleuze and Claire Parnet, Paris, Flammarion, 1996*

(2) For further treatment of certain essential questions regarding video installations, the following texts are fundamental: Dany Bloch, L'art vidéo 1960-1980, *publ. Vidéo Art Festival de Locarno, 1982; Anne-Marie Duguet,* Dispositifs, *in "Communications" n. 48,* Vidéo, *Paris, le Seuil, 1988 (transl. in Italian as "Dispositivi" in, ed. A. Amaducci and P. Gobetti,* Video Imago, *"Il Nuovo Spettatore" n. 15, Franco Angeli, Milan 1993); texts by Anne-Marie Duguet and Dany Bloch on video installations in Rosanna Albertini and Sandra Lischi (ed.),* Metamorfosi della visione, *ETS Pisa 1988 (2nd edtn. 2000); Vittorio Fagone,* L'immagine video, *Milan, Feltrinelli, 1990; Margareth Morse "Video Installation Art", in* Illuminating Video, *ed. Doug Hall and Sally Jo Fifer, New York: Aperture, Bay Area Video Coalition, 1990. More recently, Monique Maza,* Les installations vidéo, *"oeuvres d'art", Paris, publ. L'Harmattan, 1998; Silvia Bordini (ed.)* L'arte elettronica. Metamorfosi e metafore, *Gallerie d'Arte Moderna e Contemporanea di Ferrara, 2001 (with essays by S. Bordini, Marco Maria Gazzano, Sandra Lischi, Ralph Melcher). The event "Taormina Arte. Rassegna Internazionale del Video d'Autore", directed by Valentina Valentini, from 1989 to 1993 dedicated a space for study and presentation of video installations.*

(3) In the context of studies on participation of the public in the work, forms of interaction outside computerised interactivity, see: Umberto Eco, Opera Aperta, *Milan, Bompiani, 1962; theoretical writings by Robert Morris; the writings of Allan Kaprow in the late 1960s. More recently, see Lucilla Meloni,* L'opera partecipata. L'osservatore tra contemplazione e azione, *Rubettino Editore, 2000; Nicolas Bourriaud,* Esthétique relationnelle, *Paris, Les presses du réel, coll. Documents sur l'art, 1998. These two essays take different examples to analyse the forms of relational aesthetics as distinguished from the meaning usually attributed to interactivity associated with the use of digital technologies for produciton of sound and images, referring to the dynamic forms of relations between public and work in the display situation. "Relational art (…) is born from the observation of the present and from a reflection on the destiny of artistic activity. Its basic postulate is the sphere of human relations as the locus of the artwork." (Bourriaud, page 46)*

(4) The Fluxus artists had a musical concept of creation: the works created were seen as scores and could be performed again and again by different artists, as in the instrumental and indeterminate music of Stockhausen and Berio.

(5) A reference to the essay by Rosalind Krauss, "Video, the Aesthetics of Narcissism", in New Artists Video: a Critical Anthology, *ed. Gregory Battcock, New York E.P. Dutton, 1978. Transl. in Italian as "Il video, l'estetica del narcisismo", in Valentina Valentini (ed.).* Allo specchio, *Lithos, Rome 1998.*

(6) One exhibition which featured passages of the image and dramatisation of images in space and time was Passages de l'image, *Musée national d'art moderne Centre Georges Pompidou, in 1989, directed by Christine Van Assche, Catherine David, Raymond Bellour.*

(7) Fragments from Alberto Giacometti used in the video installation by Irit Batsry: …Before I saw through a screen, through the art of the past, and then, little by little, I started seeing without this screen.

And the known became the absolute unknown. So it was at the same time the enchantement and the impossibility to express it.

I had the impression that there was no difficulty between my vision and the possibility to create, I dominated my vision.

Whatever I look at, everything is overwhelming and amazing and I don't know exactly what I see. It is too complex…It is as if the reality was continuosley behind curtains that one tears…there ist still another …always another…

Art yet interests me very much, but reality interests me infinetely more…The more I work, the more I see differently…everything grows from day to day…it becomes more and more unknown, more and more beautiful. The nearer I get it, the more it grows, the further it goes.

But I have the impression or the illusion that I'm progressing each day. This is what makes me act, as if one would actually be able to understand the core of life. And one goes on knowing that the more one approaches the "thing", the further it goes away. It is an endless quest. Until the age of 18-19, I had the impression that I did not know anymore how to make anything at all…reality escaped. Reality escaped me. I don't know what I see. It's too complex. It was at the same time the enchantement and the impossibility to express it.

(8) Christian Metz, Le signifiant imaginaire. Psychanalyse et cinéma, *Paris, Union Générale d'Editions, 1977. Italian translation by Daniela Orati,* Cinema e Psicanalisi. Il significante immaginario, *Venice, Marsilio Editore, 1980.*

(9) Christine Buci-Glucksman, Cinema 81. La machine du cinéma mise à nu, *in the catalogue to the exhibition cited above,* Passages de l'image, *Paris, publ. Centre Pompidou, 1989.*

(10) I'm drawing here on the notion of "device" as formulated by Jean-Louis Baudry in "Le dispositif : approches métapsychologiques de l'impression de réalité", in "Communications" No. 23, Paris, Le Seuil, 1975. On page 58: "In general, we can distinguish the basic apparatus, which concerns all of the materials and operations required for the production of a film, from the device, which is solely concerned with projection and in which the subject addressed by the projection is included."

(11) Working with the "medium" and exploring its linguistic and aesthetic possibilities, artists break the symmetrical and reflective relationship of video and develop its self-reflectivity. On this subject, see the essay by Rosalind Krauss already cited above, "Video, the Aesthetics of Narcissism".

(12) Roy Ascott, in Frank Popper, L'art à l'âge électronique, *Paris, Ed. Hazan, 1993, page 173*

(13) "Itinerario pilota in cinque punti per una nuova cartografia del reale", in Studio Azzurro. Percorsi tra video, cinema e teatro, *ed. Valentina Valentini, Milan, Electa, 1995, page 99.*

(14) Studio Azzurro, Paolo Rosa, "Images sensibles . (Du village global à l'homme total ?)", in Turbulences Vidéo - Vidéoformes 97, *catalog to the festival, April 1997. "The Studio had a number of objectives in mind when setting up this installation: the first was to create a mechanism which could come out of the individual/machine dynamic which interactive technology often imposes upon us; we wanted a space which could be animated by several people at once and which would become an almost convivial place (as suggested, moreover, by the presence of the tables). The second point was to exclude the presence of any technology, or technological interface; to limit the appearance of machines and increase the sensitivity of the ambience, so as to create a condition of normal familiarity. The third and final aspect, in keeping with the video environments we have been exploring for a number of years, was that the environment had to be narrating and mutating, the device had to make it possible to put into different relations the figures, the evocations, in accordance with the interaction of the persons present."*

(15) For the U.S. philosopher, autographic arts can be distinguished from allographic arts by the way in which they are produced and consumed. Autographic arts are those arts which produce a single physical object about which we may speak in terms of authenticity and individuality. Allographic arts, on the other hand, are characterised by multiplicity, variety, diversity in the means of production. See Goodman's celebrated Languages of the arts, *1974. Interactive installations seem to me to be close to the twin-phase works of which Goodman writes, such as those of music and architecture, to be counted as allographic because of the existence of two distinct phases (subsequently defined by Gerard Genette as "ideal immanence and physical manifestation" in* L'oeuvre de l'art I. Immanence et transcendance, *Paris, Seuil, 1994). Although the autograph/allograph distinction is relevant to our purposes, it remains imprecise and inadequate. In interactive installations there is a plurality – virtual and real – unknown in other art forms which to my mind is one of their most significant aesthetic and theoretical traits.*

(16) Bernard Guelton, L'exposition, interprétation et réinterprétation, *Paris, Publ. L'Harmattan, 1998, p. 128.*

(17) The reference here is to the cinema of vision as opposed to the cinema of action, in Gilles Deleuze, L'image-temps, *Paris, les Editions de Minuit, 1985.*

(18) Virginia Woolf, A Room of One's Own, *1929. Republished 1966-67 in* Collected Essays, *London, Paperback.*

Lo sguardo di Medusa
Occhi elettronici, sorveglianza, accecamento in *Der Riese* di Michael Klier

L'immagine video sfida la visibilità semplice ed elabora una nuova economia dello sguardo, attraverso pratiche che auspicano il superamento delle forme istituzionali dell'arte e della rappresentazione. Le tendenze e le sperimentazioni della videoarte tedesca nascono in opposizione alle strutture linguistiche televisive, subordinate alla narratività spettacolare.

I primi gesti dissacratori operati dal movimento Fluxus negli anni Sessanta sono animati da uno spirito ironico nei confronti dell'arte, perciò considerati eredi della *Weltanschaaung* dadaista: gli interventi di Paik non rappresentano solo un'azione destrutturante, ma la presa di coscienza delle possibilità di manipolazione sull'immagine: immagine che si smaterializza fino a raggiungere il suo grado zero, la "neve" televisiva, che rimanda alla ricerca/riflessione sulla purezza originaria, perduta nel caos del bombardamento TV.

Negli anni Settanta alla dimensione etica si accosta la riflessione estetica, nel tentativo di sondare nuovi sentieri visivi, creare nuove modalità fruitive e dare vita ad una visione nomade. L'artista instaura una relazione solipsistica con il video e crea una drammaturgia elettronica egocentrica. Un Ego-Video attraverso cui si esprimono le trasformazioni che il tempo imprime sul corpo, testimone di Annegret Soltau che racconta visivamente la propria gravidanza, delle metamorfosi di Rebecca Horn, ottenute mediante l'uso di maschere, dei flussi di coscienza visivi di Ulrike Rosenbach. Video militante e/o femminista, video intimo come una foto di famiglia, video documentario di performance, video comunque aperto all'esigenza di articolare il linguaggio di una comunicazione differente.

La fine degli anni Settanta coincide con la fine della pura riflessione sul mezzo: negli anni Ottanta la soggettività dell'autore si narrativizza. Attraverso l'operazione postmoderna di riciclaggio e risemantizzazione di materiale preesistente, Klaus vom Bruch si orienta verso un'analisi dei sistemi di sorveglianza; l'autore racconta la violenza violentando a sua volta le immagini attraverso il montaggio, estraendo da materiale preesistente la carica di crudeltà implicita: un'operazione maieutica che l'autore effettua incorporando in tutta la loro sostanza film documentari, pubblicità, film hollywoodiani, per svelare la loro essenza.

Dunque, da una parte spezzare la linearità del linguaggio ufficiale, dall'altra elaborare un discorso critico sulla guerra, la violenza e il controllo esercitato attraverso la tecnologia.

Nella seconda metà degli anni Ottanta vom Bruch si orienta verso un'analisi condotta in modo più ermetico ed evocativo dei sistemi di sorveglianza: "il monitor è soprattutto usato per osservare e controllare. È a guardia dell'ordine sociale. Dovunque si desideri che gli altri non si avvicinino troppo, assicura il mantenimento delle distanze. Nel suo familiare e monotono schermo, la gente e le cose si trasformano in oggetti" (1).

La trasformazione del soggetto in oggetto imposta dallo sguardo impersonale delle telecamere di sorveglianza è un nodo tematico affrontato anche da Michael Klier nel video-film *Der Riese* (*Il gigante*), 1983, ormai un classico della videoarte internazionale.

Michael Klier ha una formazione cinematografica: negli anni Sessanta collabora in qualità di assistente volontario sul set di *La calda amante* (*La peau douce*, 1964) di Truffaut; negli anni Settanta la Westdeutscher Rundfunk di Colonia lo incarica di girare alcuni ritratti di registi illustri: nascono così le documentazioni su Jean-Marie Straub e Rossellini a Roma, Alain Tanner in Svizzera, François Truffaut a Parigi, Joseph Losey e Alexander Kluge. Per Klier l'incontro con questi registi, portatori di un pensiero nuovo, che si codifica attraverso immagini capaci di scardinare il rigoglio formale e arido imposto dagli *studios* hollywoodiani, è di fondamentale importanza. Punti di riflessione essenziali per la sua riflessione estetica diventano così il Neorealismo italiano e la Nouvelle Vague francese. Klier consolida una nuova modalità di visione, rispettosa della realtà filmata, capace di scardinare abitudini percettive codificate e di guidare lo spettatore verso una nuova verità, capace di far emergere l'umano, che è fatto di sangue, nervi, drammi quotidiani.

Sguardo di controllo e nuova narratività

All'inizio degli anni Ottanta Klier si accosta al video, attirato dall'ampio ventaglio di possibilità espressive offerto da questo mezzo. Costruisce *Der Riese* con materiale registrato da telecamere di sorveglianza, affidandosi allo sguardo della macchina e lavorando alla narrativizzazione delle immagini solo in fase di post-produzione: dunque, attraverso il montaggio persegue l'idea di "storia possibile", caricando di un senso materiale altrimenti anonimo. La sfida che si ripropone è il superamento della freddezza imposta dallo sguardo di controllo, attraverso una tecnica operativa di derivazione cinematografica, che gli consenta di "andare nella direzione del racconto".

Attraverso la risemantizzazione delle immagini, Klier compie il tentativo di far affiorare delle microstorie, dei sussulti vitali, da un paesaggio pietrificato e ostile. Le telecamere di sorveglianza definiscono una modalità percettiva non innocente, poiché la società affida loro uno statuto di verità: vista attraverso quest'occhio elettronico la realtà sembra portare in sé la premonizione di un'esistenza di morte.

I silenzi urlanti, le attese, l'intimità dei piccoli gesti, le solitudini immaginate: tutto è registrato con la stessa vacua intensità da una macchina implacabile, che svuota di senso ogni forma dell'agire umano e avvolge le esistenze in una prigione di occhi elettronici che non si chiudono mai. Presuntuosa visione totalizzante che diviene pertanto oscena, pornografizza l'oggetto rappresentato, umano e non, spogliandolo del suo segreto: Klier compie il tentativo di scardinare l'iperrealismo perturbante di cui è imbevuta ogni immagine, facendo interagire il tessuto visivo con brani di musica classica (Mahler, Wagner, Rachmaninoff); ed è la musica che guida il percorso conoscitivo dello spettatore, suggerisce le storie possibili, si avvolge intorno ad esse, le evidenzia, per poi abbandonarle.

Con i suoi slanci e i suoi silenzi, la musica scompagina il regime di neutralità asfissiante imposto dalle immagini, aprendole a nuove letture e rivitalizzandole di un nuovo mistero.

Der Riese si apre con l'atterraggio di un aereo in un aeroporto deserto. Le telecamere seguono la sua discesa con movimenti sussultori, sclerotizzati e contribuiscono così alla creazione di un'inquietudine destinata a svilupparsi progressivamente nel corso del film.

Il paesaggio è lugubre, cupo, immobile: il suo essere pietrificato contrasta con gli spostamenti dell'aereo, caricandoli di aspettative. La lentezza con cui vengono eseguite le manovre accresce la suspense, muove i primi interrogativi: chi scenderà dall'aereo? In quale genere di mondo ci troviamo? L'aereo atterra, compie una discesa in un mondo altro, la cui dominante espressiva è un'immobilità ostile: si attua così una sorta di *catabasi*, che per il mondo greco rappresenta la discesa nel mondo delle ombre, di chi non è più, della morte. L'aeroporto, luogo di transito per eccellenza, è avvolto in un'atmosfera sinistra, le immagini in bianco e nero, maldefinite, intensificano gli aspetti ctoni trasmessi dagli edifici geometrici, dalle scie luminose sulla pista d'atterraggio.

Lo spettatore è invitato a partecipare ad un viaggio a tappe in ambienti a lui estremamente familiari (negozi, banche, uffici, metropolitane...), ma attraverso un filtro, lo sguardo macchinico che li renderà perturbanti: l'iperrealismo delle immagini non è fonte di sicurezza ma, al contrario, fa vacillare le certezze dello spettatore che esita ad accettare la metamorfosi dell'ordinario in incubo.

Il potere panottico

Ma la sensazione di onnipotenza dello sguardo è smorzata dal continuo rovesciamento dei ruoli: voyeur colto sul fatto, controllore fatto oggetto di controllo, lo spettatore vive una continua tensione. Il gioco dei ruoli che lo spettatore è guidato a ricoprire (vittima, carnefice, metaspettatore/controllore) determina un appagamento, perché gli consente di immedesimarsi in punti di vista opposti: nella rete di sguardi che si intrecciano il vedere appare come atto mobile.

La narrazione distopica di Klier è apertamente ispirata a *1984* di Orwell: Winston Smith, protagonista del romanzo, fallisce la sua personale rivolta contro il sistema, fino al totale annullamento di sé. Il controllo esercitato sugli abitanti di Oceania è sottile, impercettibile: sapere di essere costantemente sotto osservazione crea uno stato di allerta che nullifica la libertà individuale.

Nel 1791 Jeremy Bentham pubblica il suo progetto per il penitenziario *Panopticon*, inteso come nuovo modo di ottenere il dominio di una mente sopra un'altra mente: come sostiene Foucault, il potere panottico si esercita attraverso "una sorveglianza permanente, esaustiva, onnipresente, capace di rendere tutto visibile, ma a condizione di rendere se stessa invisibile. Essa deve essere come uno sguardo senza volto che trasforma tutto il corpo sociale in un campo di percezione" (2). In *Der Riese* si assiste allo svelamento progressivo dell'origine dello sguardo: le sequenze girate a colori scardinano il principio dell'invisibilità, mostrando l'interno di cabine di controllo dove poliziotti, guardiani, medici seguono l'andamento dei movimenti umani, rendendoli "oggetto di un'informazione" (mai soggetto di comunicazione).

Scopo principale del *Panopticon* è l'eliminazione di ogni zona oscura, di ogni possibile squilibrio sociale, attraverso una rete di sguardi dotati di un forte potere inibitorio: si assiste così alla sostituzione degli strumenti basati sulla violenza per imporre l'ordine con uno strumento nuovo, economico, ma fortemente persuasivo come lo sguardo.

Gli esseri che scivolano sulle metropoli anonime sono però inconsapevoli. Se in *1984* è ancora possibile impedire qualsiasi forma di ribellione perché il potere si manifesta apertamente attraverso il Grande Fratello, portando ad un'autocensura consapevole, in *Der Riese* gli uomini sono lasciati liberi di agire finché non si verifichi uno squilibrio. Ma la bramosia dello sguardo si traduce in incapacità di far affiorare delle pulsioni vitalistiche: le persone e le cose sono indagate maniacalmente, ma il loro centro vitale rimane inesplorato. Le architetture imponenti si trasformano in volumi verticali e orizzontali, si cristallizzano in forme geometriche asfittiche, come testimonianze fossili di un'epoca indefinibile.

Si azzerano i rivolgimenti, le metamorfosi che il tempo attua sulla città, i segni che garantiscono la visualizzazione della storia e si costituisce uno spazio neutro, un non-luogo spersonalizzante ed anonimo, colto in un *hic et nunc* sempre uguale a se stesso.

La dominante espressiva diventa l'appiattimento,

necessario al controllore voyeur per identificare con maggiore precisione qualsiasi forma di disordine: contro questa volontà omologante, Klier tenta di riscattare l'individualità attraverso una visione capace di rintracciare schegge di poesia, al di là dell'indifferenza mortifera imposta dalle telecamere di sorveglianza.

Paralisi del tempo
Accanto ai percorsi narrativi che isolano il fare umano, Klier lascia che la città si racconti da sé, per mezzo di totali che contraggono il movimento e inseriscono il film sul versante della fotografia; l'impressione dominante di congelamento del tempo imbeve l'immagine che si eternizza: il referente fotografico che in cinema è sempre presente, ma sospinto, spronato verso altri esiti, viene a galla con forza, per alcune decine di secondi, determinando così la sensazione di paralisi, di "assenza di avvenire".
Interrompendo il flusso delle associazioni visive, il film ripiega su se stesso: alla stasi dei movimenti di macchina corrisponde la sospensione del tempo. La città si dà come un imponente *tableau vivant* a cui sia sottratta ogni energia vitale: la condizione di "immobilità viva" per Roland Barthes.
Il *pendant* del non-luogo diviene il non-tempo che determina uno stato di morte apparente (apparente, poiché la paralisi del tempo è momentanea).
L'immagine pietrificata è liberata dalla prigione del tempo, attraverso nuovi flussi associativi, ma la percezione del senso di morte non è facilmente superabile: il tempo ingessato, ostruito, ha avvolto la città, facendo emergere uno sguardo di morte, le cui origini mitiche sono da rintracciarsi nello sguardo di Medusa.
Dal libro XI dell'*Odissea* (3) sappiamo che Medusa veglia al limitare dell'Ade. Ella appartiene al regno delle tenebre: "dal fondo dell'Ade dove dimora, la testa di Medusa sorveglia, custodisce, vigila i confini del regno di Persefone. La sua maschera esprime l'alterità radicale del mondo dei morti cui nessun vivente può avvicinarsi. Per valicarne la soglia bisognerebbe aver affrontato la faccia di terrore ed essersi trasformati, secondo l'immagine di Medusa in quello che sono i morti: teste, teste vuote, prive di forza, di ardore" (4).
Perseo riesce ad impadronirsi dell'occhio, approfittando dell'istante vuoto in cui la Gorgone non esercita il suo sguardo di sorveglianza: rubare l'occhio significa per Perseo detenere il potere della visione, potersi addentrare nel cuore del campo di azione di Medusa, che è un campo di morte. Sul suo cammino incontra gli esseri viventi che hanno subito il processo di mummificazione.
Anche lo spettatore di *Der Riese* è coinvolto in un viaggio a tappe che comincia con la discesa in un mondo perturbante; dopo avere affrontato la discesa è condotto all'origine del controllo, dove vede i sorveglianti che assolvono al loro compito

e ciò che essi stessi vedono: come Perseo anche lo spettatore compie un furto d'occhi, che gli consente di attraversare il mondo pietrificato dalle telecamere di sorveglianza.
E come Perseo anche lo spettatore affronta l'occhio malvagio di Medusa: quando le telecamere si rivolgono verso (versus) di lui egli cade vittima di uno sguardo: "vedere la Gorgone è guardarla negli occhi e, nell'incrociarsi degli sguardi, cessare di essere se stessi, di essere vivi, per divenire al pari di lei, Potenza di morte. Nel faccia a faccia della frontalità l'uomo si pone in posizione simmetrica in rapporto al dio" (5).
Lo sguardo di Medusa è uno strumento di morte, al pari della macchina di sorveglianza che, come nota Paul Virilio, da sempre si utilizza a fianco della macchina da guerra, facendosi versione tecnica dell'occhio di dio.
Klier, attraverso l'uso di effetti video (*ralenti* in particolare) fa emergere le figure (poliziotti, medici, controllori) in cui si incarna il Gigante, che possiede la facoltà di "medusazione" (6).
In *Der Riese* la funzione morale del *ralenti* è palese; come una lente di ingrandimento temporale, il ralenti permette di scoprire la vera natura dei "giganti viventi" (come Klier stesso definisce tutti coloro che utilizzano le macchine per capitalizzare possibilità visive): figure vicarie dell'occhio di dio, i poliziotti sono ripresi nell'atto di colonizzazione dello sguardo.
La critica ai meccanismi del potere si manifesta apertamente rivolgendo ai giganti viventi le loro stesse armi (le telecamere appunto): anche Perseo sconfigge Medusa rivolgendo contro di lei i suoi stessi strumenti di morte, gli occhi.
Così nell'ultima parte del film, Klier si oppone alla visione manichea imposta dalle telecamere di sorveglianza, articolando un racconto che ha per oggetto uno smascheramento, ed è insieme rivelazione dello sguardo di controllo e visione caleidoscopica dei comportamenti, delle strategie adottate dai controllori (poliziotti che montano le telecamere, poliziotti in tenuta antisommossa).
Anche *Hotel Tapes* (1986) è dominato da uno sguardo poliziesco; tutto è sotto osservazione come in un diabolico laboratorio: lo schermo si trasforma in una gabbia impalpabile da cui l'uomo non riesce a fuggire, crudelmente impigliato in una prigione elettronica che somma visioni a visioni, fino a definire un'architettura visiva che si traduce in incubo.
Uomini e donne appiattiti e svuotati di senso le cui azioni vengono registrate con la stessa distaccata freddezza: questa è la condizione del vedere che Klier definisce come pornografica.
A differenza di *Der Riese*, *Hotel Tapes* è ambientato esclusivamente in un luogo, l'albergo, e la creazione di un puzzle visivo in cui ciascuna stanza assume (o perde) valore in relazione alle altre, richiama alla memoria il celebre film di Lang *Il diabolico Dr. Mabuse* (*Die tausend Augen des Dr. Mabuse*, 1960).
Anche nel film di Lang il processo voyeuristico è

esasperato: Travers ha la possibilità di spiare nella camera della vicina, Marion, grazie ad uno specchio che gli consente di vedere e ascoltare.

Travers vede e contemporaneamente è visto vedere da Mabuse, senza esserne consapevole: l'atto della visione è moltiplicato in un vertiginoso processo di voyeurismo *en abîme*.

Mabuse, doppio del regista, è la figura nodale di questa regia di controllo: la sala di controllo è un luogo segreto, nascosto nei sotterranei, blindato e insonorizzato; è il luogo in cui si dispiega la potenza dello sguardo, il centro ottico in cui convergono tutte le immagini captate dai suoi occhi elettronici.

Fine dello sguardo?

"Questo luogo della volontà di potenza dello sguardo è sempre stato presente nell'opera di Lang, da *Metropolis* a *Mabuse*: uno spazio grazie al quale tutto può essere visto, saputo, previsto, ordinato, in cui opera il Grande Regista. A causa dello sguardo osceno che autorizza, la regia video spinge alla paranoia. Questa regia rappresenta la messa in evidenza della logica del montaggio e della manipolazione delle immagini e l'espressione di una potente derealizzazione dello sguardo; è un'attualizzazione del sistema *Panopticon*" (7).

Molti dunque i punti di convergenza fra Lang e Klier: il voyeurismo esasperato, lo sguardo osceno imposto dalla regia di controllo, la necessità di non credere a ciò che si vede. Per entrambi le telecamere di sorveglianza rappresentano "il fatto che non esiste più un oggetto dello sguardo, che lo sguardo oggi non è più possibile, poiché non è più la marca di un'esperienza umana" (8).

La coda di *Der Riese* esplicita questa disposizione esistenziale: Klier slega la telecamera dall'immobilità, liberandola dall'ultimo ostacolo verso l'onnipotenza visiva, ma questo conduce ad una sconfitta. Lo stato di passività vissuto dallo spettatore e il suo voyeurismo complice (e colpevolizzato) sono riscattati: il regista si oppone a ciò che egli stesso ha costruito, strappando gli occhi ad una macchina che si è spinta troppo in là nella sua bramosia di conoscenza/controllo.

Sull'asse sonoro il rumore sempre più intenso prodotto da una telecamera motorizzata si interrompe bruscamente quando viene spenta, lasciando solo una voragine di silenzio.

Dopo avere visto troppo, senza avere chiesto il permesso, la telecamera è ora, a sua volta, fatta oggetto di osservazione, proprio nell'atto della sua capitolazione.

Consapevole della logica deumanizzante con la quale la macchina filma, oggettivando ciò che appare nel suo campo di ripresa, il regista sceglie alla fine del film di mostrare il suo spegnersi, affermando la necessità di interrompere la tirannia dello sguardo di controllo. Nel fare coincidere lo spegnersi della telecamera con lo spegnersi del film lo autodistrugge, lasciando

che lo schermo nero dei titoli di coda si sostituisca al troppo vedere.

Opponendo quindi all'eccesso della visione lo schermo nero, le zone oscure e impenetrabili e il silenzio che le telecamere di sorveglianza hanno cercato di eliminare, Klier realizza l'accecamento del gigante. ■

Anna Lagorio

Note

(1) Klaus vom Bruch, "Logik zum Vorteil von Bewegung", in Wulf Herzogenrath, *Videokunst in Deutschland* 1963-1982, Stuttgart, Gerd Hatje, 1982, p. 110
(2) Michel Foucault, *Sorvegliare e punire. Nascita della prigione*, Torino, Einaudi, 1976, p. 233
(3) "Ma io restavo là ancora, se venisse qualcuno degli eroi, che in passato morirono. E li avrei visti gli uomini antichi, come volevo, Teseo e Piritòo, figli gloriosi di dei. Ma prima una schiera infinita si raccolse di morti, con grida raccapriccianti: e verde orrore mi prese che il capo della Gorgona, il mostro tremendo, dall'Ade mandasse la lucente Persefone", libro XI, 630-634, Omero, *Odissea*, Torino, Einaudi, 1963, p. 327
(4) Jean-Pierre Vernant, *La morte negli occhi. Figure dell'altro nell'antica Grecia*, Bologna, Il Mulino, 1987, pp. 50-51
(5) Jean-Pierre Vernant, *La morte negli occhi…*, op. cit., p. 81
(6) Riprendo il termine "medusazione" da Philippe Dubois, che lo utilizza come sinonimo di pietrificazione
(7) Philippe Dubois, *Le regard aveugle*, "Hors Cadre", n. 6, 1987, p. 106
(8) Philippe Dubois, *ibidem*

Di Michael Klier nell'archivio Invideo: *Der Riese*

The Gaze of Medusa
Electronic eyes, surveillance, blinding in Der Riese *by Michael Klier*

*T*he video image challenges straightforward visibility and works out a new economy of vision, through operations aimed at overcoming institutional forms of art and representation. The tendencies and experimentation in German video art have emerged from opposition to the language structures of television, subordinate as these are to the narrative codes of entertainment. The early provocations of the Fluxus movement in the 1960s were fired by an ironic approach to art and thus were seen as heirs to the Dadaist world view. The activities of Paik were not only destructuring acts, but a realisation of the potential for manipulating the image: an image which dematerialised to nothing, just "snow" on the screen, a reference to the searching reflection on the original purity lost in the chaos of bombardment by TV.
In the 1970s the ethical dimension was joined by aesthetic reflection, in an attempt to explore new visual pathways, create new ways of using the medium and initiate a nomadic vision. The artist

established a solipsistic relationship with video, creating an egocentric electronic dramaturgy. An Ego-Video to express the changes impressed by time upon the body, as witnessed by Annegret Soltau who gave a visual account of her own pregnancy, the metamorphoses of Rebecca Horn, obtained using masks, the visual streams of consciousness of Ulrike Rosenbach.

Militant and/or feminist video, intimate video like a family album, video records of performances, certainly always video open to the need to articulate the language of a different kind of communication.

The end of the 1970s saw the end of pure reflection on the medium: in the 1980s the subjectivity of the artist became narrative.

Through the post-modern operation of recycling and re-semanticising of pre-existing material, Klaus vom Bruch moved towards an analysis of surveillance systems; the artist recounted violence by himself violating the images in the editing process, extracting from existing material its implicit charge of cruelty. A maieutic operation achieved by incorporating in their full substance – so as to reveal their essence – documentaries, advertising and Hollywood movies.

On the one hand, then, it was a question of breaking up the linearity of official language, on the other of working out a critique of war, violence and control by technology.

In the second half of the 1980s vom Bruch moved towards an analysis that was more hermetic and more evocative of surveillance systems: "the monitor is used above all to observe and control. It stands guard over the social order. Wherever people are not to get too close, it makes sure they keep their distance. On its familiar and monotonous screen, people and things are transformed into objects"(1).

The transformation from subject in, to object effected by the impersonal gaze of the close circuit TV camera is an issue also addressed by Michael Klier in the video-film Der Riese *(The Giant, 1983), which has become a classic of international video art.*

Michael Klier trained in the movies: in the 1960s he was a volunteer assistant on the set of Truffaut's La peau douce *(The Soft Skin, 1964); in the 1970s he was commissioned by Westdeutscher Rundfunk in Cologne to film a number of portraits of famous filmmakers: the result was his documentary record of Jean-Marie Straub and Rossellini in Rome, Alain Tanner in Switzerland, François Truffaut in Paris, Joseph Losey and Alexander Kluge.*

For Klier the encounter with these directors and the new way of thinking they represented, codified in images which unhinged the formal, sterile exuberance imposed by the Hollywood majors, was a formative moment. Italian Neo-realism and France's New Wave became the lynchpins of his aesthetic research. Klier consolidated a new way of seeing that respected reality as filmed, upset codified perceptual habits and guided the viewer towards a new truth, one which brought out the human side, made up of blood, nerves, the drama of daily life.

Controlling gaze and new narratives

In the early 1980s Klier went into video, drawn by the wide-ranging expressive potential of the medium. He made Der Riese *with material recorded by surveillance cameras, entrusting himself to the machine's gaze and working on the narrativisation of the images only in the post-production phase. He used editing to work towards the idea of a possible story, loading with significance material that was otherwise anonymous. The challenge which he set himself was the supermarket of coldness imposed by the controlling gaze, through an operational technique derived from the cinema which allowed him to go in the direction of the story. Through this re-semanticising of the images, Klier attempted to bring to the surface micro-stories, shudders of life, from a hostile, petrified landscape. The surveillance cameras defined a perceptual modality that was not innocent, because society entrusted to them the status of truthfulness: seen through that electronic eye reality seemed to bring with it a premonition of the existence of death.*

The screaming silences, the waiting, the intimacy of little gestures, the imagined solitude: everything is recorded with the same vacuous intensity by an implacable machine, which empties of meaning every human action and encloses existences in a prison of electronic eyes which never close.

A presumptuously totalising vision which thus becomes obscene, reducing the object represented – human or otherwise – to pornography, by denuding it of its secret: Klier attempts to unhinge the disquieting hyper-realism which imbues each image by making his visual weave interact with passages of classical music (Mahler, Wagner, Rachmaninov). The music guides the cognitive path of the viewer, suggesting the possible stories, wrapping itself around and underscoring them, finally abandoning them.

With its bursts and its silences, the music disrupts the regime of suffocating neutrality imposed by the images, opening them up to fresh interpretations and revitalising them with new mystery.

Der Riese *opens with the landing of an aircraft in a deserted airport. The TV cameras follow its descent with jerky, sclerotic movements, introducing a note of anxiety which will increase steadily throughout the film.*

The landscape is gloomy, dark and motionless: its petrified state contrasts with the movements of the aeroplane, charging them with expectation. The slowness with which the manoeuvres are carried out heightens the tension and puts the first questions: who will get out of the plane? What kind of world are we in?

The aircraft lands, completing its descent into another world whose dominant expression is a hostile immobility: there is thus enacted a kind of katabasi – in the Greek world a descent into the world of shades, of those who are no longer, of death. The airport, a place of transit par excellence, is overcast by a sinister atmosphere; the blurred black and white pictures intensify the chthonic aspects conveyed by the geometrical buildings and the luminous tracks on the runway. The spectator is invited to take part in a journey by stages in environments that are extremely familiar (shops, banks, offices, subways…), but filtered through the mechanical gaze that makes them disquieting: the hyper-realism of the images is not a source of security but on the contrary shakes the certainties of the viewer, reluctant to accept the metamorphosis of the ordinary into the nightmarish.

Panoptic power

The sensation of an omnipotent gaze is, however, dampened down by the constant reversal of roles: like a voyeur caught in the act, a controller controlled, the viewer experiences constant tension. The role play which the viewer is led into (victim, tormentor, meta-viewer/controller) brings satiety, because it allows identification with opposing points of view: in the web woven by so many gazes seeing appears as a mobile act.

Klier's dystopian narration clearly owes a debt to George Orwell's 1984. In the novel the one-man rebellion of the hero Winston Smith ends in failure and leads to his utter self-annulment. The control exercised over the inhabitants of Oceania is subtle, imperceptible: knowing one is constantly under observation creates a state of alertness which nullifies individual freedoms.

In 1791 Jeremy Bentham published his project for a penitentiary called Panopticon, understood as a new way for one mind to gain dominance over another: as Foucault puts it, panoptic power is exercised by "permanent, exhaustive, omni-present surveillance, capable of making everything visible, provided that it be invisible itself. It must be like a faceless gaze that transforms the whole social body into a field of perception"(2).

In Der Riese the origin of the gaze is gradually laid bare before us: the sequences shot in colour explode the principle of invisibility, revealing the insides of control booths where policemen, security guards and medical staff follow the progress of human movements, making them objects of information (never subjects of communication).

The main aim of the Panopticon is to eliminate any dark zone, any possible social imbalance, through a network of vision possessed of

enormous inhibitive power: we thus witness the substitution of violence-based instruments for asserting order with a new, economical but hugely persuasive tool such as vision.

The beings that slip past in the anonymous metropolises are, however, unaware. In 1984 it was still possible to prevent any form of rebellion because power was made manifest openly in Big Brother, resulting in a form of self-censorship. But in Der Riese men are left free to act until an imbalance results.

The covetousness of the gaze is translated into an inability to allow vital impulses to surface: persons and things are maniacally surveyed, but their vital core remains unexplored. The impressive architecture is transformed into vertical and horizontal volumes, crystallised in asphyxial geometrical forms, like the fossil remains of an indefinable epoch.

The upheavals and transformations that time works on the city are nullified, as are the signs which guarantee the visualisation of history; instead a neutral space is established, an anonymous and depersonalising non-place, captured in an ever unchanging here and now.

The dominant note of expression is flatness, required by the voyeur-controller to identify more precisely any form of disorder: against this attempt at standardisation, Klier tries to redeem individuality through a vision capable of picking up the shards of poetry beyond the mortiferous indifference imposed by the surveillance cameras.

Paralysis of time

Alongside the narrative pathways that isolate human activity, Klier allows the city to tell its own story, by means of long shots that contract its movement and shift the film towards photography; the dominant impression of frozen time imbues an image that becomes eternal. The reference to photography, ever-present in the cinema, is here urged on to greater intensity, coming forcefully to the surface for several tens of seconds and determining a sense of paralysis, of absence of occurrence.

Interrupting the flow of visual associations, the film turns in upon itself: the static camera is accompanied by a corresponding suspension of time. The city offers itself up like some vast tableau vivant exhausted of all its vital energy: the condition of "live immobility" for Roland Barthes.

The match for the non-place thus becomes non-time, determining a state of apparent death (apparent because the paralysis of time is momentary). The petrified image is freed from the prison of time through new associative flows, but the perception of a sense of death is not so easily overcome: obstructed, solidified time has overwhelmed the city, bringing out a gaze of death whose mythical origins can be traced back to the gaze of Medusa.

From Book XI of the Odyssey *(3) we know that Medusa watches over the edge of Hades. She belongs to the land of shades: "from the depths of Hades where she dwells, the head of Medusa surveys, guards, watches over the borders of the kingdom of Persephone. Her mask explains the radical otherness of the world of the dead which no mortal may come near. To enter that world, one must first confront the face of terror and be transformed, in the image of Medusa, into what the dead are: heads, empty heads, without strength or ardour"(4).*

Perseus manages to gain mastery of the eye, taking advantage of the fleeting pause in which the Gorgon is not exerting her watchful gaze: stealing the eye gives Perseus the power of vision, the power to enter into the heart of Medusa's field of action, which is a field of death. On his way he meets the living beings that have suffered the process of mummification.

The viewer of Der Riese *is also involved in a journey by stages which begins with a descent into a disturbing world; after tackling the descent he is then led to the origin of control, to see the watching guards perform their task and to see what they themselves see: like Perseus, the viewer makes a theft of eyes, which allow him to pass through the world turned to stone by the surveillance cameras.*

Again like Perseus, the viewer must face the evil eye of Medusa: when the cameras are turned on (against) him, he falls victim to their gaze: "to see the Gorgon is to look her in the eye, and in that meeting of gazes, cease to be oneself or to live, and instead to become like her, the Power of death. Head-on and face-to-face, man is placed symmetrically opposite the god"(5).

The gaze of Medusa is an instrument of death like the surveillance machine which, as observed by Paul Virilio, has always been used alongside the war machine, making itself a technical version of the eye of god.

Through video effects (especially slow motion) Klier brings out the figures (policemen, doctors, controllers) who embody the Giant that possesses the power of "medusation" (6).

In Der Riese the moral purpose of slow-motion is self-evident; like a temporal magnifying glass, it allows us to discover the true nature of the "living giants" (as Klier himself defines all those who use machines to capitalise visual potential): vicarious figures in the eye of god, the policemen are filmed in the act of colonising vision.

The critique of the mechanisms of power is openly declared by turning on the living giants their own weapons (i.e. TV cameras): Perseus defeated Medusa by turning against her the instruments of death that were her eyes.

Thus in the final part of the film Klier opposes the Manichaean view asserted by surveillance cameras, formulating a story whose subject is at once an unmasking and a revelation of the controlling gaze and kaleidoscopic vision of

behaviour, the strategies adopted by the controllers (police setting up TV cameras, police in riot gear).

The police also have a prominent part in Hotel Tapes *(1986). Everything is under observation, as if in a diabolical laboratory: the screen is transformed into an intangible cage from which man cannot escape, cruelly trapped in an electronic prison which adds vision to vision until it defines a visual architecture that turns into a nightmare.*

Men and women are flattened and emptied of meaning; their actions are recorded with the same cold detachment: this is the condition of seeing that Klier defines as pornographic.

Unlike Der Riese, Hotel Tapes *is set entirely in one place, a hotel. The creation of a visual puzzle in which each room takes on (or loses) value in respect of the others brings to mind Fritz Lang's celebrated film* Die tausend Augen des Dr Mabuse *(The Thousand Eyes of Dr Mabuse, 1960). In Lang's film, too, the voyeuristic process is taken to extremes: Travers can spy on his neighbour Marion's room thanks to a mirror which enables him to look and listen. Travers watches and at the same time is unknowingly watched, as he watches, by Mabuse: the act of vision is multiplied in a dizzy spiralling down into an abyss of voyeurism.*

Mabuse, the director's double, is the figure on which this directing of control hinges: the control room is a secret place, hidden away in the basement, armour-plated and sound-proofed; it is the place in which the power of the gaze is unfurled, the optical centre on which converge all the images captured by its electronic eyes.

End of the gaze?

"This place of the lust for the power of the gaze is always present in Lang's work, from Metropolis *to Mabuse: a space which enables everything to be seen, known, forecast, ordained, in which the Great Director operates. Because of the obscene gaze which it authorises, video direction drives towards paranoia. This direction represents the laying bare of the logic of editing and manipulation of images and the expression of a potent de-realisation of the gaze; it is an actualisation of the Panopticon system"(7).*

There are many points in common between Lang and Klier: voyeurism taken to extremes, the obscene gaze imposed by the controlling direction, the requirement not to believe in what is seen. For both artists surveillance cameras represent "the fact that an object of the gaze no longer exists, that today the gaze is no longer possible, since it is no longer the mark of human experience"(8).

The final part of Der Riese makes this existential disposition explicit: Klier unleashes the camera from its immobility, freeing it from the last obstacle towards visual omnipotence, but this

leads to a defeat. The state of passivity experienced by the viewer and his conniving (and promptly blamed) voyeurism are redeemed: the director opposes his own construction, removing the eyes from a machine that has gone too far in its thirst for knowledge/control.
On the sound axis, the increasingly intense noise made by a motorised camera is rudely interrupted when it is switched off, leaving only a chasm of silence.
After seeing too much without having asked permission, the TV camera is now in turn made the object of observation, right at the moment of its capitulation.
Aware of the de-humanising logic with which the machine films, objectivising all that appears in its frame of view, at the close of the film the director decides to show it being switched off, asserting the necessity to end the tyranny of the controlling gaze. By switching off the camera as the film is brought to a close, it is made to self-destruct, leaving the blank title screen to replace the too much seeing.
An excess of vision is countered by a blank screen, by the dark, impenetrable zones and the silence that the surveillance cameras tried to eliminate, and thus Klier blinds the giant. ■

Anna Lagorio

Notes
(1) Klaus vom Bruch, "Logik zum Vorteil von Bewegung", in Wulf Herzogenrath, Videokunst in Deutschland *1963-1982, Stuttgart, Gerd Hatje, 1982, p. 110*
(2) Michel Foucault, Surveiller et punir. Naissance de la prison *(1975). Transl. by Alan Sheridan as* Discipline and Punish: The Birth of the Prison *(New York: Pantheon, 1977).*
(3) "but I stayed where I was in case some other of the mighty dead should come to me. And I should have seen still other of them that are gone before, whom I would fain have seen – Theseus and Pirithous – glorious children of the gods, but so many thousands of ghosts came round me and uttered such appalling cries, that I was panic stricken lest Proserpine [a.k.a. Persephone, translator's note] should send up from the house of Hades the head of that awful monster Gorgon.", Homer, Odyssey *XI, 630-634, translated by Samuel Butler, 1900*
(4) Jean-Pierre Vernant, La mort dans les yeux. Figures de l'Autre en Grèce ancienne *(1985)*
(5) Jean-Pierre Vernant, op. cit.
(6) I take the term "medusation" from Philippe Dubois, who uses it to mean "turning to stone".
(7) Philippe Dubois, Le regard aveugle, *"Hors Cadre", n. 6, 1987, p. 106*
(8) Philippe Dubois, ibidem

La necessità poetica

La ricerca di una definizione di "videoarte" nella Gran Bretagna di oggi è un compito difficile. Infatti, non solo il termine è troppo limitato per abbracciare la pratica artistica contemporanea nel video, ma il medium stesso è stato trasformato dai nuovi rapporti che ha creato con altre pratiche nell'arte elettronica e in quella esposta nelle gallerie. Mentre la videoarte come pratica concisa ed ermetica è difficile da sostenere, il video come medium e l'uso che ne fanno gli artisti è sempre più pluralistico e diversificato. Spero che questo programma, *La necessità poetica*, possa fornire una selezione di lavori, soggettiva e personale ma informata, per la discussione e il dibattito.

Siamo davanti a una contraddizione: da una parte abbiamo assistito al declino e alla frammentazione della nozione tradizionale di videoarte, mentre dall'altra vi è un'emozionante proliferazione e diversificazione nell'uso del video sia da parte degli artisti che delle istituzioni. L'esposizione e la visibilità crescenti degli artisti che lavorano nel video e nei nuovi media sono la prova non solo del valore storico della videoarte ma anche della sua rilevanza culturale come radice di una grande varietà di pratiche dell'immagine in movimento. Questi cambiamenti mettono anche in evidenza la qualità transizionale del video artistico, cioè la sua capacità di sfidare parametri stabiliti attraverso un processo di mutazione e innovazione, che risulta evidente in tutta la varietà delle sue forme, dai video monocanale alle installazioni.

Nel Regno Unito "videoarte" è diventato un termine storico che si riferisce alle diverse pratiche video sviluppate da artisti negli anni '70 e '80, che nel loro insieme erano inquadrate all'interno di parametri teorici specifici. Dalle convinzioni moderniste dei primi videoartisti, incentrate su intervento, materialismo e forma, fino al moderno pluralismo, incarnato dallo *scratching*, nel Regno Unito è sempre esistito un contesto socio-politico per il video. Nonostante questa cornice di riferimento non sia mai stata fissa e sia stata spesso messa in discussione, essa ha tuttavia fornito un contesto critico per la videoarte come pratica artistica separata e identificabile. Oggi, con la

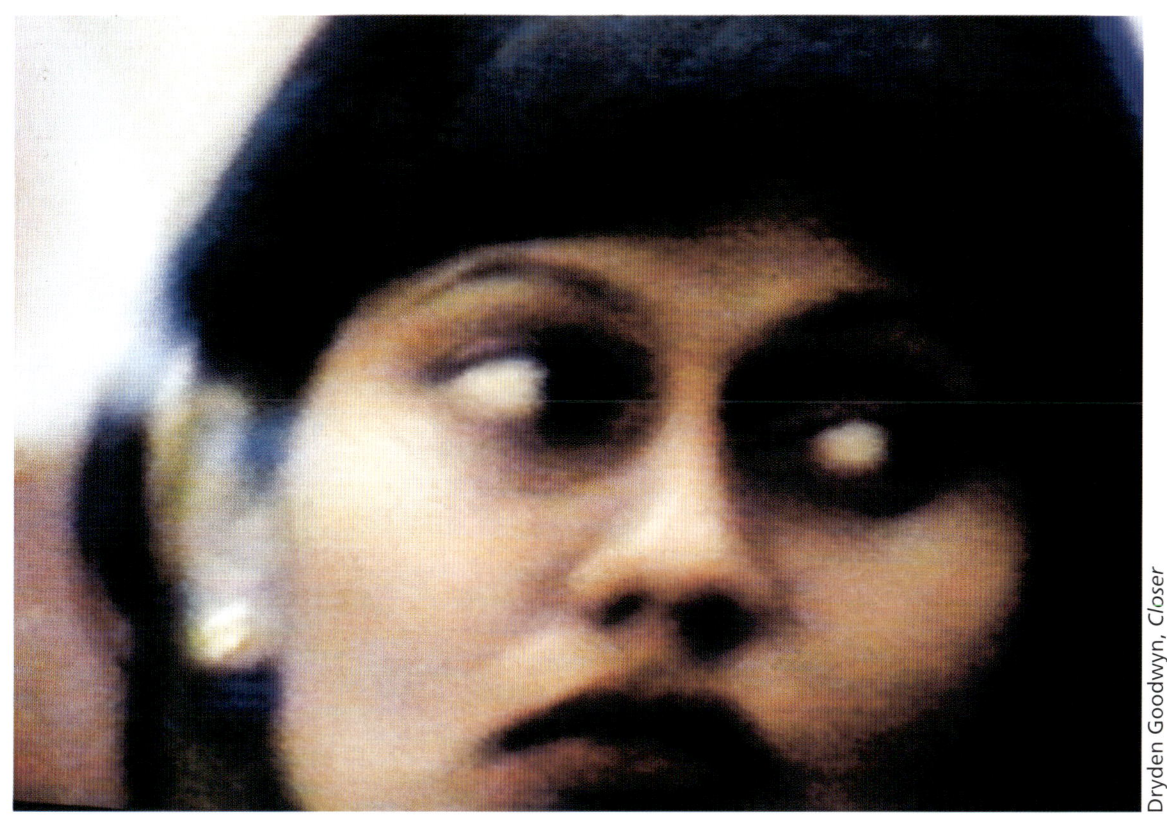

frammentazione e diversificazione delle pratiche mediatiche, l'involucro critico che teneva insieme le idee di videoarte è scomparso, lasciando un gran numero di pratiche ibride

Così – nonostante la diversità della tecnologia digitale – il concetto di specificità del medium è ancora importante e perfino necessario per promuovere la comprensione di lavori artistici sempre più presenti in gallerie e musei. Ora dobbiamo fare i conti con la specificità dei contesti piuttosto che con una pratica puramente autonoma. La specificità di un lavoro di videoarte prodotto, post-prodotto e mostrato esclusivamente su video esiste ancora, ma non è più possibile dire che sia un tratto distintivo: è stata erosa dall'ibridazione determinata dall'amalgama delle fonti di video, computer e film. La convergenza, grazie all'uso dell'immagine digitale, di tecnologie in passato distinte, è già stata segnalata dalla pletora di lavori che negli anni '80 e '90 hanno combinato film e video. In particolare nel Regno Unito, l'incrocio film/video vanta una serie di artisti riconosciuti: David Finch, Cordelia Swann, Mike Stubbs, Paul Bush, Steve Hawley e David Larcher.

È peraltro da discutere se una nozione veramente pura di videoarte sia mai stata davvero sostenibile nel Regno Unito: i primi interventi televisivi di David Hall furono realizzati su pellicola a 16mm, eppure sono sempre stati considerati come uno dei momenti in cui si è formata la videoarte britannica. Il grande cambiamento nell'approccio alla produzione è dettato non solo dall'economia, dall'estetica e dalla stessa tecnologia, ma anche da un atteggiamento di maggiore irriverenza da parte degli artisti.

Nonostante il successo di diverse incursioni nella televisione, molti videoartisti non hanno mai aspirato a questo medium egemonico, e il loro lavoro trova posto fisicamente e semioticamente in altre sfere diverse, più intime. L'approccio confidenziale ed eclettico, per esempio, che rende meglio in altri contesti espositivi, come l'ambiente di proiezione di una galleria o di un festival. Durante tutti gli anni '90 abbiamo assistito a una rinascita nell'uso del video da parte di una generazione di giovani artisti, un uso spesso puntigliosamente irriverente, ma anche ai lavori personali e volutamente provocatori di Georgina Starr, Gillian Wearing, Lucy Gunning e Michael Curran fra gli altri. In tutti questi lavori il video trasmetteva immagini in bassa tecnologia, frammenti di vita, che venivano di solito esclusi dai motivi estetici, formali e linguistici della videoarte tradizionale.

Questa generazione di artisti, col suo uso del video come strumento piuttosto che come specifico linguaggio visivo, ha sgretolato i parametri e le definizioni di ciò che costituisce l'arte o il video. Questo approccio, disarmante nella sua semplicità e irriverenza, ha di certo contribuito a una rivitalizzazione del medium e ha restituito al video la sua natura di pratica artistica radicale, lontano dalle preoccupazioni tecnologiche ultraestetizzanti che avevano dominato gli anni '80. E si è sviluppato simultaneamente nel circuito delle gallerie un progetto di installazione di immagini in movimento molto più sofisticato e ambizioso da parte di artisti come Steve McQueen, Sam Taylor Wood, i Wilson's, Jaki Irvine e Douglas Gordon. Il lavoro di questi artisti aveva a che fare più col cinema che con la videoarte,

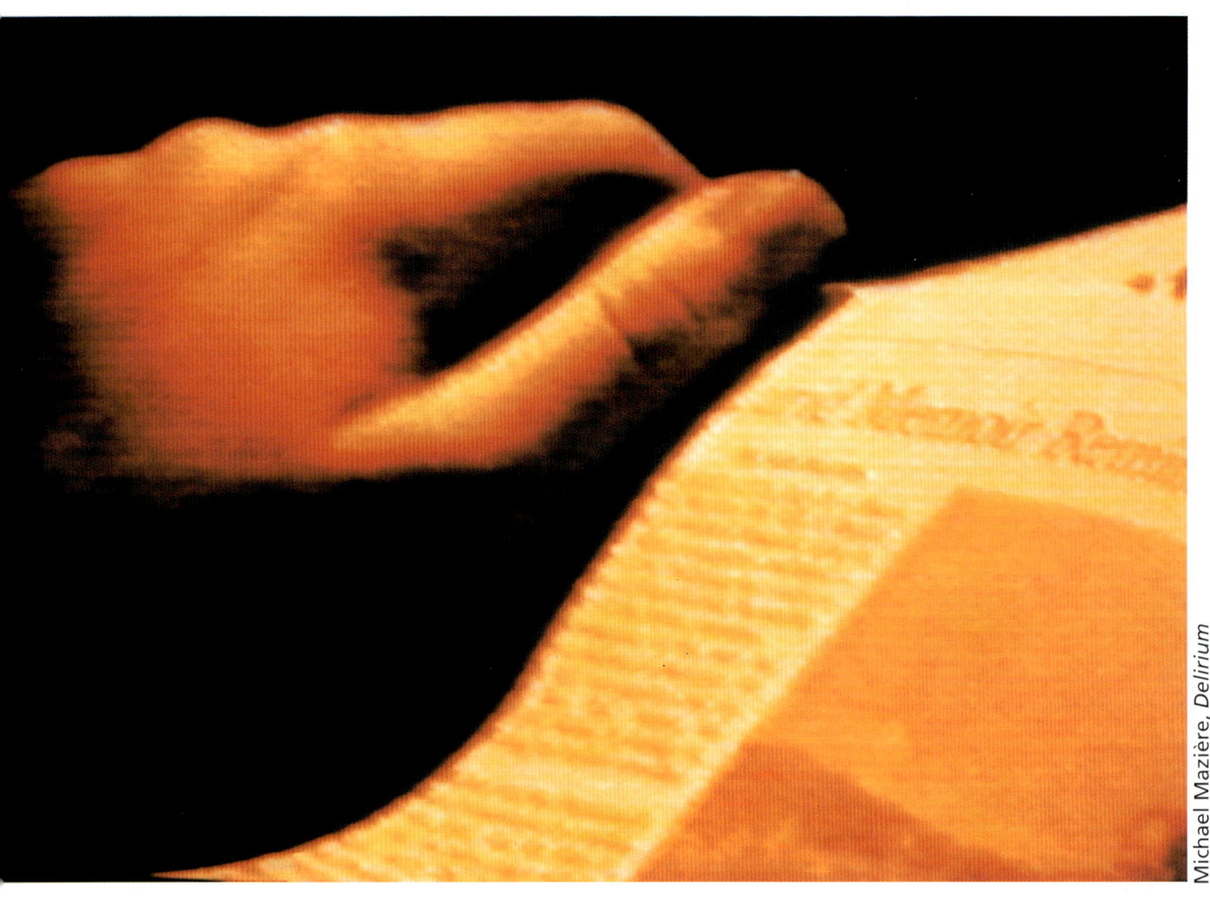

Michael Mazière, *Delirium*

benché nel suo sviluppo utilizzasse strategie simili per grammatica e modi di esibizione.

C'è tuttavia una forma di videoarte che si riscontra internazionalmente, con affinità per quanto riguarda natura e struttura semiologia complessa, che richiede un alto sforzo produttivo e impegnata nel discorso intertestuale di poesia, letteratura e narrativa. L'artista e critico australiano John Conomos ha osservato: "Sono più interessato al video e al cinema come forme di scrittura coreografica – una coreografia di affermazioni fatte con immagini e suoni… soprattutto il video, perché è un medium intertestuale incredibilmente elastico con cui lavorare" (John Conomos intervistato da Brian Langer, *Variant*, 4, estate 1993, p. 43). Negli anni '90 questo approccio è stato sviluppato in modi particolarmente produttivi per mezzo di quello che possiamo chiamare "cine video", una forma di collage elettronico a molti strati che prende più dal termine francese "Vidéo de Création" che dal concetto anglo-americano di "videoarte". Esempi degni di nota di questa pratica sono *Granny's Is* di David Larcher, *Remembrance of Things Fast* di John Maybury, *The Left Hand Should Know* di Brenda Beban e Hrvoje Horvatic, *Obsessive Becoming* di Daniel Reeves, *These are not my images* di Irit Batsry e gran parte del lavoro di Gianni Toti. Pur essendo molto diversi per tipo di immagini e interesse, tutti questi lavori usano una forma intertestuale sperimentale e di collage artistico ottenuto col processo di produzione dell'immagine elettronica: uno spazio in cui immagine, testo e suono si uniscono in una sintesi, dove la natura estremamente ibrida delle immagini crea collisioni, spaccature e nuove possibilità di immagine. In Gran Bretagna questa "scrittura elettronica" – possiamo chiamarla così – è un'area di lavoro sviluppata tramite committenza di film e video sperimentali da parte di Arts Council e Channel Four. Negli ultimi tempi, con l'avvento di tecnologie informatiche a prezzi contenuti, molti artisti possono ottenere questi livelli di manipolazione di immagini spendendo relativamente poco. Si può dire che questo tipo di lavoro è caratterizzato da un approccio non narrativo, da ambizioni poetiche e dal radicamento del concetto classico di "Autore", nei suoi mezzi comunicativi tradizionali e come parte del discorso dell'immagine in movimento. Esso fa chiaramente parte di un'area di lavoro diversa dalla videoarte: una forma di "scrittura" con le immagini, che attinge alla storia del cinema e della televisione più che ai discorsi delle arti visive. La fonte per questi lavori è spesso materiale personale, e l'opera che ne risulta si avvicina a un diario del subconscio dell'artista. Questo collage elettronico forma un testo che mira a essere insieme visionario e soggettivo, ma "materialista" nella sua manipolazione del medium: esso cioè esplora il medium come esplora l'io, puntando a creare un parallelismo fra l'artista e l'opera.

Ciò che unisce questi lavori è il loro rappresentare un'idea nuova di ciò che può essere un video; essi non si adattano bene alle definizioni esistenti di videoarte o film sperimentale e non impiegano come struttura forme narrative. Oggi possiamo dire che abbiamo un concetto riduttivo di quello che il video è e rende possibile, e che stiamo di fatto assistendo alla creazione di nuove forme di produzione di immagini difficili da afferrare in termini di forma, struttura e contenuto. Questi discorsi elettronici variano quanto a intenti e tecniche, ma tutti superano i limiti testuali dei singoli media, ed esigono un nuovo vocabolario nel punto di convergenza di film, video e arti digitali.

"… il video, come forma d'arte distinta, dev'essere tuttavia compreso per ciò che rappresenterà soprattutto, secondo me, storicamente: uno spazio di passaggio e un sistema di trasformazione delle immagini l'una nell'altra: quelle che lo hanno preceduto, la pittura, la fotografia e il cinema; quelle che ha prodotto esso stesso; e infine quelle a cui ha dato inizio, 'le nuove immagini', nelle quali è impegnato e di cui già costituisce la preistoria" (Raymond Bellour, "L'Entre Images", *L'Entre-Images*, E.L.A. La Différence, Paris 1990, p. 15).

Dopo 30 anni, il video come medium si è finalmente assicurato un posto nell'arena delle arti. Ma oggi il suo uso da parte degli artisti comprende un "ventaglio" di tattiche diverse in un gran numero di differenti contesti. Nel nuovo millennio "videoarte" è diventato quasi un termine storico, mentre l'immagine in movimento è una delle aree di lavoro più diffuse per molti artisti visivi. Per me, la *cinécriture* (cinescrittura) di Agnes Varda è la strada da seguire – una forma d'arte in cui l'artista è uno scrittore che intesse in molti modi immagini provenienti da molte fonti, per mezzo di una tecnologia ibrida sempre più elastica e malleabile.

Negli ultimi anni, nella cultura anglosassone, molta dell'attenzione per le arti visive si è concentrata sulla celebrazione di concetti, comportamenti e ironia. Tale forma di lavoro prettamente britannica si è sottratta a una pratica più internazionale diffusa nel Regno Unito. Questo programma, *The Poetic Necessity*, ci presenta questa prospettiva sull'arte che ha a che fare con bellezza, emozione, tecnologia, memoria, amore e filosofia. Le opere presentate sono esplorazioni di stati psicologici, affetti, subconscio, e sono anche una celebrazione del linguaggio in espansione della tecnologia. Sono spesso orientate dal processo invece che guidate dai concetti, cosicché il modo di dipanarsi dell'opera diventa altrettanto importante delle idee che la sottendono.

Come ho accennato, un numero sempre crescente di artisti visivi affronta l'immagine in movimento con installazioni cinematografiche e video e lavori interattivi, mentre si sono dissolte le tradizionali distinzioni tra videoarte, cinema sperimentale e arti visive. Gli artisti presentati in questo programma sono tutti decisamente coinvolti, e molti lavorano in ambedue i campi. Ci forniscono un ponte unico fra queste pratiche separate. La loro natura può essere definita ibrida, e si riflette nella sofisticata esplorazione dei mondi distinti della tecnologia e dell'emozione.

Hotel Central di Matt Hulse è un'opera surrealista che celebra il testo onirico come struttura drammatica, mentre *Furniture Poetry*, di Paul Bush, anima letteralmente oggetti statici rendendo un movimentato omaggio filosofico a Wittgenstein. In *Ferment* la time-slice camera di Tim Macmillan inverte la logica del cinema, letteralmente muovendosi attraverso lo spazio mentre congela il tempo. *Love is all*, di Oliver Harrison, usa animazione e tecniche sperimentali per creare uno splendido e surreale tributo all'amore.
Soggettività e intimità sono una chiave fondamentale per il lavoro mio, di Brenda Beban e Dryden Goodwin. Queste opere portano le emozioni in prima linea nell'ambito artistico, esplorando territori dell'io e dell'altro in modi ravvicinati e molto personali, e agiscono a cavallo della linea sottile fra melodramma ed emozioni, personale e universale, linguaggio e inconscio, per presentare testi spesso oscuri ma sempre illuminanti. I miei *Blackout* e *Delirium* sono poesie che esplorano le condizioni psicologiche umane e il paesaggio emotivo, universale eppure privato, che le circonda. Questi testi psico-poetici sono opere, spudoratamente soggettive, di sensualità visiva e scavi archeologici nell'inconscio.
Su una nota più leggera, la narrazione spirituale di Daniel Reeves *One With Everything*, che parla delle sfide esistenziali di un monaco buddista, ci fornisce una spiritosa conferma del fatto che esiste senza dubbio una Necessità Poetica in ogni comprensione del mondo. ∎

Michael Mazière

Michael Mazière è un artista e *curator* che vive e lavora a Londra. I suoi film e video sono stati proiettati in ambito internazionale in importanti festival, rassegne, gallerie e televisioni. Sue opere sono state mostrate alla Tate Gallery di Londra e al MOMA di New York e i suoi film fanno parte delle collezioni del Musée National d'Art Moderne di Parigi, del Museum of Modern Art in Giappone e della National Collection in Australia. Il suo nuovo film *Blackout* è stato selezionato per la competizione internazionale in vari festival a Londra, Oberhausen, Basilea, Berlino, Rotterdam e New York. Le sue ultime mostre sono state alla Temple Gallery di Roma e da Wigmore Fine Arts a Londra nel 2001. Ha appena prodotto *Delirium*, commissionato coi fondi dell'Arts Council per il Prema Art Centre, e sta curando un'antologia di scritti su film e video d'arte per la Wallflower Press di Londra. È *artist in residence* principale al BANFF in Canada.

The poetic necessity

To attempt to define "video art" in Britain today is a difficult task: not only is the term too limiting to embrace contemporary artistic practice in video, but the medium itself has undergone transformation by creating new links with other practices in gallery and electronic art. While video art as a concise, hermetic practice is *difficult to sustain, the medium of video and artists' use of it is increasingly pluralist and diverse. I hope that this programme* The Poetic Necessity *will provide a subjective, disctinct yet informed selection of works for discussion and debate.*

We are faced with a contradiction: on the one hand we have witnessed the demise and fragmentation of the traditional notions of video art, while on the other there is an exciting proliferation and diversity in the use of video amongst both artists and institutions. This increasing exposure and visibility of artists working in video and new media is proof not only of the historical value of video art but of its cultural relevance as the root of a variety of moving image practices. These changes also point to the transitional quality of artists' video, that is its ability to challenge established parameters through a process of mutation and innovation which can be seen across the variety of its forms, from single-channel work to installations.

In the UK "video art" has become a historical term, referring to the diverse video practices developed by artists in the 70's and 80's, which were on the whole framed within specific theoretical parameters. From the modernist convictions of early video artists, centred around intervention, materialism and form, to the post modern pluralism epitomised by scratch video, there was always been a socio-political context for video art in the UK. Although this framework was never fixed and often under debate, it nevertheless provided a critical context for video art as a separate and identifiable arts practice. Today, with the fragmentation and diversification of media practices, the critical envelope which held together the notions of video art has faded, leaving a collection of hybrid practices.

Thus - despite the diversity of digital technology - the notion of medium specificity is still relevant and even necessary in promoting an understanding of artists work appearing in an ever increasing number of galleries and museums. We have now to engage with the specificity of contexts rather than a pure autonomous practice. The specificity of a video art piece produced and post-produced and exhibited entirely on video still exists, yet as a defining feature it is no longer tenable: it has been eroded by a hybrid mongrelism: brought about by an amalgamation of video, computer and film sources. The convergence of previously discrete technologies towards a digital image has already been signalled by the plethora of works which have combined film and video in the eighties and nineties. In the UK in particular the film/video crossover boasts a string of established artists: David Finch, Cordelia Swann, Mike Stubbs, Paul Bush, Steve Hawley and David Larcher.

Indeed it is questionable whether a truly pure notion of video art was ever really sustainable in the UK: even David Hall's early TV interventions were shot on 16mm film and yet these have been popularly been thought of as a formative moment in British Video art. This broad change in the approach to production is dictated not only by economics, aesthetics and the technology itself, but also by a more irreverent attitude from artists.

While some forays into television took place successfully, many video artists never aspired to address this hegemonic medium and their work lies physically and semiotically in other spheres of intimacy. The confidential and eclectic approach, which is better served through other exhibition outlets such as the screening environment of a gallery or festival. Throughout the nineties we witnessed a resurgence in the use of video by a new generation of young artists, a use which is often precisely irreverent but also personal and deliberately provocative works by Georgina Starr, Gillian Wearing, Lucy Gunning and Michael Curran amongst others. In all these works video delivered images in a low tech fashion, sketches and fragments of life, which were usually excluded from the aesthetic, formal and linguistic considerations of traditional video art.

This generation of artists using video less as a specific visual language and more as a tool, disrupted the parameters and definitions of what constitutes art or video. This disarmingly simple and irreverent approach did contribute to a revitalisation of the medium and returned video to radical art practice, away from the over aesthetisized technological concerns dominant in the eighties. Developing simultaneously through the gallery circuit was a much more sophisticated and ambitious moving image installation project by artists such as Steve McQueen, Sam Taylor Wood, the Wilson's, Jaki Irvine and Douglas Gordon. The work of these artists engaged with cinema more than video art although it used similar exhibition and grammatical strategies in its development.

Yet there is a form of video art which is international in nature, dense semiological structure, with high production values and an engagement with the intertextual discourses of poetry, literature and narrative. As the Australian artist and critic John Conomos observed "I am more interested in video and cinema as a form of choreographic writing - a choreography of expression with images and sounds... especially video, because it is an incredibly elastic intertextual medium to work with" (John Conomos interviewed by Brian Langer, Variant, *Issue 14, Summer 1993, p 43). In the 1990's this approach*

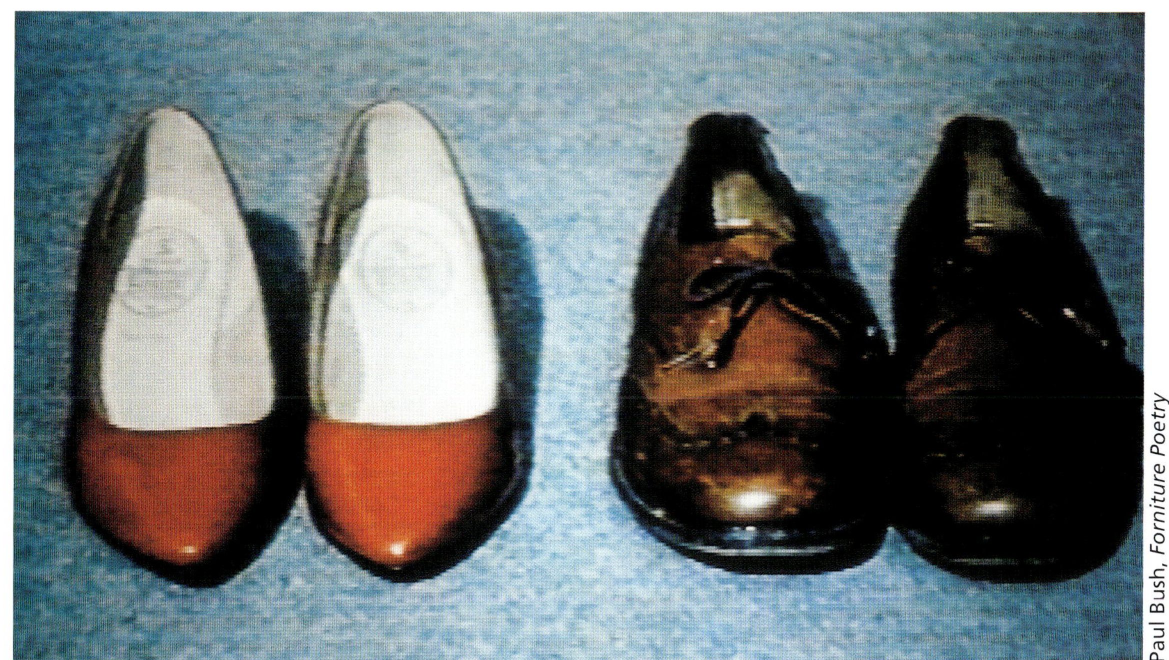

was developed in a particularly productive ways via what can be termed "cine video", a form of multi layered electronic collage which draws more from the French term "Vidéo de Création" than the Anglo American concept of "Video Art". Notable examples of this practice are David Larcher's Granny's Is, John Maybury's Remembrance of Things Fast, Breda Beban and Hrvoje Horvatic The Left Hand Should Know, Daniel Reeves Obsessive Becoming, Irit Batsry's These are not my Images and much of Gianni Toti's work. While these pieces are quite different in appearance and concerns, they all use a type of intertextual experimental form and artistic collage achieved via the process of electronic image making: a space where image, text and sound gather in a synthesis, where the very hybrid nature of the images creates collisions, disruptions and new image possibilities. In Britain this "electronic writing" - as it can be termed - is an area of work was developed via the commissioning of experimental film and video through the Arts Council and Channel 4. Lately with the advent of affordable computing technology many artists can achieve this level of image manipulation relatively cheaply. It is possible to characterise the work by its non narrative approach, its poetic ambitions and its roots in the classical notion of the "Auteur", in its traditional means of address and as part of a moving image discourse. It clearly signifies an area of work different to video art: a form of image "writing" which draws from the history of cinema and television more than the discourses of fine art. The source material for this is often personal material and the resultant work approaches a diary of the maker's subconscious. This electronic collage forms a text which aims to be both visionary and subjective, yet materialist in its manipulation of the medium, i.e. it explores the medium as it explores the self, aiming to create a parallel between maker and work.

What brings together these works is that they represent a new notion of what a video piece can be, they do not fit easily into existing definitions of video art or experimental film and do not employ narrative forms as their structure. It may be argued today that we hold a diminutive notion of what video is and of what it makes possible, and that we are in fact witnessing the creation of new forms of image making which are hard to grasp in terms of their form, structure and content. These electronic discourses vary in intention and technique, yet they all surpass the textual limitations of individual mediums, and demand a new vocabulary at the site of the convergence of film, video and the digital arts.

"...video, as its own art form, must nevertheless be understood for what it will represent, I think, before all, historically: a space of passage and a system of transformation of images into each other: those which preceded it, painting, photography and cinema; those which it produced itself; and lastly those which it has introduced "the new images", in which it is both engaged and already constitutes their prehistory." (Raymond Bellour "L'Entre Images", L'Entre-Images, E.L.A. La Difference, 1990, p.15, my translation.)

After 30 years video as a medium has finally secured its place in the arena of the arts. But today its use by artists encompasses a range of diverse tactics in a number of different contexts. In the new millennium "video art" has become a near historical term, while the moving image is one of the most popular areas of work for many visual artists. For me, Agnes Varda's cinécriture is the way forward - an art form where the artist is a writer weaving images of many sources, in *many forms through an increasingly elastic and malleable hybrid technology.*

Over the last few years, in Anglo-Saxon culture, much of the attention in visual arts has been centred around the celebration of concepts, attitude and irony. This particularly British form of work eluded a more international practice based in the UK. This programme The Poetic Necessity *brings us this perspective on art which engages with beauty, emotion, technology, memory, love and philosophy. These works are exploration into psychological states, affects, the subconscious, as much as celebrations of the expansive language of technology. They are often process orientated as opposed to concept driven so that the unravelling of the work becomes as important as the ideas behind it.*

As I have outlined, an ever increasing number of visual artists engage with the moving image through film and video installation and interactive works, distinct traditions in video art experimental film and the visual arts have dissolved. The artists presented in this programme all have a very defined commitment to cinema and the visual arts, and many operate in both worlds. They provide a unique bridge between these separate practices. These artists can be deemed to be of a hybrid nature, further reflected in their sophisticated exploration of the diverse worlds of technology and emotion.

Matt Hulse's Hotel Central *is a surrealist piece which celebrates the dream text as a dramatic structure while Paul Bush's* Furniture Poetry *literally animates static objects in a moving philosophical tribute to Wittgenstein. In* Ferment *Tim Macmillan Time Slice Camera inverts the logic of cinema, by literally moving through space while it freezes time. Oliver Harrison's* Love is All *use film animation and experimental techniques to create a beautiful and surreal tribute to love. Subjectivity and intimacy are key process to the work of Breda Beban, Dryden Goodwyn and myself. These works bring emotions to the forefront of art by exploring territories of the self and of the other in up close and very personal ways. They operate on the fine lines between melodrama and emotions, the personal and the universal, language and the unconscious to present texts which are often dark yet always enlightening. My own* Blackout *and* Delirium *are poems which explores human psychological conditions and the universal yet private emotional landscape which surround them. These psycho-poetic texts are unashamedly subjective works of visual sensuality and archaeological digs into the unconscious.*
On a lighter note, Daniel Reeves spiritual narrative

One With Everything on the existential challenges of Buddhist monk provides a humorous confirmation that there is definitely a Poetic Necessity in all understandings of the world. ∎

Michael Mazière

Michael Mazière *is an artist and curator living and working in London. His films and videos have been shown internationally at major festivals, film venues, galleries and on broadcast television. He has shown work at the Tate Gallery, London and MOMA, New York, and his films are the collections of the Musee National d'Art Moderne, Paris, the Museum of Modern Art of Japan and the National Collection of Australia. His new film Blackout has been selected for International competition at Festivals in London, Oberhausen, Basle, Berlin, Rotterdam and New York. His latest gallery shows were at the Temple Gallery, Rome and Wigmore Fine Arts in London in 2001. He is currently producing Delirium, a new Arts Council funded video commission for the Prema Art Centre, editing an anthology of writing on artists film and video for Wallflower Press, London and a lead artist in residence at BANFF Canada.*

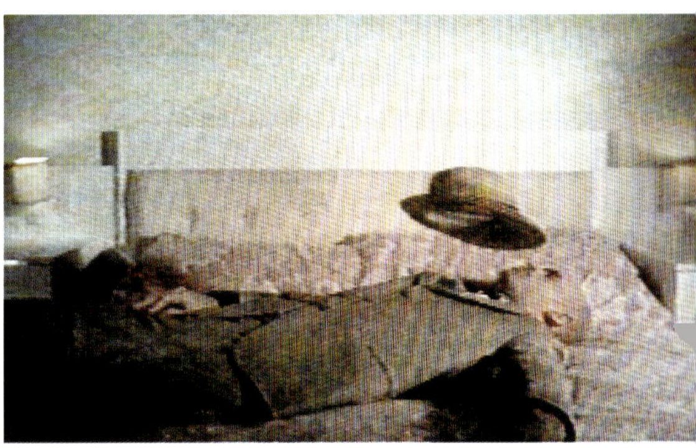

Matt Hulse
Hotel Central
UK, 11 min, 2000, B/N, 35mm/video, PAL

"L'azione presente nei miei film è il risultato di un'automazione psichica cosciente, e in questo senso non tenta di narrare un sogno, benché utilizzi lo stesso tipo di meccanismo dei sogni" (Luis Buñuel, 1961)

"The action in my films is the result of conscious psychic automation, and in this sense does not try to narrate a dream, though it utilises the same kind of mechanisms that dreams utilise." (Luis Buñuel, 1961)

Breda Beban
Chiamiamolo amore (Let's Call it Love)
UK, 7 min, 2000, B/W, Beta SP, PAL

Chiamiamolo amore parla di seduzione, desiderio e solitudine, e anche della sensazione generale di impotenza nel contesto del balletto della politica mondiale.

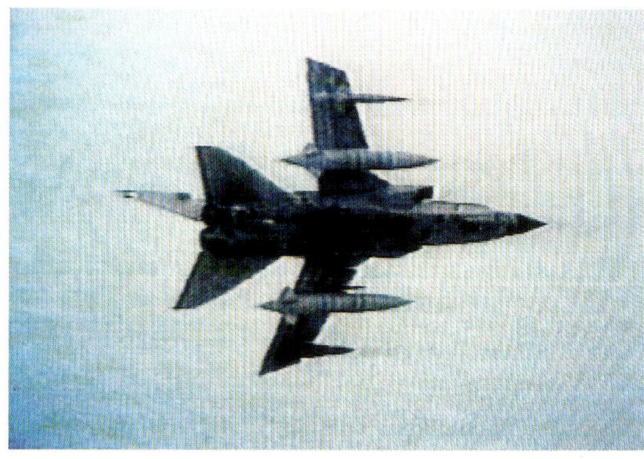

Let's Call it Love *is about seduction, desire and loneliness. it is also about an overall feeling of helplessness within the context of choreographed world politics.*

Dryden Goodwyn
Più vicino (Closer)
UK, 6 min, 2001, Colore, Digi Beta , PAL

Il cortometraggio di Goodwin Closer indaga e rovescia gli incontri che facciamo con gli estranei nei luoghi pubblici. Utilizzando uno zoom e una penna laser a lunga distanza Goodwin fa collassare lo spazio fra l'occhio della macchina da presa e il suo soggetto, riprendendo le persone nel momento in cui vengono toccate da un raggio di luce. Da questo atto scaturisce una moltitudine di implicazioni emotive, psicologiche e sociologiche. L'ambiguità di questi gesti, che vanno dall'ostilità all'empatia, suscita una sensazione di violazione, ma anche sentimenti sottintesi di solidarietà verso queste persone. Nonostante l'audacia dell'esame minuzioso a cui sottopone i suoi soggetti in questo processo di familiarizzazione e intimità, Goodwin nasconde parzialmente i loro volti allo spettatore, offrendo una misteriosa protezione dallo stetoscopio luminoso.

Goodwin's short film Closer *investigates and subverts the encounters we have with strangers in public places. Using a zoom lens and a long distance laser pen Goodwin collapses the spatial distance between the camera's eye and its subject, filming individuals as he simultaneously touches them with a beam of light. A host of emotional, psychological and sociological implications arise from this act. The ambiguity of these gestures, fluctuating between hostility and empathy, demonstrate both a sense of invasion as well as implying feelings of sympathy towards these individuals. Despite his bold scrutiny of his subjects, in this process of familiarisation and intimacy, Goodwin also seeks to offer them a mysterious protection from the luminary stethoscope by partially obscuring their faces from the viewer.*

Michael Mazière
Blackout
UK, 10 min, 2000, B/N, Beta SP, PAL

Una storia d'amore, ambientata in un mondo cinematografico di desiderio, ricordi e bellezza. *Blackout* è un dialogo sulla perdita tra un uomo e una donna. La lotta per raggiungere la comunicazione e l'intimità viene espressa attraverso il ri-montaggio di voci prese da un film hollywoodiano classico, combinato con immagini profondamente poetiche. In *Blackout*, le esperienze emotive individuali vengono condizionate e lette con l'intermediazione del mondo collettivo del cinema.

"L'immagine rallentata e un abile montaggio accentuano la malinconia di questi frammenti, dai quali paradossalmente emerge una narrazione di intimità e desiderio. Gli esterni e i vari luoghi rappresentati - interni abbandonati pieni di oggetti personali, aeroporti, strade cittadine - sono carichi di un'intensità che accentua un senso di alienazione e impotenza. I frammenti di dialogo parlano di come sono andate o sarebbero potute andare le cose, sottolineando ancor di più una sensazione di perdita e disperazione, unita a ostinazione e speranza. Immagini come la sequenza finale di un ascensore che sale verso la luce, o il mare scintillante visto dal finestrino di un aereo, esemplificano l'atmosfera agrodolce di questo lavoro." (Sotiris Kyriacou)

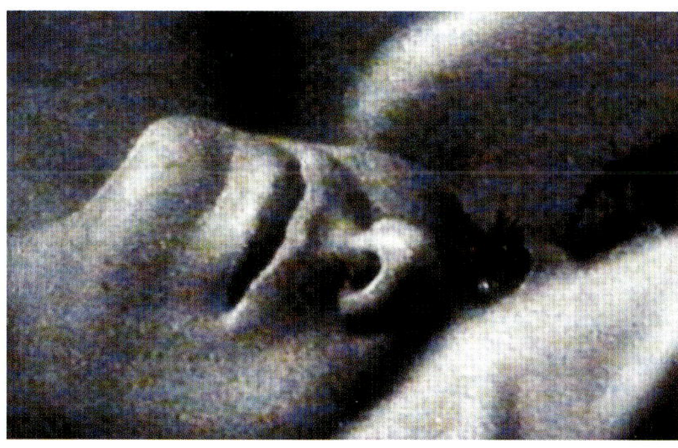

A love story. Set in a cinematic world of desire, memory and beauty, Blackout *is a dialogue of loss between a man and a woman. The struggle for communication and intimacy is conveyed through re-edited voices from a classic hollywood film combined with deeply poetic imagery. In* Blackout, *it seems that individual emotional experiences are conditioned and read through the mediated and collective world of cinema.*

"Slow motion and skillful editing accentuate the melancholy of these fragments from which emerges, paradoxically, a narrative of intimacy and longing. The locations and places depicted - abandoned interiors filled with private posessions, airports, city streets - are charged with an intensity which accentuates a sense of

alienation and helplessness. Fragments of dialogue speak of things as they were or could have been, further reinforcing a sense of loss and despair coupled with persistence and hope. Images such as the closing sequence of an escalator going up towards daylight, or the sparkling sea seen from an airplane window, exemplify the bittersweet mood of the work."
(Sotiris Kyriacou)

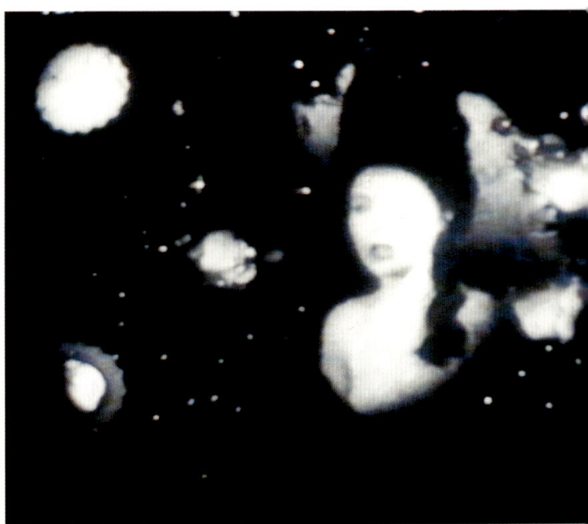

Michael Mazière
Delirium
UK, 10 min, 2001, Colore, Beta SP, PAL

Delirium è una riflessione e una celebrazione delle visioni, sensazioni e convinzioni folli e irrazionali spesso associate o indotte dall'uso di droghe o alcol. Utilizzando materiale dal film *The Lost Weekend* e riprese originali, il film esplora l'intensa, ingannevole ma seducente natura della fuga e della dipendenza. Il lavoro presenta in modo empirico il piacere baudelairiano e la qualità visionaria dell'eccesso, fianco a fianco con gli spettri dell'illusione e le crisi emotive che spesso genera.

Delirium is a meditation and celebration of crazed and irrational visions, feelings and beliefs often associated or induced by drugs or alcohol. Using source material from the film The Lost Weekend *and newly shot material the film explores the intense delusionnary yet seductive nature of escape and addiction. The work presents in an experiential manner the Baudelarian pleasure and visionary quality of excess side by side with the illusionary phantasm and emotional crisis it often engenders.*

Oliver Harrison
L'amore è tutto (Love is all)
UK, 4 min, 1999, B/N, Beta SP, PAL

Prigioniera dell'inverno, una regina di neve sogna l'amore e lo sbocciare della primavera. Attraverso cartigli rococò coperti di ghiaccio, canta le virtù del vero amore accompagnata da sequenze riccamente animate. Incisi originariamente da Deanna Durbin nel 1940, i versi della canzone sono reinterpretati per descrivere idee universali sull'amore: il bene che trionfa sul male, il calore che scioglie la neve, la primavera che segue l'inverno. *Love is All* è stato realizzato interamente grazie agli effetti della macchina da presa e ha richiesto più di due anni di preparazione: tutti gli effetti visivi e le scene sono stati creati a mano. Il lavoro è formato di sequenze a più strati, con, talvolta, venti o più esposizioni sullo stesso segmento di pellicola.

Winter bound, a snow queen dreams of love and the blooming of spring. Through frosted rococo cartouches she sings about the virtues of true love accompanied by miniature animated sequences. Originally recorded by Deanna Durbin in 1940, the lyrics are reinterpreted to portray universal ideas of love:- good overcoming evil, warmth melting the snow, spring following winter. Love is All *was shot entirely in camera and took over two years to complete: all optical effects and sets were created by hand. The work is made up of multilayered sequences; sometimes 20 or more exposures on the same piece of film.*

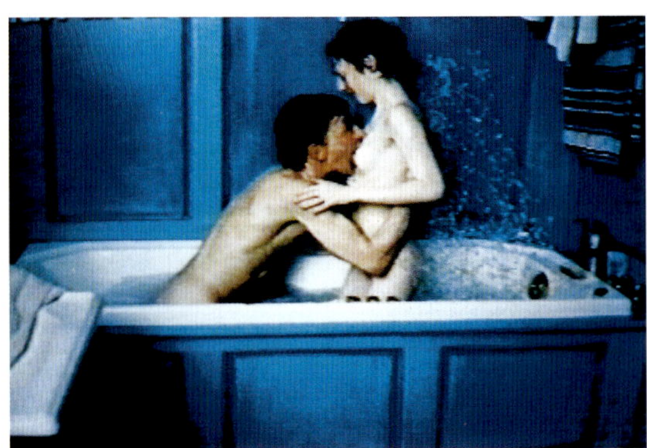

Tim Macmillan
Fermento (Ferment)
UK, 4 min, 1999, Colore, Beta SP, PAL

Una tranquilla piazza di città, con gente che passeggia e bambini che giocano. Su una panchina un vecchio mangia un panino con la nipotina. Ha un attacco di cuore e cade a terra. L'ultima cosa che sente è "Nonno…" mentre il tempo si ferma. Ci spostiamo dalla piazza attraverso la città, per le vie e i palazzi, nelle stanze e per i corridoi, cogliendo di sfuggita persone e frammenti di suono nel loro esistere in quel momento. Gradualmente la condizione umana si schiude davanti ai nostri occhi. Alla fine arriviamo in una via di case a schiera, dove in una camera al piano superiore scopriamo che sta nascendo un bambino. Il tempo comincia di nuovo. *Fermento* è un bellissimo film d'animazione che utilizza la particolare tecnica di frammentazione temporale consentita dalla macchina da presa creata da Macmillan.(1)

A quiet city square, people strolling by, children running around. An old man sits having a sandwich with his granddaughter on a bench. He has a heart attack and falls to the ground. The last thing he hears is "Grandpa..." as time stands still. We travel away from the square and across the town, down streets, through buildings, into rooms and along corridors, catching glimpses of people and snatches of sound as they exist in that one instant. Gradually the human condition unfolds before our eyes. We finally arrive in a street of terraced houses, where, in an upstairs bedroom we discover a baby being born. Time starts again. Ferment *is a stunning animation film utilising Macmillan's unique time-slice camera technique.*

Paul Bush
Poesia d'arredamento - e altri versi per la cinepresa (Furniture poetry - and other rhymes for the camera)
UK, 6 min, 1999, Colore, Beta SP, PAL

"Che cosa mi impedisce di supporre che quel tavolo svanisca o cambi forma quando nessuno lo osserva e torni come prima se qualcuno lo guarda? Ma viene da dire: chi può supporre una cosa del genere?" (Wittgenstein – *Sulla certezza*, 1949-51).

Il *film-maker* accetta la sfida del filosofo e cambia non solo un tavolo ma anche sedie, scarpe, tazze, teiere e quasi tutto il resto.

"What prevents me from supposing that that this table either vanishes or alters its shape when no one is observing it and then when someone looks at it again changes back? But one feels like saying - who is going to suppose such a thing?" (Wittgenstein - On Certainty, 1949-51).

The film-maker accepts the challenge of the philosopher and changes not only a table but also chairs, shoes, jugs, teapots and almost everything else.

Daniel Reeves
One with Everyhting
Uk, 21 min., 1998, Colore, Beta SP, PAL

One with Everything è una cavalcata folle e iconoclasta attraverso i campi onirici del materialismo spirituale. Un monaco zen errante e 49 statuine Buddha da giardino seppelliscono alcune delle domande perennemente senza risposta: un cane può avere una natura buddista? Come suona un applauso con una mano sola? E dove va l'a-nima dopo pranzo?

Filmato in esterni, in formato Panic Vision a vividi colori, in Scozia, Francia, Irlanda e Butlins finché sono finiti i soldi, bisogna vederlo per credere. Proprio quando pensavate che si potesse tornare in chiesa senza correre rischi gli idoli vengono distrutti. Garantito per cambiarvi la vita, o nella prossima vi rimborseranno i soldi.

Approvato dal Consiglio Nazionale per la Vita Sana. Linguaggio forte, nudità, violenza simulata e angoscia esistenziale fanno la loro comparsa qua e là.

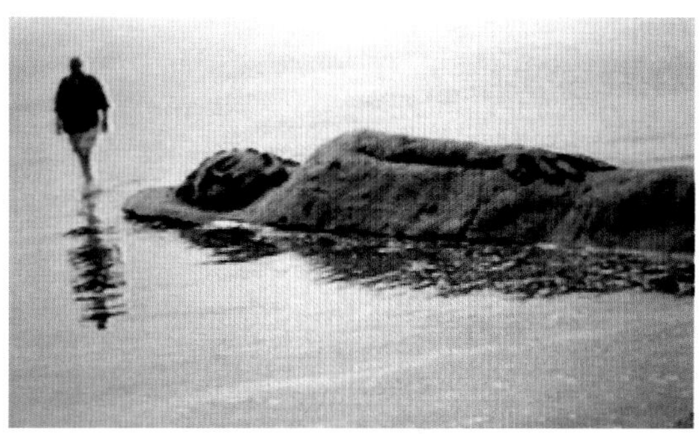

One With Everything is an iconoclastic and manic romp through the dream fields of spiritual materialism.An errant Zen monk and 49 lawn ornament Buddhas finally lay to rest several of the perennially unanswered questions: Does a dog have Buddha nature? What is the sound of one hand clapping?And where does the soul go after lunch?
Filmed in living colour in PanicVision format on location in Scotland, France, Ireland and Butlins until there was absolutely no credit left,this one has to be seen to bebelieved.Just when you thought it was safe to go back to church the idols are destroyed. Guaranteed to change your life or your money glady refunded in your next life.
Approved by The National Council of Wholesome Living. Strong language, nudity, simulated violence and existential angst crop up here and there.*

Nota
(1) Con la *time-slice-camera* si scattano una serie di fotografie in sequenza con macchine fotografiche sincronizzate poste in linee diverse; le foto poi si mettono in sequenza creando una "carrellata virtuale", una sequenza in movimento fatta di immagini fisse, su uno spazio o su micromovimenti compiuti dai personaggi. (NdT)

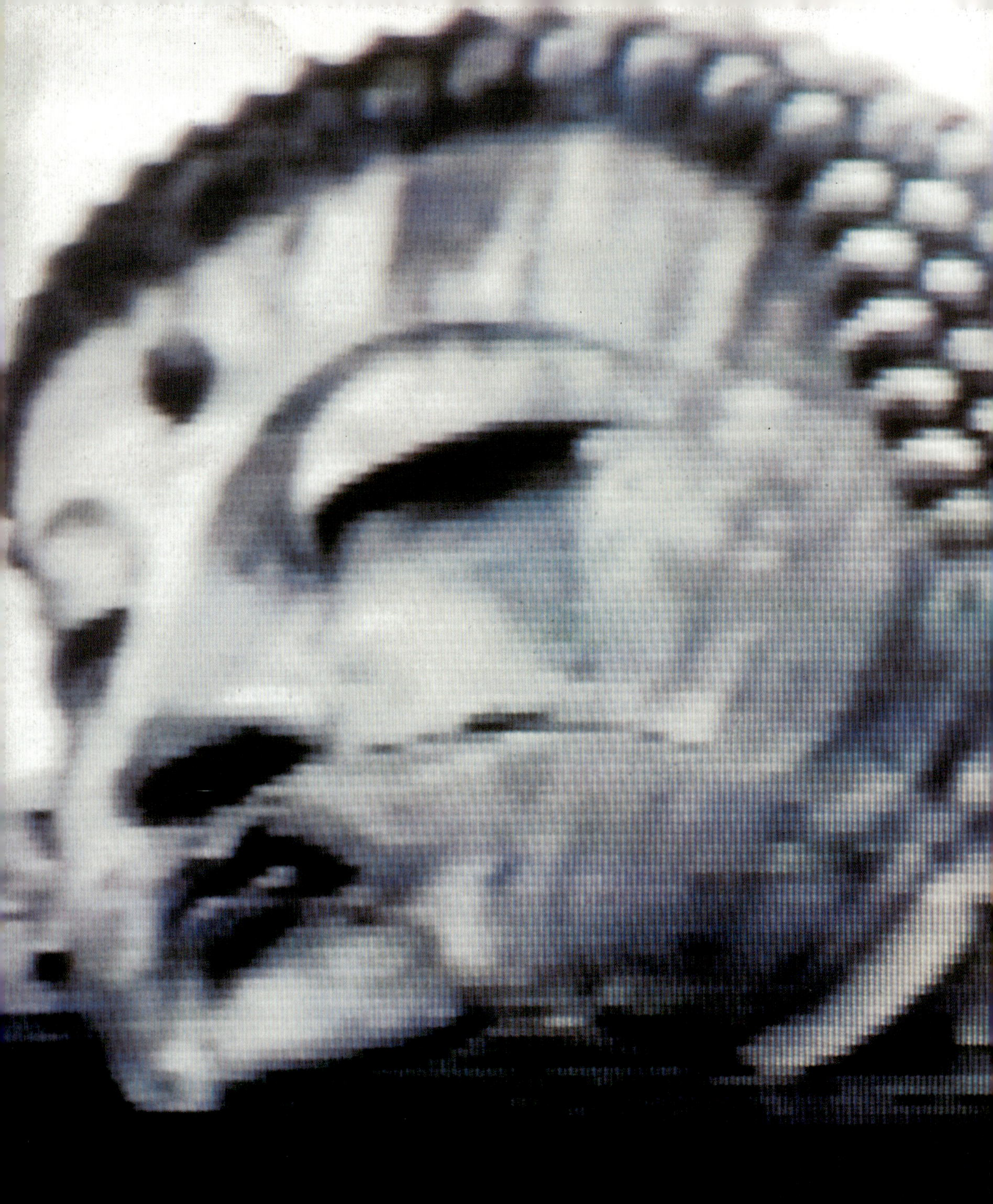

Alain Escalle
Le conte du monde flottant

Autori e opere

Directors and Works

SILVANO AGOSTI

Nobel? Nobel sarà lei

Italia/Italy, 2001, 40'+45'+55'

regia/direction:
Silvano Agosti

con/with:
Dario Fo, Franca Rame

disegni/drawings:
Dario Fo

**delegato RAI alla produzione/
head of RAI production:**
Anna Palombo

Silvano Agosti (Brescia, 1938). Viaggia
nel mondo praticando vari mestieri.
Stabilitosi a Roma, nel 1960 s'iscrive
al Centro Sperimentale di Cinematografia.
Suo compagno di studi è Marco Bellocchio.
Come montatore, con lo pseudonimo
di Aurelio Mangiarotti, lavora per *I pugni
in tasca* di Marco Bellocchio e *Grazie zia*
di Salvatore Samperi. È autore di film,
video e programmi televisivi, nonché
responsabile di una sala cinematografica,
l'Azzurro Scipioni, e infine è autore
di romanzi.

*Silvano Agosti was born in Brescia in 1938.
He travels around the world in a number
of professional capacities. After moving
to Rome in 1960 he enrolled at the Centro
Sperimentale di Cinematografia, along with
Marco Bellocchio. Under the pseudonym
of Aurelio Mangiarotti he was editor on
Bellocchio's* I pugni in tasca *and on* Grazie
zia *by Salvatore Samperi. He has made films,
videos and television programmes, as well as
running a cinema theatre, the Azzurro
Scipioni, and writing novels.*

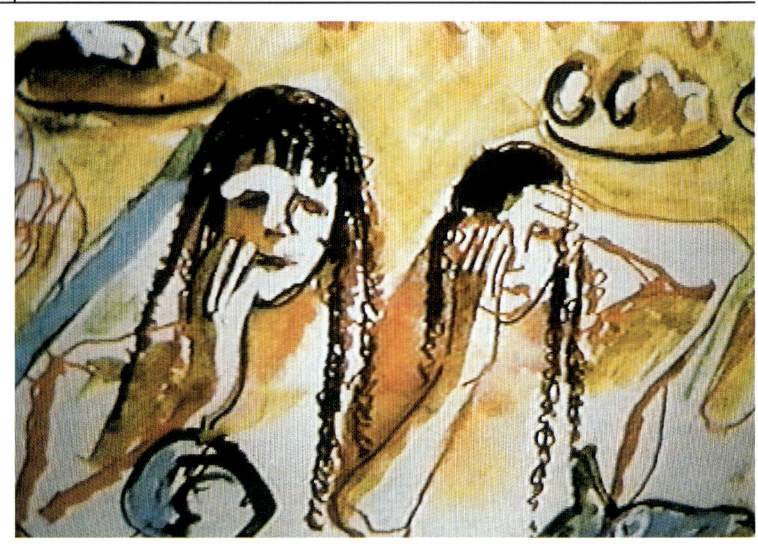

Attraverso una interessante miscela di immagini d'archivio, foto e disegni, Silvano Agosti crea un documentario sulla grande coppia del teatro italiano: Dario Fo e Franca Rame. Il regista entra nella casa dei due protagonisti in manera assolutamente poco invasiva, e li pone di fronte alle immagini del loro passato, scatenando ricordi a volte commossi, ilarità, curiosità nei confronti di materiali che neanche loro ricordano più. Davanti al televisore nel quale scorrono le loro immagini, Dario Fo e Franca Rame commentano, si riguardano a volte stupiti, parlano dei ricordi scatenati dalle immagini, in un continuo alternarsi fra presente e passato. Le tre puntate sono tematiche: la prima è dedicata alle apparizioni televisive e cinematografiche, la seconda sul teatro, la terza sulla politica. Programma di tre puntate prodotto dalla RAI.

Using a fascinating mix of archive footage, photographs and drawings, Silvano Agosti has put together a documentary on Italy's great thespian couple Dario Fo and Franca Rame. The director enters quietly into their home, confronting them with images from their past and bringing back sometimes tender recollections, a lot of laughter and general curiosity over material that they themselves have largely forgotten. Seeing themselves on TV, Dario Fo and Franca Rame make comments, watch in amazement and talk about the memories raised by the pictures, constantly shifting between past and present. The three episodes are each centred on a different theme: television and film appearances; theatre; politics. A three-part programme produced for state broadcaster RAI.

MARCO AGOSTINELLI
NATO

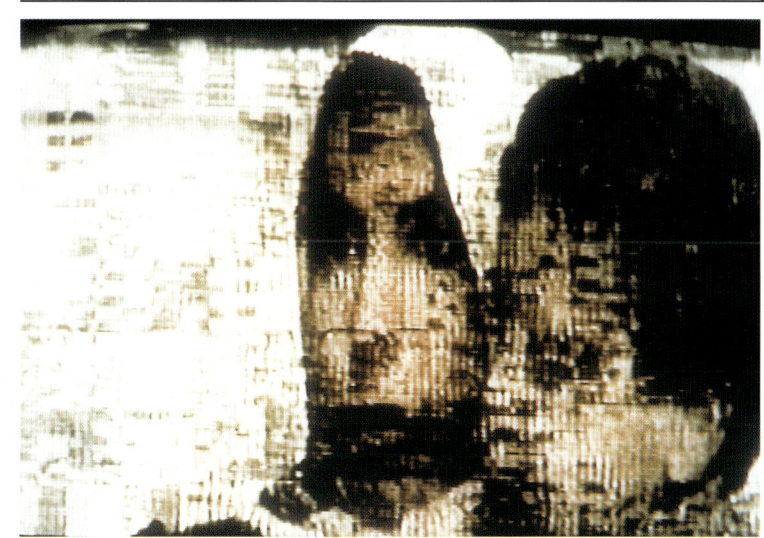

Italia/Italy, 2001, 35'

realizzazione e montaggio/realization and editing: Marco Agostinelli

testi/texts: Gian Ruggero Manzoni

musica/music: E. Dimas de Melo Pimenta, Ryuichi Sakamoto

produzione/production:
Moloch Rosso Production

Una lunghissima, quasi esasperante soggettiva dalla cabina di un aereo che sorvola paesaggi semidistrutti, quasi riconoscibili nel magma visivo fatto di continue sovrapposizioni, mentre un testo, anch'esso quasi cancellato da graffi e frammenti di immagini, commenta il lento e inesorabile volo. Frammenti di musica distorta assalgono le orecchie dello spettatore: con pochi elementi combinati con notevole abilità, l'autore crea un'opera tesa, nervosa, dove la paura della minaccia dall'alto (tipica della guerra) si incarna nella soggettiva dello sguardo di un misterioso pilota che scruta dall'alto i suoi obbiettivi.

*A*n interminable, almost exasperating subjective shot from the cockpit of an aircraft as it flies over half-destroyed landscapes, almost recognisable in the visual magma made up of constant overlapping. At the same time a text, again almost cancelled out by scratches and fragments of images, comments on the slow, inexorable flight. Fragments of distorted music assault the viewer's ears: skilfully combining a few elements the director creates a tense, nervous work in which the threat from above (typical of war) is embodied in the subjective angle of the gaze of a mysterious pilot, observing his objectives from on high.

Marco Agostinelli (Panicale, 1961), regista e filmaker, lavora prevalentemente nel campo dell'arte, con interesse particolare per la scultura e l'arte contemporanea. È anche direttore artistico dell'Associazione Culturale Elogio della Scultura a Panicale e del Parco di Scultura Campo del Sole di Tuoro sul Trasimeno. Una rassegna dei suoi film è stata presentata a Chicago nell'ambito della 17th International Sculpture Conference, ISC. Una personale dei suoi film è stata presentata alla National Gallery of Art di Washington e all'Istituto di Cultura sempre di Washington. Il Festival di Cinema sull'Arte di Montréal lo ha premiato alla carriera con un omaggio di 12 film, dedicandogli l'intera sezione Point de Mire.

Marco Agostinelli was born in Panicale, (Perugia), in 1961. A director and film maker, who works primarily in the field of art, with particular emphasis on sculpture. He is also the Artistic Director of the Cultural Association, Elogio della Scultura, in Panicale and its sculpture park, Campo del Sole, at Tuoro on Trasimeno. A major film festival was presented on his work in Chicago at the 17th International Sculpture Conference. A similar film festival was presented at the National Gallery of Art and the Italian Cultural Institute, Washington. His films have be shown at the art film festival of Montreal.

Cuore di cane

Italia/Italy, 2001, 14'

**ideazione, realizzazione e montaggio/
concept, realization, editing:**
Marco Agostinelli

musica/music:
Ryuichi Sakamoto

produzione/produzione:
Moloch Rosso Production

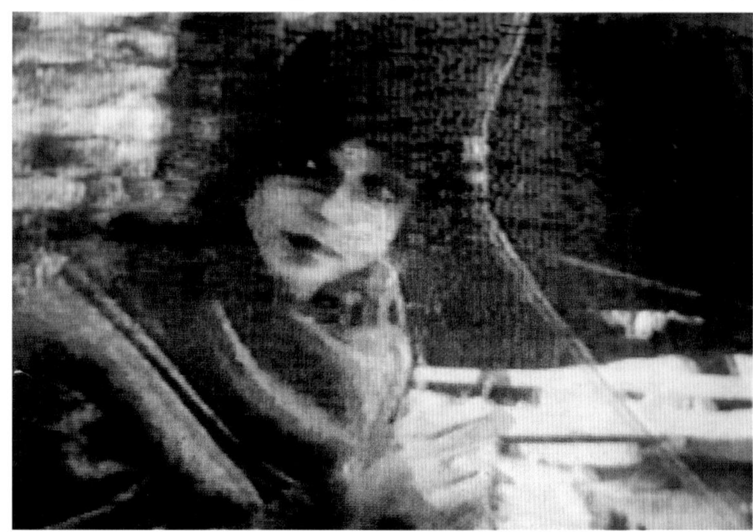

I mmagini di una Russia che non esiste più. Le forme vengono progressivamente rallentate, cancellate, ricalcolate dalla memoria del computer che sovrascrive sulle immagini memorie di altri tempi, forme di altri ricordi. Al di là dell'interesse delle immagini di repertorio che riguardano stralci di vita quotidiana della Russia degli anni Venti, l'atmosfera, in bilico fra nostalgia e curosità, rende il video non un omaggio ad un passato che non esiste più ma alla potenza inossidabile del ricordo recuperato e manipolato dalle macchine digitali.

P ictures of a Russia that no longer exists. The forms are gradually slowed down, deleted, recalculated by the memory of a computer that overwrites them with recollections of other times, forms of other memories. Apart from the intrinsic interest of the archive footage of daily life in 1920s Russia, the atmosphere, poised between nostalgia and curiosity, makes the video a tribute not just to a lost past but also to the imperishable power of memory recovered and digitally manipulated.

AVENEL/GIRAUDON
Trans(e) Bleu

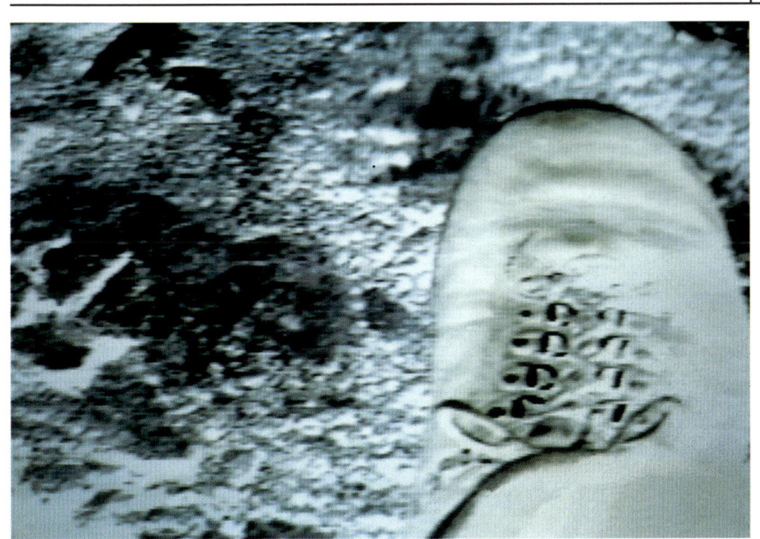

Canada, 2000, 23'

realizzato da/directed by:
Emmanuel Avenel, Marie-France
Giraudon

Emmanuel Avenel (Dieppe, 1962), vive
a Montréal dal 1987. La natura, il
principale tema delle sue opere, è trattato
da un punto di vista artistico ed ecologista.
Dal 1981 Avenel ha viaggiato a piedi
attraverso la Francia e l'Europa,
in Labrador, Terranova, Québec e Canada.
Attraverso le sue escursioni l'artista si porta
vicino al paesaggio, e dimostra la sua
bravura sia con la macchina fotografica
che con la videocamera.

Marie-France Giraudon (1961) è un'artista
multidisciplinare, originaria della Francia.
Vive e lavora a Montréal dove sta
conseguendo la laurea in Arti Plastiche
all'Università del Québec a Montréal.
Partecipa a numerose iniziative nazionali
e internazionali e la sua attività artistica
esplora la relazione fra fotografia, video
e l'installazione. Dal 1985 collabora
strettamente con Emmanuel Avenel.

"Q uando l'ibernazione culmina in una *trance* naturale che ci trasci-
na ad immaginare un paesaggio cosmico che noi possiamo esplorare, allora noi tutti diventiamo Sciamani." (Emmanuel Avenel,
Marie-France Giraudon)

Dominate da un viraggio blu che richiama il ghiaccio e la neve, le
immagini di questo video rappresentano l'estatica sorpresa di fronte
alle forme della natura che si presentano ai nostri occhi. Le soggettive
dei piedi che camminano stanno a testimoniare un contatto diretto,
fisico, e non solo contemplativo, degli autori nei confronti della natura. Il loro sguardo cerca il più possibile di rendere astratte le forme
naturali con l'uso di effetti oramai noti nella pratica videoartistica (sfi-
lacciamenti, sdoppiamenti a specchio), come per carpire le forme arcai-
che, nascoste, spirituali del paesaggio. Nel loro viaggio quasi iniziatico
ai misteri delle forme della natura, gli autori cercano i quattro elementi fondamentali: terra, acqua, aria e fuoco, che diventano gli affasci-
nanti protagonisti di avventure visive a metà fra l'astratto e il concreto.

Emmanuel Avenel *was born in Dieppe, France, in 1962, and has resided in Montreal since 1987. Nature, the main theme represented is his work, in considered not onfly from the point of view of the artist but also of the ecologist. Since 1981, Avenel has walked and travelled through France, Labrador, Newfounland, Quebec and Canada. By means of hiking trails, the artist brings himself closer to the landscape, and demonstrates his effectiveness with both photo and videocamera.*

Marie-France Giraudon *was born in 1961. She is a multidisciplinary artist, originally from France. She lives and works in Montreal where she is currently completing her Master's Degree in Visual Arts at the University of Quebec. She has partecipated in numerous national and international events, and her artistic process explores the relationship between photography, video and installation. Since 1985 she has collaborated closely with Emmanuel Avenel.*

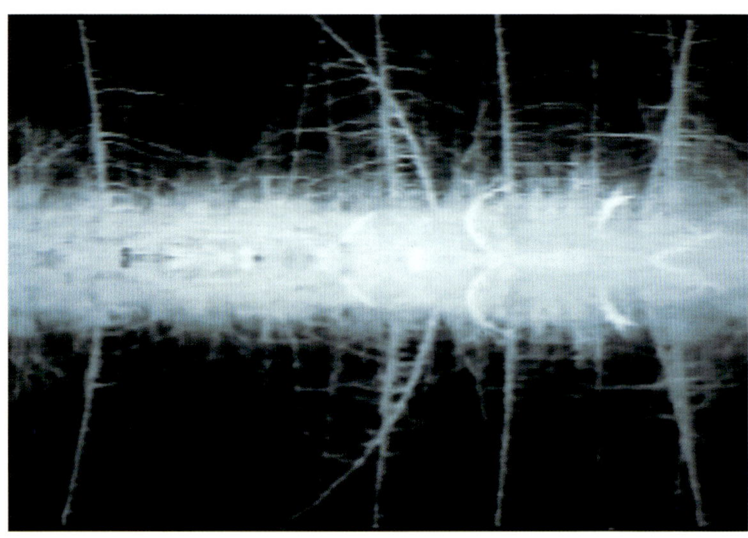

" When hibernation culminates in a scenic trance allowing us to imagine a cosmic landscape which we can explore, we all become Shamans." (Emmanuel Avenel, Marie-France Giraudon)

Dominated by a blue toning evocative of ice and snow, the images of this video convey the ecstatic amazement inspired by the forms of nature before our eyes. The subjective shots of feet walking witness a direct, physical and not merely a contemplative contact with nature on the part of the directors. Their vision attempts to make the natural forms as abstract as possible using effects which have become common practice in video art (mirror duplication, disintegration), as if to capture the archaic, hidden, spiritual forms of the landscape. Naturally, on this journey of initiation into the mysteries of the forms of nature, the directors seek out the four basic elements: earth, water, air and fire, which become the fascinating protagonists of visual adventures poised between the abstract and the concrete.

BARESI/GARINI
Kumbh Mela 2001

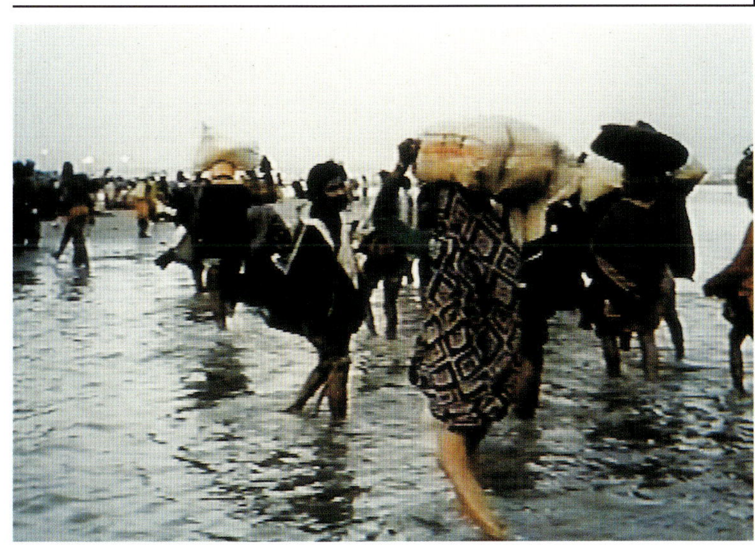

Italia/Italy, 2001, 30'

**ideazione e realizzazione/
subject and realization:**
Giuseppe Baresi, Giorgio Garini

produzione/production:
Monogatari/Stilo

Giuseppe Baresi (Milano, 1960),
ha collaborato con Studio Azzurro,
e diventa direttore della fotografia
e operatore. Nel 1989 costituisce, con
Matilde Ippolito, la società di produzione
Stilo con cui produce numerosi video
musicali e documentari.
Contemporaneamente approfondisce
alcune linee di ricerca personali:
il diario di viaggio, il backstage di film
e la documentazione di particolari
eventi teatrali.

Giuseppe Baresi *was born in Milan
in 1960. Working with Studio Azzurro
he became a director of photography and
camera operator. In 1989 he set up the
production company Stilo with Matilde
Ippolito, producing numerous music videos
and documentaries.
In parallel he has continued with various
lines of personal research: the travel diary,
films on the "making of" other films
and on theatrical events.*

Giorgio Garini (Milano, 1961), ha svolto
principalmente la sua attività come aiuto
regista di quasi tutti i film di Silvio Soldini
(da *Paesaggio con figure* a *Giulia in Ottobre*
da *L'Aria serena dell'ovest* a *Un'anima
divisa in due* a *Le Acrobate*) prodotti con
la Monogatari, casa di produzione che
ha costituito insieme allo stesso Soldini.
Parallelamente ha sempre svolto l'attività
di documentarista.

Giorgio Garini *(Milan, 1961) has worked
mainly as an assistant director on almost
all of the films by Silvio Soldini (from*
Paesaggio con figure *to* Giulia in Ottobre,
from L'Aria serena dell'ovest *to* Un'anima
divisa in due *and* Le Acrobate) *produced
by Monogatari, a company he set up
with the director. In parallel he has been
active as a documentary filmmaker.*

"N el gennaio del 2001 ad Allahabad, punto di confluenza dei due grandi fiumi Yamuna e Gange, si è svolto il primo Kumbh Mela del nuovo millennio, la più grande festa religiosa induista che si svolge ogni 12 anni. Proprio perché i media tradizionali hanno bruciato l'avvenimento nei tempi della "cronaca" e dell'"attualità" proponendo solamente le immagini più spettacolari e i luoghi comuni della cultura indiana, a distanza di mesi abbiamo voluto riflettere e recuperare quelle immagini meno spettacolari ma sicuramente più quotidiane e autentiche del Kumbh Mela. ...Flussi di pellegrini in continuo movimento. Un'apparente fragile organizzazione per una tendopoli di 40 chilometri quadrati. Mantra di annunci, orari, treni, preghiere e turni di mensa trasmessi continuamente da interminabili file di altoparlanti che segnano i viali di sabbia ... e quando tutto sembra che stia per collassare... ti rendi conto di un grande equilibrio, lo stesso che hanno i passi sulla fune di una piccola principessa... Il Kumbh Mela 2001 è stato il più grande raduno umano avvenuto sul pianeta." (Giuseppe Baresi)

"I n January 2001 in Allahabad, where the Yamuna flows into the Ganges, took place the first Kumbh Mela of the new millennium, the great Hindu religious festival that takes place every 12 years. Given that the traditional media dealt with the event in the terms and timing of a news item, showing only the most spectacular scenes and repeating platitudes on Indian culture, we decided to return to it months later, finding and using the images of Kumbh Mela that are perhaps less spectacular but certainly more authentic and typical of its everyday reality. ...Flows of pilgrims in constant movement. An apparently skimpy organisation for a tent city measuring 40 square kilometres. Mantras of announcements, timetables, trains, prayers and canteen shifts constantly broadcast over the endless lines of loudspeakers that mark out the avenues of sand... and then, just when everything seems on the brink of collapse... you become aware of an enormous sense of balance, the same as a little princess walking a tightrope might have... Kumbh Mela 2001 was the biggest human gathering held on the planet." (Giuseppe Baresi)

**Di Giuseppe Baresi nell'archivio
Invideo:**
Nothing is Real - Appunti sul Nirvana
(con Bruno Bigoni), *Algeria - Yemen -
Appunti di viaggio* (con Pietro
Laureano), *La febbre* (con Giuseppe
Cederna), *Victor* (con Marina Franco),
Mnemo. Diario

BATTERY OPERATED

Chases Through Non Place

Australia, 2000, 46'

realizzato da/directed by:
Battery Operated

Battery Operated è un gruppo di artisti inglesi e francesi (Thomas Couzinier, Toby Heys, Berengere Marin Dubuard) formato da musicisti, realizzatori video e web designers. Il loro primo album, *Chases Through Non-Place*, è uscito con un notevole successo di critica che si occupa di web, di radio e di stampa. Ha eseguito la versione dal vivo di *Chases Through Non-Place* in un grande numero di eventi in New York, Montréal, Seul, Australia, Usa ed Europa.

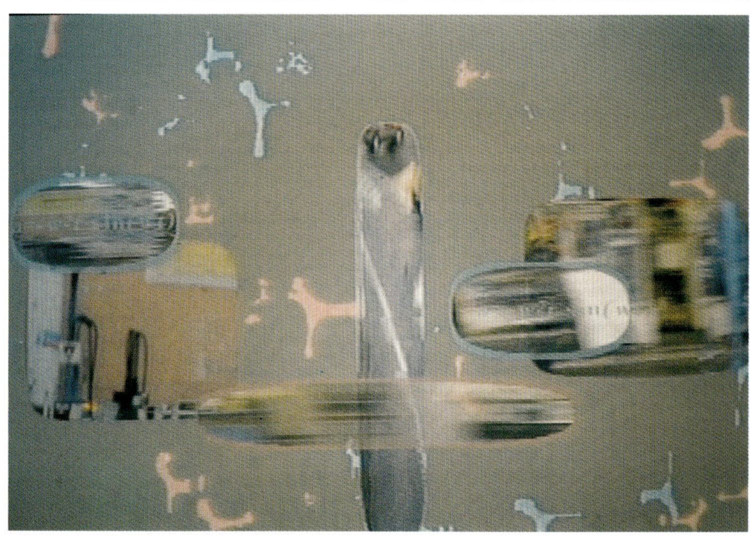

"Battery Operated ha realizzato delle riprese audio e video in otto 'non luoghi' (quei luoghi che, secondo Marc Augé, non si possono definire relazionali, o storici, o legati ad un'identità): un aeroporto, un hotel, un magazzino, una stazione di treni, un distributore di benzina, un casinò, una palestra e una fermata dell'autobus. Per ogni architettura è stato costruito una traccia video e audio che utilizza esclusivamente le registrazioni fatte sul posto. Successivamente la sintesi audiovisiva è una miscela di suono processato e non processato. Il suono processato e il video facente parte del suono (metaforicamente l'architettura neurale) sul quale vengono a inserirsi e suoni e le immagini processate determinano uno strano caos che rappresenta la metafora della caccia. I racconti di caccia sono i veicoli sonori per investigare questi luoghi, per loro natura caotici e contingenti. Non c'è alcuna programmazione in questa caccia nella misura in cui questi racconti contrastano il contratto culturale delle architetture che sono molto sorvegliati e controllati e che pretendono dai loro abitanti un comportamento ordinato.

Il video è composto di numerosi *layers* di materiale girato in presa diretta sui luoghi nei quali sono stati registrati i suoni. Sul materiale sono stati applicati vari livelli di trattamenti digitale: in un secondo momento sono stati stratificate le immagini non-processate. Delle sequenze di animazione vettoriale agiranno sul materiale visivo in modo da rispecchiare le sequenze di caccia realizzate da Battery Operated." (Battery Operated)

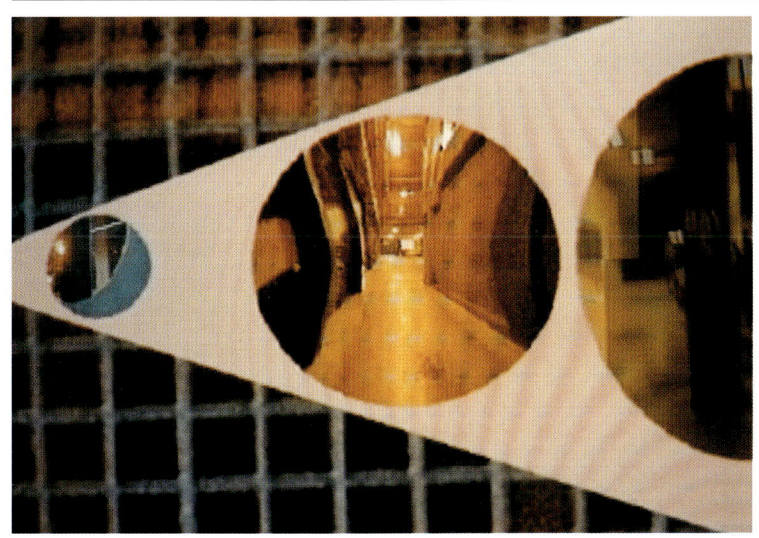

Battery Operated *are a group of English and French artists (Thomas Couzinier, Toby Heys, Berengere Marin Dubuard) consisting of musicians, video producers and web designers. Their first album,* Chases Through Non-Place *was released to much critical acclaim through web-print-radio based mediums. They performed live sound and videos broadcasts of* Chases Through Non-Place *at a huge range of venues in New York, Montreal, Seoul, Australia, USA and Europe.*

*"*B *attery Operated made sound and video recordings from eight 'non places' (spaces according to Marc Augé "which connot be defined as relational, or historical, or concerned with identity) - the airport, hotel, convenience store, train station, petrol station, casino, gym and bus station. For each architecture, a sound and video track has been constructed which uses location recordings only. Subsequently the symbiotic video and sound are a mixture of processed and non-processed sound; the porcessed sound and video being the structural sound (metaphorically the neurotic architecture) upon which the non-processed sound and video is laid, in a semi-chaotic fashion acting as the sonic metaphor for the chase. Chase narratives are resonant narratives vehicles to question these spaces by, as they are by nature chaotic and contingent. There is no planning for the chase as such and thus they contest the cultural contracts of architectures which are higly surveilled and controlled and which demand hyper ordered behavior from their inhabitants.*

The video is composed of several layers of live footage shot on the same locations that the sound was recordere from. Various degrees of digital processing is applied to the footage which are then layered together with the non-processed images. Vector animation sequences will play over the imagery reflecting the chase sequences created by Battery Operated." (Battery Operated)

GÉRARD CAIRASCHI
Oversight

Francia/France, 2001, 12'

realizzazione/realization:
Gérard Cairaschi

Gérard Cairaschi insegna presso la Scuola Superiore d'Arte e di Design di Reims, è un artista plastico multimediale. Fotografo, videasta e cineasta, dal 1977 ha realizzato una trentina di opere multimediali esposte in Francia e in Europa. Vive a Parigi.

Gérard Cairaschi *teaches at the Upper College of Art and Design in Rheims and is a multimedia plastic artist. Also a photographer, video and filmmaker, since 1977 he has made some thirty multimedia works shown in France and the rest of Europe. He lives in Paris.*

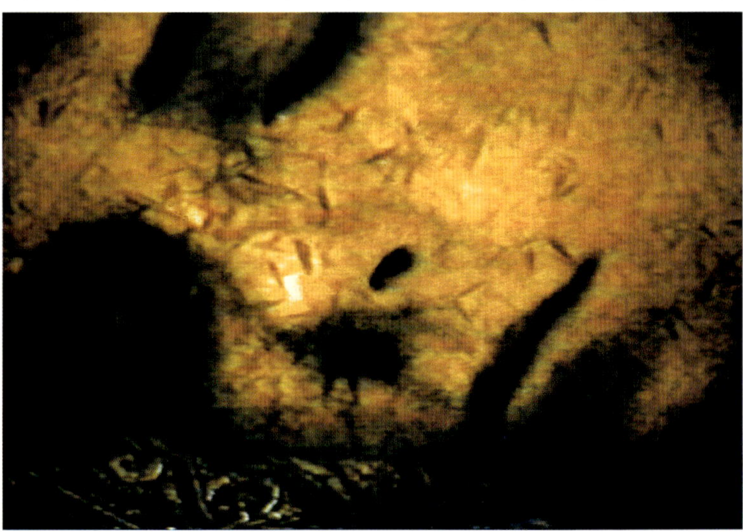

"*O versight* è un viaggio poetico all'interno della tecnica pittorica delle stampe. Senza citare opere precise le immagini ne richiamano motivi e temi. Un insieme rappresentativo dove linee, colori e segni ci immergono nella materia stessa delle immagini di un mondo galleggiante." (Gérard Cairaschi)

Questo video delicatissimo e raffinato prende come pretesto un paesaggio di sottobosco e il sonno di due personaggi, una bambina e una donna, per addentrarsi dentro quelle linee e forme della natura straordinariamente simili a certe stampe giapponesi. Fili d'erba, steli e alberi si confondono con le immagini di pesci che maestosamente solcano lo spazio fitto di filigrana pittorica in movimento. Suoni e musiche appaiono e scompaiono improvvisamente per rendere l'atmosfera ancora più rarefatta e sospesa. L'effetto finale è quello di galleggiare dentro la trama onirica di una stampa che inaspettatamente prende vita davanti ai nostri occhi.

"*O versight is a poetic journey inside the pictorial technique of prints. Without citing actual works, the pictures evoke their motifs and themes. A representative ensemble in which lines, colours and signs immerse us in the very material of images of a floating world.*" (Gérard Cairaschi)

This highly delicate and refined video builds on the pretext of a landscape of undergrowth and the sleep of two characters, a girl and a woman, to enter into those lines and forms of nature which are so astonishingly similar to certain Japanese prints. Blades of grass, stems and trees are confused with images of fish that majestically slide through the space packed with pictorial filigree in motion. Sound and music appear suddenly, making the atmosphere even more rarefied and suspended. The final effect is of floating in the dreamlike weave of a print that suddenly comes to life before our eyes.

MARIO CANALI
XxX

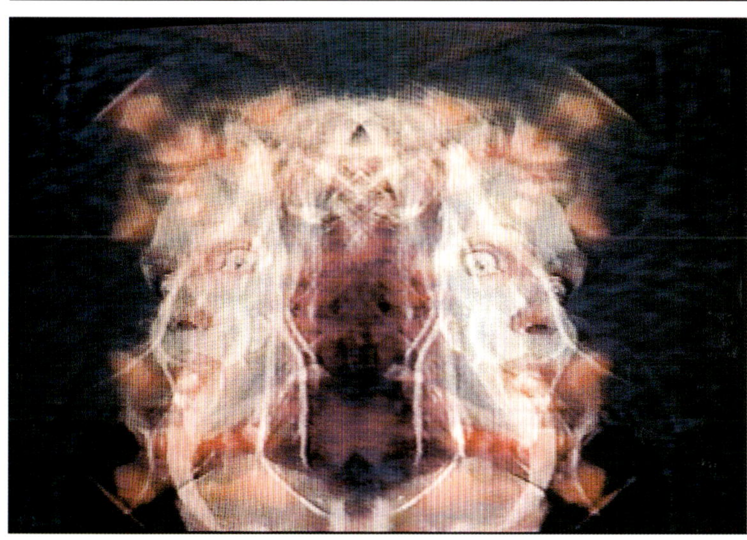

Italia/Italy, 2001, 5'

performer: Xena

musica/music:
Riccardo Sinigaglia (EVON)

**riprese e montaggio digitale/
camera, digital editing:** Mario Canali

produzione/production:
Ludiialydis, Regione Lombardia

"Il viso della *performer* Xena, attraversato da una molteplicità d'emozioni e d'interpretazioni, è lo spunto per un lavoro d'individuazione, amplificazione, immaginazione." (Mario Canali)

Abbandonando per un attimo la computer grafica e la realtà virtuale per abbracciare l'uso dell'*editing* non lineare, Mario Canali si sofferma sul viso androgino e mascherato, a metà fra la Sfinge e l'iconografia *cyberpunk*, della *performer* Xena per scandagliarne le espressioni e i repentini cambi d'umore. Di fronte a questo viso enigmatico e mobilissimo, l'autore esercita le capacità manipolatorie del montaggio digitale aggiungendo effetti e distorcendo la velocità delle immagini, per meglio cogliere, più che per abbellire, le infinite sfumature facciali. Il risultato è un video leggero, etereo, a metà fra il teatro e la videoarte, sospeso fra la contemplazione e il desiderio di manipolazione dell'osservatore-autore attratto dalle performances di questo misterioso volto.

"The face of the performer Xena is the starting point for a work of identification, amplification and imagination through a multiplicity of emotions and interpretations." (Mario Canali)

Momentarily abandoning the use of computer graphics and virtual reality in favour of non-linear editing, Mario Canali lingers on the androgynous and masked face of performer Xena, somewhere between a sphinx and cyberpunk iconography, so as to probe her expressions and sudden changes of mood. Before this enigmatic and highly mobile face, the director exercises the manipulative potential of digital editing, adding effects and distorting the speed of the images so as better to grasp, rather than to embellish, the infinite facial niceties. The result is a lightweight, ethereal video, midway between theatre and video art, suspended between the observer/director's contemplation and his desire to interfere, attracted by the performances of this mysterious face.

Mario Canali (Monza, 1952) inizia la sua attività artistica nel 1975 come pittore. Dal 1985 è stato animatore, insieme a Flavia Alman, Sabine Reiff e Riccardo Sinigaglia, del gruppo di ricerca e d'arte elettronica Correnti Magnetiche. Produce opere audiovisive inviate e premiate alle maggiori manifestazioni nazionali e internazionali d'arte elettronica. Dal 1992 inizia la ricerca nel campo della realtà virtuale e delle nuove tecnologie che rendono possibile la piena interattività con il pubblico realizzando installazioni che utilizzano parametri corporei per generare immagini, suoni, scenari. Attualmente si occupa della realizzazione di Ludiialydis, un centro d'animazione culturale, comunicazione, ricerca e produzione artistica. Con lui collaborano la performer Xena, lo psicologo Elio Massironi, l'ebanista Leonardo Aurelio, il regista Domagoj Mazuran.

Mario Canali was born in Monza in 1952. He began his artistic career as a painter in 1975. Since 1985 he has, together with Flavia Alman, Sabine Reiff and Riccardo Sinigaglia, been behind the electronic art and research group Correnti Magnetiche. He produces audiovisual works which have been shown and received awards at major national and international electronic arts events. Since 1992 he has experimented in the field of virtual reality and new technologies that make possible full interactivity with the public, creating installations that use corporeal parameters to generate images, sounds and scenarios. He is currently working on Ludiialydis, a centre for cultural animation, communication, research and artistic production. He works together with the performer Xena, the psychologist Elio Massironi, the cabinet-maker Leonardo Aurelio and the director Domagoj Mazuran.

SUSANNA CARLISLE

Butoh

USA, 2001, 5'

danzatrice butoh/butoh performer:
Jennifer Morrison

sfondi sonori/soundscape:
Jack Loeffler

montaggio del suono/sound editing:
Susanna Carlisle, Bruce Hamilton

Susanna Carlisle (Philadelphia, 1943) ha studiato presso la Pennsylvania Academy of the Fine Arts e si è specializzata in architettura presso l'Università di Pennsylvania. Ha collaborato con Bruce Hamilton per il progetto e la costruzione di una scultura generata da un computer che è stata esposta in America, e ha lavorato con Woody Vasulka nella progettazione e realizzazione d'elementi scultorei per le sue videoinstallazioni.

Susanna Carlisle was born in Philadelphia, Pennsylvania on August 31, 1943. She studied at the Pennsylvania Academy of the Fine Arts and received a Bachelor of Arts and Master of Architecture from the University of Pennsylvania. She has collaborated with Bruce Hamilton on the design and building of computer generated sculpture that has been shown nationally, and has worked with Woody Vasulka creating and designing spaces and sculptural elements for his media installations.

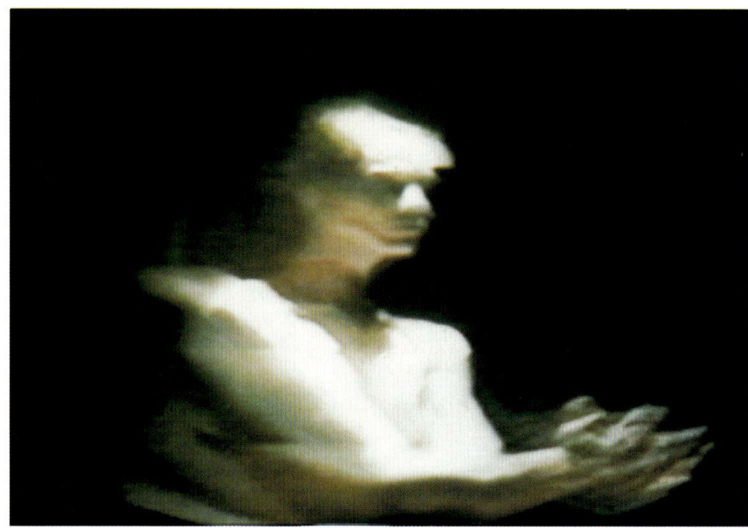

"**U**n'esplorazione danzata della psiche è accompagnata da uno sfondo sonoro registrato da Jack Loeffler degli ululati di lupi e coyote messicani che comunicano nel deserto di Sonoran." (Susanna Carlisle)

Le immagini video sono state processate attraverso il *software Image/Ine* scritto da Tom Demeyer, collaboratore anche di Steina Vasulka, la quale ha realizzato alcuni video con il medesimo programma. Il corpo di una danzatrice viene progressivamente disintegrato in un movimento a spirale che ne porta via i contorni, rendendolo uno sfondo visivo della traccia sonora, una serie d'ululati di lupi. Il senso di risveglio della ferinità femminile, dell'io profondo della donna (identificato nella tradizione messicana con la *loba*, la donna lupa) viene reso in maniera inquietante e allo stesso tempo estatica.

*"**A** dance exploration of the psyche is accompanied by a soundscape recorded by Jack Loeffler of the cries of Mexican wolves and coyotes communicating across the Sonoran Desert." (Susanna Carlisle)*

The video images were processed using the Image/Ine software written by Tom Demeyer, who has also worked with Steina Vasulka, who herself has used it for a number of videos. The body of a dancer is progressively disintegrated in a spiralling movement that removes outlines and makes her body a visual backdrop to the soundtrack of howling wolves. The sense of the re-awakening of wild female instincts, of the deep self of the woman (identified in Mexican tradition with la loba, *the she-wolf) is rendered in a way that is at once disturbing and ecstatic.*

Cameos

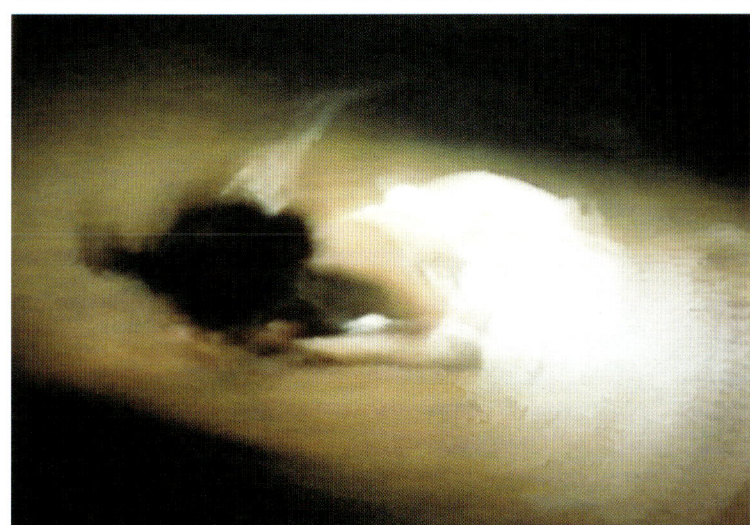

USA, 2001, 6'

danzatrice/peformer:
Carrie Ronneau

musica/music:
David Dunn (Pleroma 3)

**montaggio del suono/
sound editing:**
Susanna Carlisle, Bruce Hamilton

"U na danzatrice rappresenta il risveglio del corpo dalle profondità dalle illimitate profondità dell'inconscio. Le immagini sono accompagnate da una musica tratta da una serie d'esecuzioni elettroacustiche multicanali per computer dilatate ed eseguite in tempo reale che esplorano il comportamento globale dei circuiti analogici in uno stato di sovraccarico di caos nel dominio digitale." (Susanna Carlisle).

Sempre grazie al *software* di Tom Demeyer, in questo caso l'autrice scompone il corpo di una danzatrice in una serie di frammenti ritardati che conferiscono al corpo un aspetto di quadro cubista in movimento, o di scultura eterea che si muove nello spazio, costituendo una sorta di doppio virtuale, e trasformando l'assolo in un duo tecnologico.

"*A dancer expresses the awakening of the body from the boundless depths of the subconscious. The images are accompanied by music from a series of extended realtime multi-channel electroacoustic performances for live computer exploring the global behaviour of hyper-chaotic analog circuits modeled in the digital domain.*" (Susanna Carlisle)

Again using Tom Demeyer's software, for this video Carlisle breaks up the body of a dancer into a series of retarded fragments that give it the appearance of a cubist painting in motion, or of an ethereal sculpture moving in space, creating a kind of virtual double and transforming the solo into a technological duo.

CLAUDIO CAVALLARI

Jan Fabre, as Long as the World needs a Warrior's Soul

Italia/Italy, 2001, 3'

riprese/camera:
Claudio Cavallari, Alessandro Porqueddu

montaggio/editing:
Claudio Cavallari

produzione/production:
Infinito Ltd

Claudio Cavallari (Torino, 1978) sta frequentando il DAMS di Torino e si è specializzato come tecnico del suono, operatore e montatore video. Collabora con l'Associazione Culturale Infinito Ltd per la documentazione video di spettacoli teatrali. Alcuni suoi video sono stati presentati e premiati in festival italiani.

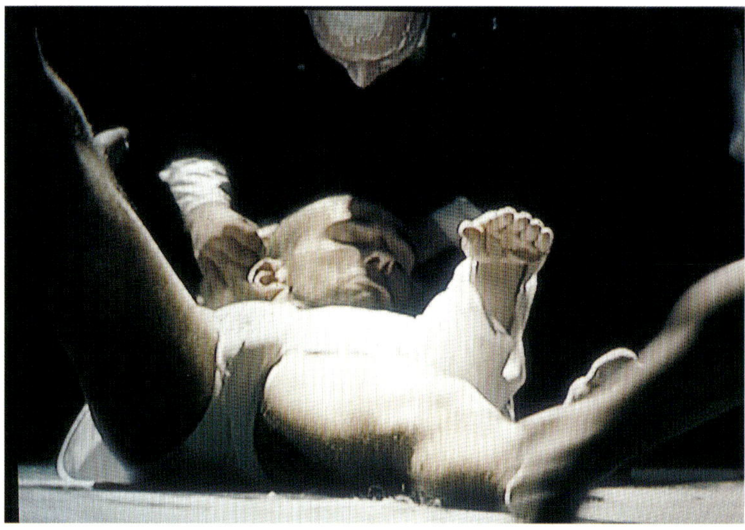

"Corpi nell'estrema rappresentazione del dolore dell'esistenza... la sofferenza fisica come esorcizzazione della purezza esaltata da leggerezza e raffinatezza primordiali.

Grida, risate nevrotiche, scatti d'ira e di violenza scandiscono il ritmo dello spettacolo. Ketchup, cioccolato, panna e uova si trasformano in fluidi corporei e unguenti tribali fortificando sia l'interno che l'esterno del corpo, un corpo che si ribella e ricerca la serenità nel desiderio di liberarsi del suo peso, in un gioco mistificante in cui uomini e donne inseguono e partoriscono bambole per cui nutrono estrema adorazione.

Un linguaggio a percussione dà origine al ritmo incalzante e al veloce senso del tempo. La ripetizione e l'esasperazione del dolore e delle grida creano un caos, il caos del contrasto mentale in rapporto al corpo, un corpo in rivolta, radicato nella resistenza quotidiana."
(Claudio Cavallari)

Frammenti dello spettacolo omonimo di Jan Fabre messo in scena al Teatro Nuovo di Torino nel febbraio 2001, organizzato da Infinito Ltd, un'Associazione Culturale molto attiva nel campo del teatro sperimentale. La telecamera che indaga i corpi nudi e feriti tipici degli spettacoli di Fabre e il montaggio nervoso, spasmodico, che non chiude mai realmente una scena, rendono questo video una sorta di omaggio emotivo, più che una documentazione vera e propria, dello spettacolo medesimo. La memoria visiva dell'autore ci restituisce l'emozionalità e la forza dello spettacolo con l'uso molto pulito ma non scontato della tecnologia video.

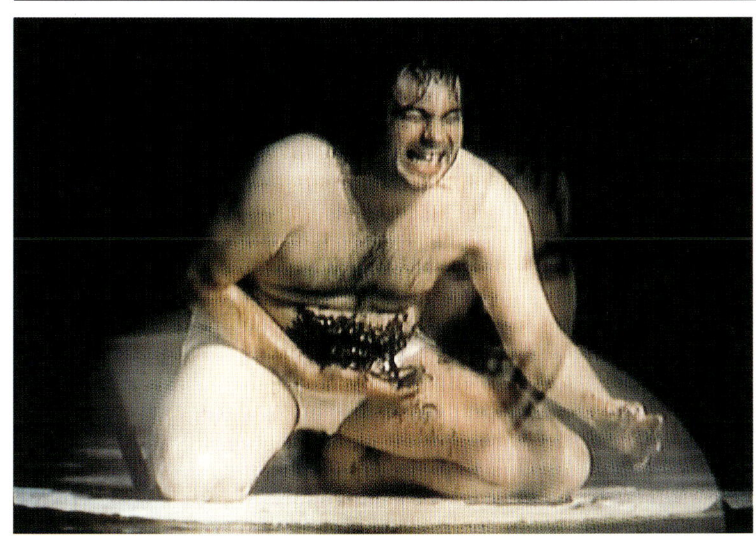

Claudio Cavallari *was born in 1978 in Turin, where he currently studies at the DAMS arts college and has specialised as a sound technician, video editor and operator. He works with the cultural association Infinito Ltd documenting theatrical performances.*
A number of his videos have been presented and won awards at Italian festivals.

"*B* odies in the extreme representation of the pain of existence… physical suffering as the exorcism of purity exalted by primordial lightness and refinement.
Shouts, neurotic laughter, bursts of anger and violence scan the rhythm of the performance. Ketchup, chocolate, cream and eggs are transformed into bodily fluids and tribal ointments to strengthen the body inside and out. A body which rebels and seeks for serenity in the desire to free itself of its own weight, in a mystifying game in which men and women follow and give birth to dolls for which they harbour extreme adoration.
A percussive language originates the driving rhythm and rapid sense of time. The repetition and exasperation of the pain and of the shouts create a chaos, the chaos of the contrast of mind and body, a body in revolt, rooted in daily existence." (Claudio Cavallari)

Fragments of the theatre piece of the same name by Jan Fabre performed at the Teatro Nuovo in Turin in February 2001, organised by Infinito Ltd, a cultural association highly active in the field of experimental theatre. The video camera that examines the naked and wounded bodies typical of Fabre's theatre and the nervous, spasmodic editing, which never really wraps up a scene, make this video more into a kind of emotional homage than a true documentary record of the show. The director's visual memory conveys the force and feelings of the performance with a clean-cut but far from conventional use of video technology.

KURT D'HAESELEER

File

Belgio/Belgium, 2000, 28'

**soggetto, montaggio, riprese, fotografia/
scenario, editing, camera, photography:**
Kurt D' Haeseleer

con/with:
Béatrice e Patrick Duquaine,
Jean D'Haeseleer, Varinia Canto Vila,
Kristel Van Rampelbergh

suono/sound:
Kwinten Callens, Ensslin

voce/voice:
Damien Brooks

missaggio audio/mixing:
Inneke V.Waeyenbergher

ottimizzazione/problem solving:
Hannes Bruneel

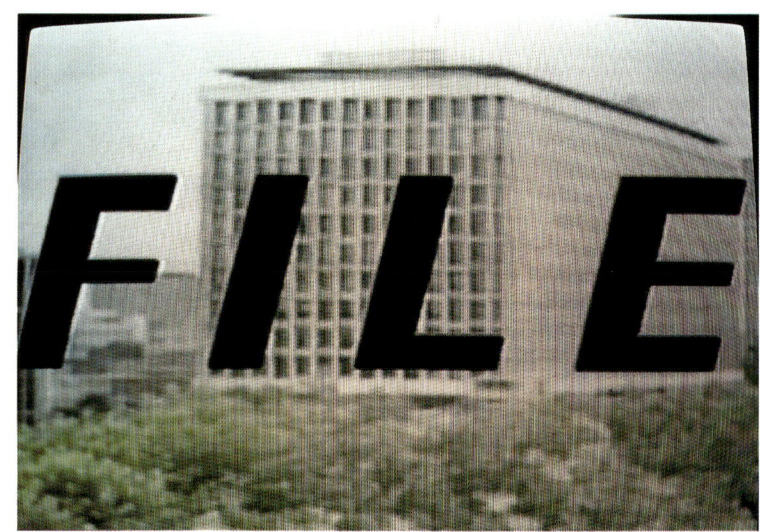

"File è un saggio e un videoclip allo stesso tempo. Due persone si perdono in un mondo che non ha limiti di velocità. La loro relazione oramai stanca deflagra, mentre l'ambiente circostante continua ad apparire e scomparire. *File* indaga la 'larghezza di banda' fra rappresentazione e immersione, mostrando un mondo pieno di complessità, dove il vicino e il lontano, il visivo e il non visivo si mescolano." (Kurt D'Haeseleer)

Legato alla tradizione della Sinfonia delle metropoli, quest'opera è un interessante lavoro sull'astrazione dentro la quale si annidano tracce narrative irrisolte. Usando in maniera intelligente lo zoom digitale e gli effetti di *stretching*, l'autore descrive, ora tempo di rock ora di *ambient music*, una realtà urbana desolata nella quale compaiono a sprazzi figure umane legate da dei destini solo parzialmente intuibili. Le immagini sono sempre pulsanti e vitali, con colori accesi, tali da sembrare dei quadri in movimento, ma il continuo altalenare di porzioni di immagini ingrandite all'eccesso dentro le quali lo sguardo si tuffa e le riprese statiche di squarci di vita urbana, sempre ingrandite e sgranate, pongono lo spettatore, continuamente lanciato in situazioni al limite fra il visibile e l'invisibile in un'atmosfera di inquietudine e di ansia, di mistero irrisolto. Il video è anche un affascinante esercizio di montaggio e di costruzione di una realtà altra, onirica e ossessiva, a partire da immagini quotidiane colte da una telecamera che finge di riprendere cose e situazioni dal vivo, come se fosse un documentario, mentre spesso si ha la netta sensazione di trovarsi di fronte a dei frammenti di piccole messe in scena abilmente ricreate dall'autore, in uno spiazzamento costante fra reportage e videoclip.

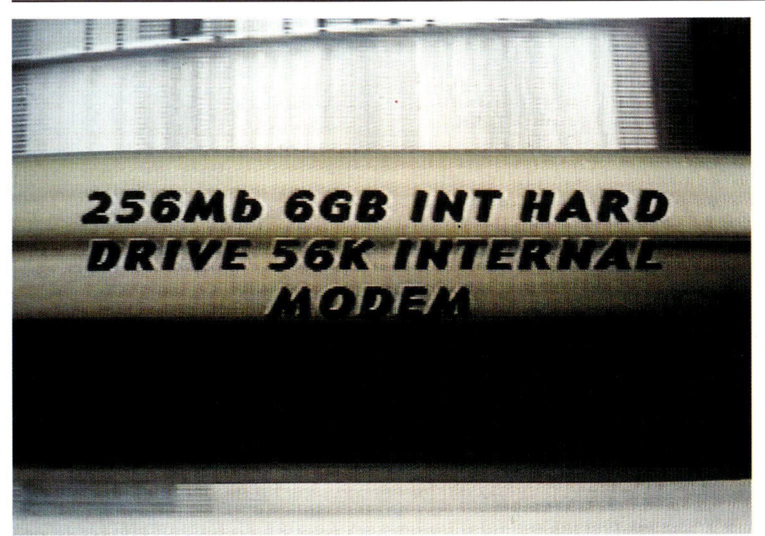

Kurt D'Haeseleer, (Bruxelles, 1974), ha studiato storia moderna a Leuven e cinema-video-televisione a Bruxelles. Vive e lavora a Bruxelles.

Kurt D'Haeseleer *was born in Brussels in 1974. He studied modern history in Leuven and Vienna and cinema-video-television in Brussels, and now he lives and works in Brussels.*

"*F*ile *is an essay trying to be a videoclip at the same time. Two people lose each other in a world without speed limits. Their outdated relation explodes, while their environment keeps continuously appearing and disappearing. File scrutinises the 'bandwidth' between representation and immersion, showing a world of complexity, where near and far, visual and nonvisual intermingle.*" (Kurt D'Haeseleer)*

Linked to the Symphony of a Great City tradition, this video is an interesting work on the abstraction within which lurk unresolved narrative traces. Making intelligent use of the digital zoom and stretching effects, to rock or ambient music rhythms, it describes a desolate urban reality in which there occasionally appear human figures linked by destinies that are only partially guessable. The images are always vital, pulsating and brightly coloured, so much so as to seem paintings in motion, but the constant alternation of plunging into excessively enlarged portions of images, or static shots of shards of urban life, again enlarged and grainy, takes the viewer through situations at the extremes of the visible and invisible and into an atmosphere of disquiet, anxiety and unresolved mystery. The video is also a fascinating exercise in editing and construction of a different reality, oneiric and obsessive, from everyday pictures taken by a camera that pretends to film things and situations live, as if in a documentary, while often giving the impression of little scenes cleverly enacted by the director, in a constant shifting between filmed report and video clip.

DEHAENE/JUBARD

Nuit

Francia/France, 2000, 7'

computer grafica/computer graphics:
Benoît Dehaene

musica/music:
Philippe Jubard

supporto tecnico/technical support:
Ramses/Pev/Toutenkartoon, CIDMA

Benoît Dehaene è nato nel 1964 a Parigi.
Dopo aver fatto studi universitari
concentrati sulla grafica digitale, si realizza
professionalmente nella realizzazione
di una serie di immagini di sintesi in 2 e 3
dimensioni per la società di produzione
TouTenkartoon. Contemporaneamente
realizza dei cortometraggi d'autore.
Vive e lavora a Parigi.

Philippe Jubard (Francia, 1975)
ha studiato musica e composizione con
André Almuro e Iannis Xenakis. Ha scritto
numerose musiche per spettacoli, video di
creazione e documentari. Ha al suo attivo
diverse collaborazioni con la CIDMA e
l'iNA - Gruppo di ricerca musicale. Il suo
lavoro è oggi principalmente indirizzato
verso la composizione elettro-acustica.
Vive e lavora a Parigi.

*Philippe Jubard was born in France in
1975. He studied music and composition
with André Almuro and Iannis Xenakis. He
has composed music for the stage, creative
video and documentaries. On a number of
occasions he has worked with CIDMA and
the iNA experimental music group. Today
he is interested principally in electro-acoustic
composition. He lives and works in Paris.*

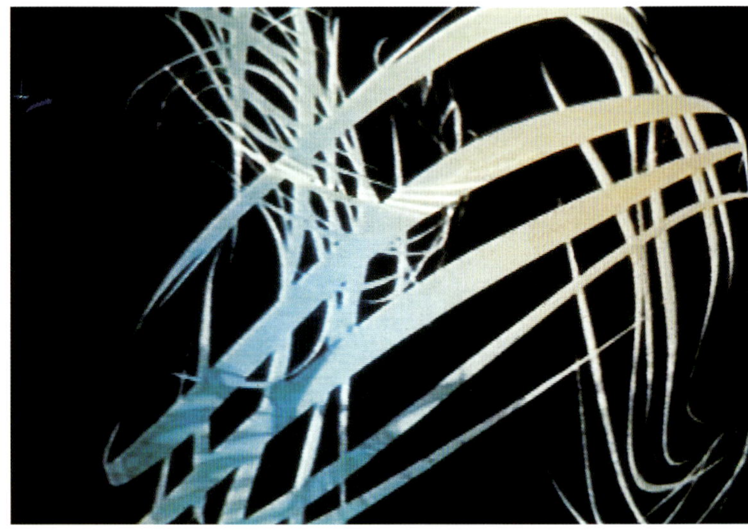

"Nuit è l'esplorazione di uno spazio in continuo mutamento, colmo di curve che si muovono incessantemente, a volte lente (fino al punto di fermarsi) a volte estremamente veloci, ma sempre in maniera inaspettata. Le forme appena suggerite appaiono, mutano o si moltiplicano in una logica visuale magica. In questa maniera si crea un mondo unico nel suo genere, che alternativamente appartiene al regno delle acque o delle piante. Il ritmo di montaggio è sostenuto da una potente composizione musicale che rinforza la vivezza e il senso di mistero del video. *Nuit* è stato realizzato interamente in digitale, usando in eguale misura generatori automatici di forme, immagini digitali (animazione procedurale) e tecniche di *compositing* e di trattamenti digitali. Il *software* è stato realizzato dagli autori per poter gestire il mezzo completamente per creare delle immagini originali."
(Benoît Dehaene, Philippe Jubard)

Nel campo della ricerca delle immagini astratte computerizzate questo video è un bell'esempio di una riuscita armonizzazione fra immagini e suoni. Il punto di partenza dell'opera, come i tanto usati e abusati frattali di Mandelbrot, è considerare una forma semplice per poi complessificarla sempre di più. In questo caso però gli autori dimostrano di avere un gusto visivo notevolmente raffinato. Come per i frattali, l'atteggiamento sperimentale degli autori è tipico di colui che innesta dei processi e sta a guardare quello che succede, in un delicato equilibrio fra intenzionalità e non che determina forme inaspettate e sorprendenti soluzioni visive, una sorpresa che coglie evidentemente per primo gli autori e che ci viene restituita intatta. Anche in questo caso il controllo finale operato sulle immagini dimostra che non di solo caso si tratta, ma di una felice sintesi fra caso e necessità. Il fatto che gli autori abbiano costruito il *software* per determinare questo tipo d'immagine dimostra che nel campo della computer grafica bisogna oltrepassare il limite dei programmi già esistenti e già definiti e forzare le macchine laddove si nasconde il loro "cuore", il *software*, il linguaggio delle macchine stesse.

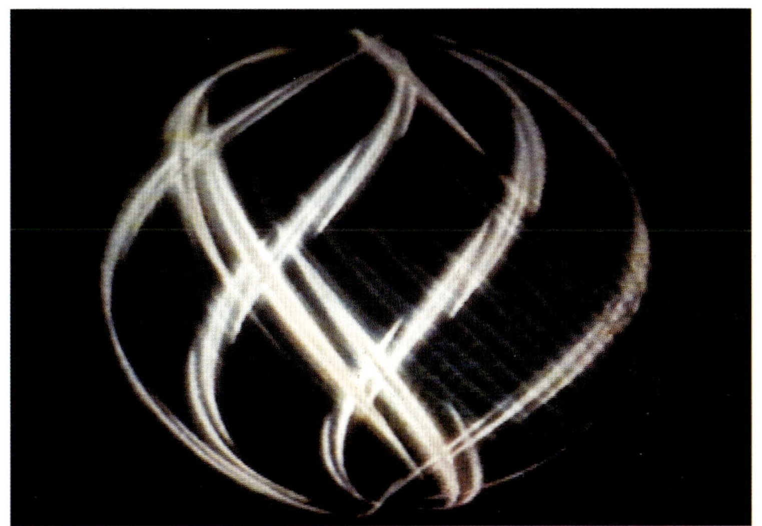

Benoît Dehaene *was born in Paris in 1964. After studying digital graphics at university he followed a career in 2- and 3-D synthetic imaging for production company TouTenkartoon. He currently makes short subjects and lives and works in Paris.*

Philippe Jubard *was born in France in 1975. He studied music and composition with André Almuro and Iannis Xenakis. He has composed music for the stage, creative video and documentaries. On a number of occasions he has worked with CIDMA and the iNA experimental music group. Today he is interested principally in electro-acoustic composition. He lives and works in Paris.*

"**N**uit *is the exploration of an ever-changing space, filled with curves that move ceaselessy, either slowly (to the point of stillness) or extremely fast, but always unexpectedly. Half-suggested forms appear, metamorphose or multiply in a weird visual logic. A unique world is thus created, which alternately belongs to the realm of water, air or plants. The editing rythm is sustained by a powerful musical compositions that reinforces the vividness and mistery of the video.* Nuit *is entirely digitally-made, with an equal use of automatic form generators, in computer images (procedural animation) and techniques of image compositions and processing. The software was entirely created by the authors in order to master the tool completely and to create original images.*" *(Benoît Dehaene, Philippe Jubard)*

In the field of experimentation in abstract computer images this video is a fine example of successful harmonisation between picture and sound. The starting point of the work, like the much-(ab)used Mandelbrot fractals, is to consider a simple form and then render it ever more complex. In this case, however, the directors display an unusually refined visual taste. As with the fractals, the artists' experimental approach is typical of anyone initiating processes and then standing back to watch the result, in a delicate play between the deliberate and the accidental which determines unexpected forms and surprising visual solutions. The directors themselves are obviously the first to be taken by surprise, and their emotion comes across intact. Once again the final control exerted on the images shows us that there is more than chance at work here, but a clever synthesis of chance and necessity. The fact that the artists developed the software specially to produce this kind of images shows that in the field of computer graphics it is necessary to go beyond the limits of existing, pre-defined programmes and force the hardware to its core, its own language: the software.

ALAIN ESCALLE

Le conte du monde flottant

Francia-Giappone/France-Japan, 2001, 24'

soggetto e regia/script and direction:
Alain Escalle

suono e musica/
music and sound composition:
Cecile Le Prado

effetti visivi e progetto grafico/
visual effects and graphic design:
Alain Escalle

fotografia e riprese/photography
and camera:
Hamaguchi Bunkouc

montaggio digitale/digital editing:
Franck Magnant

coreografia/coreography:
Kayuka Ohashi, Yuko Nakamura

produzione/production: Naoyuki Kibe,
Akira Mizuyoshi, T.E.V.A., Mistral Film

Di Alain Escalle nell'archivio Invideo:
D'après le naufrage

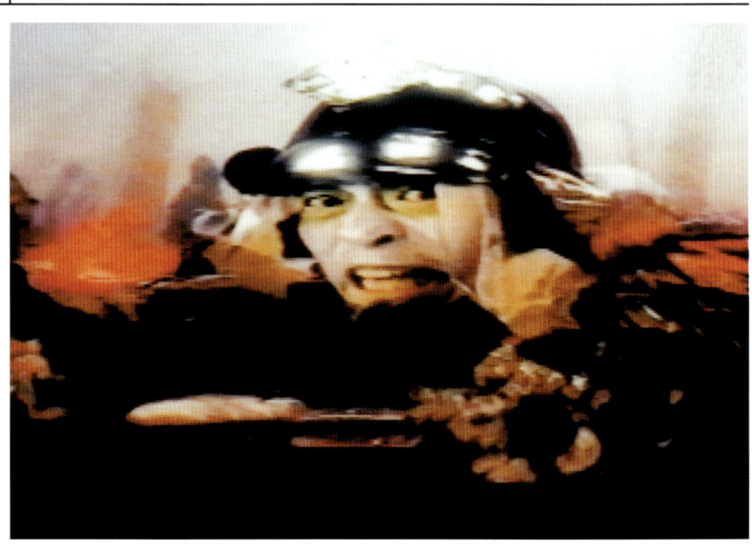

"**H**iroshima. Il mattino del 6 agosto del 1945, una luce accecante invase la sponda del mondo galleggiante. Un uomo ricorda lo *shock*, la violenza dello spostamento d'aria, i corpi tesi nel panico, i sogni del passato nel presente, le visioni del futuro nel passato, il bambino che era stato prima che il lampo lo accecasse, prima che il mondo fosse messo in disordine. *Le conte du monde flottant* è un film costruito con personaggi reali ripresi in Giappone e una miscela di tecniche tradizionali e nuove (pellicola, video, illustrazioni, immagini digitali, ecc.), ed è una libera evocazione in stile surrealista del Giappone e dell'esplosione della bomba atomica, sotto forma di fiaba immaginaria, crudele e infantile. Le oscure visioni sono lievi ed eteree anche se turbate dall'inquietante fantasia di un mondo mutato."
(Alain Escalle)

Escalle in questo video potenzia e approfondisce il suo talento pittorico-grafico applicato alle immagini in movimento, costruendo una traccia di storia abbozzata da immagini, suoni, parole sommesse. In questo video il talento visionario dell'autore francese esplode creando un'opera affascinante, dirompente, dimostrando tutta la maturità stilistica acquisita. Escalle pone i suoi personaggi nella terra di mezzo del pensiero di un bambino, a metà fra il sogno e la memoria di eventi raccontati: così compaiono alcuni degli stilemi e delle paure della civiltà giapponese (il maremoto, la polvere da sparo, i corvi, la paura della perdita della tradizione) immersi in un magma visivo fatto di raffinati *compositing* e sovrapposizioni continue. Oltre ad essere un saggio delle vertigini visive che l'incontro di varie tecnologie può ottenere, questo video è una delle più toccanti opere dedicate alla tragedia della bomba atomica.

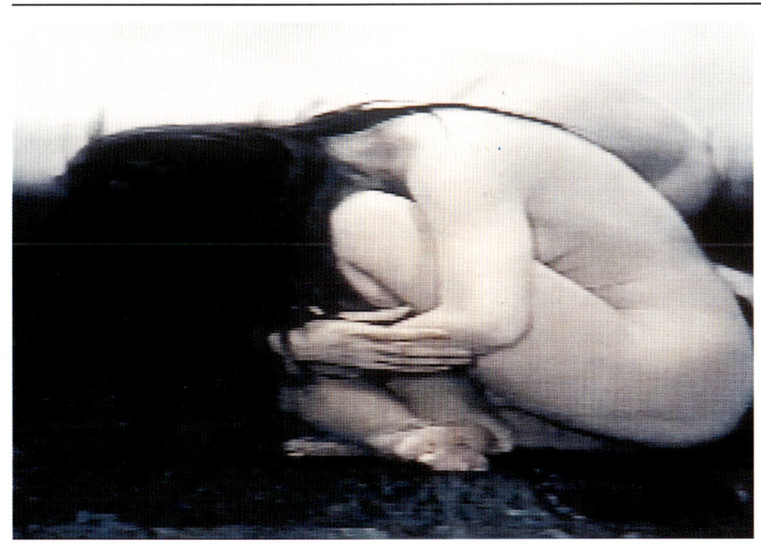

Alain Escalle (Sud della Francia, 1967), ha studiato a Nizza Arti Applicate e Cinema e Video a Toulose dal 1983 al 1989. Dal 1991 è regista e creativo digitale, sviluppando un particolare stile grafico visivo unendo immagini in movimento e nuove tecnologie con programmi come Inferno (Discreet Logic) e le prime versioni di Henry & Harry (Quantel). In Giappone ha realizzato molti spot commerciali. Come progettista grafico ha collaborato per molte sigle di programmi televisivi, videoinstallazioni, cortometraggi di videoarte. La sua produzione di videoartista è stata spesso trasmessa da Arte e Canal +, e ha ricevuto numerosi riconoscimenti in festival internazionali.

Alain Escalle *was born in 1967 in the south of France, studied Applied Arts in Nimes and Cinema, and video in Toulouse from 1983 to 1989. Director and digital creator since 1991, he has developed a visual and graphic style using moving pictures and new technologies with software such as Inferno (Discreet Logic) and early versions of Henry & Harry (Quantel). In Japan, he has directed several commercials. As a graphic designer, he has collaborated on many opening credits for TV programs, videoinstallations, shorts and videoart films. His personal research has often been broadcast on Arte and Canal +, and has won many prizes at international festivals.*

"H iroshima. On the morning of 6th August 1945, a bright light invaded the edge of the floating world. A man remembers the shock, a violent blast, bodies that stretched out in pain, the dreams of the past in the present, the visions of the future in the past, the child who he was, before the flash struck, before the world was disturbed. Le conte du monde flottant is an animation film composed of the real characters shot in Japan and the mixture of new and traditional (film, video, photo, illustration and artificial images etc.) techniques. A free evocation in surrealist style of Japan and of the atomic bomb, in the form of an imaginary story, cruel and childlike. The dark visions are light and calm, though agitated by the strange fantasy of the mutated world." (Alain Escalle)

In this video Escalle enhances and deepens his pictorial-graphic talent applied to moving images, tracing out a story sketched from pictures, sounds, subdued words. The visionary talent of the French artist explodes here in a disturbing and overwhelming work that testifies to the full maturity of his style. Escalle places his characters in the no-man's land of a child's thoughts, midway between dreaming and the memory of events recounted: in this way some of the stylistic elements and fears of Japanese civilisation appear (tidal waves, gunpowder, crows, fear of losing traditions), immersed in a visual magma made through refined compositing and constant superimposition. As well as being an essay on the visual vertigo that can result from the interplay of various technologies, this video is one of the most touching works dedicated to the tragedy of the atomic bomb.

JULIE-CHRISTINE FORTIER
Mechanical Rodeo

Canada, 2000, 2'

realizzazione, soggetto, fotografia, montaggio, musica e suono/realization, scenario, photography, editing, music and sound: Julie-Christine Fortier

con/with: Julie-Christine Fortier

produzione/production:
Julie-Christine Fortier

Julie-Christine Fortier è nata in Canada e vive e lavora in Francia. È uno dei membri fondatori di Perte de signal, un collettivo di distribuzione di arti elettroniche, ed è autrice di numerosi video e videoinstallazioni.

Julie-Christine Fortier *was born in Canada and now lives and works in France. She was a founder member of Perte de signal, an electronic arts distribution collective, and has made numerous videos and video installations.*

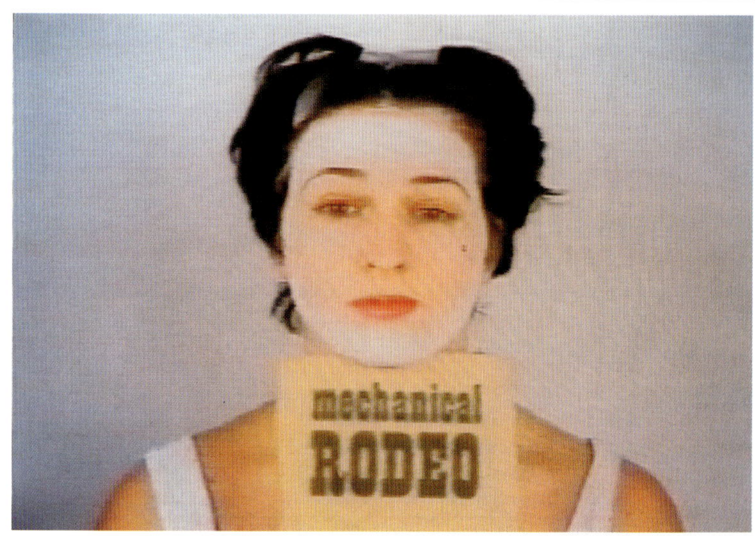

"**U**na *video-peroformance* dove le rotazioni oculari di una *performer* dal viso bloccato vanno sempre più veloci, al ritmo di un piccolo meccanismo." (Julie-Christine Fortier)

Il video è un gustoso esercizio di stile, nonché un irreale esercizio atletico-oculare, sul tema dello sguardo. Il personaggio perde il controllo del movimento dei propri occhi, che acquistano un'autonomia grottesca, muovendosi indipendentemente ed in maniera sempre più veloce. Attaccati a un numero così grande di informazioni, sembra quasi che questi occhi si ribellino, andando in *overdose* percettiva.

"***A*** *video-performance in which the ocular rotations of a performer with a still face go faster and faster, to the rhythm of a small mechanism.*" *(Julie-Christine Fortier)*

The video is an entertaining stylistic and also a fantastic athletic-ocular exercise on the theme of vision. The character loses control of the movement of his eyes, which begin grotesquely to move independently and ever more rapidly. Attacked by so much information at once, these eyes seem to rebel, going into a perceptual overdose.

GIANIKIAN/RICCI LUCCHI
Visioni del deserto

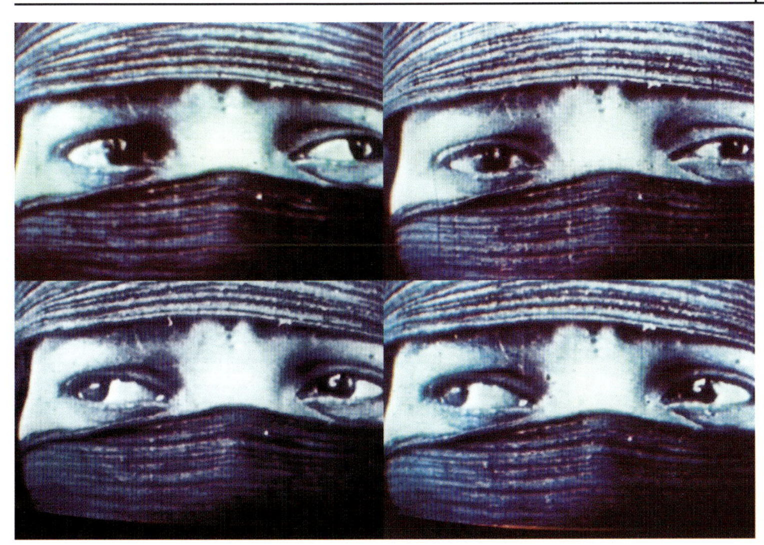

Italia-Francia/Italy-France, 2000, 18'

regia, montaggio/direction, editing:
Yervant Gianikian, Angela Ricci Lucchi

musica/music:
Keit Ulrich

produzione/production:
Fondation Cartier pour l'Art
Contemporain

"L a conquista coloniale ha molte facce: questo viaggio di due dame nel deserto è una di queste. Noi abbiamo visto un forte contrasto nei dettagli delle brevi sequenze di tutto questo materiale amatoriale. Nei cibi, nei comportamenti, nei gesti, nel vestire, nei mezzi di locomozione dei nativi e delle signore che amano soprattutto farsi riprendere. Non conosciamo il nome della viaggiatrice e della sua compagna in Algeria alla fine degli anni '20 o nei primi anni '30. L'originale di questo quaderno di viaggio nel deserto e una bobina di alcune centinaia di metri in un formato ridotto. Non vi sono didascalie. Le uniche indicazioni provengono da delle scritte a mano su etichette incollate sul coperchio della scatola di metallo: Port Vendres - Tiemcen - Berhas - Kenadjia - Ghardaia, types, métiers - Oasis Oued - Fête du Centenaire - Désert.
Un viaggio nel deserto che ci riporta alla storia dell'Africa." (Yervant Gianikian, Angela Ricci Lucchi)

"T he colonial conquest had many faces: this journey of two ladies in the desert is one of them. We saw a strong contrast in the details of the short sequences of this amateur footage. In the food, behaviour, gestures, dress and transport of the natives and the ladies – who were keen to be filmed. We do not know the names of the traveller or of her companion in Algeria in the late 1920s or early 1930s. The original of this diary of a desert journey is a reel of several hundred metres in reduced format. There are no titles. The only clues are hand-written labels glued to the metal film tin cover: Port Vendres - Tiemcen - Berhas - Kenadjia - Ghardaia, types, métiers - Oasis Oued - Fête du Centenaire - Désert.
A journey in the desert that takes us back to the history of Africa."
(Yervant Gianikian, Angela Ricci Lucchi)

Yervant Gianikian (Merano, 1942)
e **Angela Ricci Lucchi** (Lugo di Romagna, 1942), iniziano a collaborare negli anni Settanta, raccogliendo oggetti per creare rappresentazioni di teatro concettuale e cortometraggi. Si dedicano poi ai "film profumati", accompagnati da una "colonna odorosa", invece che sonora. Nel 1977 rinvengono un magazzino di film muti in formato Pathé Baby 9,5 e, costretti a visionarli manualmente, si accorgono che ogni fotogramma rivela dettagli che lo scorrimento del film nasconderebbe. Inventano dunque una "cinepresa analitica" con cui riesplorare in profondità ogni inquadratura.

Yervant Gianikian (Merano, 1942)
and **Angela Ricci Lucchi** (Lugo di Romagna, 1942) began working together in the 1970s, collecting objects in order to create a conceptual theatre and short films. They then devote themselves to "perfumed films", accompanied by a "smell track" instead of soundtrack. In 1977 they discover a quantity of silent films in Pathé Baby 9,5 format; obliged to examine them "by hand", they noticed that every frame revealed details that normal viewing would have concealed. Thus they invented an "analytic camera" with which they explored every original shot in depth.

Di Yervant Gianikian e Angela Ricci Lucchi nell'archivio Invideo:
Lo specchio di Diana, Nocturne.

GUSTAVO KORTSARZ
Vanarsky-toporgraphie

Francia/France, 1999, 11'

realizzazione/realization:
Gustavo Kortsarz

produzione/production:
Le Metafort

Gustavo Kortsarz, (Buenos Aires, 1955),
vive e lavora a Parigi dal 1988.
Dopo aver abbandonato studi in medicina,
si dedica alla pittura e alla scenografia.
Dopo aver ottenuto una borsa di studio
in scenografia in Francia, frequenta corsi
di cinema, di computer grafica e di film
d'animazione, organizzando parallelamente
numerose mostre dei suoi quadri.

*Gustavo Kortsarz was born in Buenos
Aires in 1955 and has lived and worked
in Paris since 1988. Giving up his studies
in medicine he turned to painting and stage
design. After winning a grant to study
stage design in France, he attended courses
in film, computer graphics and animation,
at the same time organising numerous
exhibitions of his paintings.*

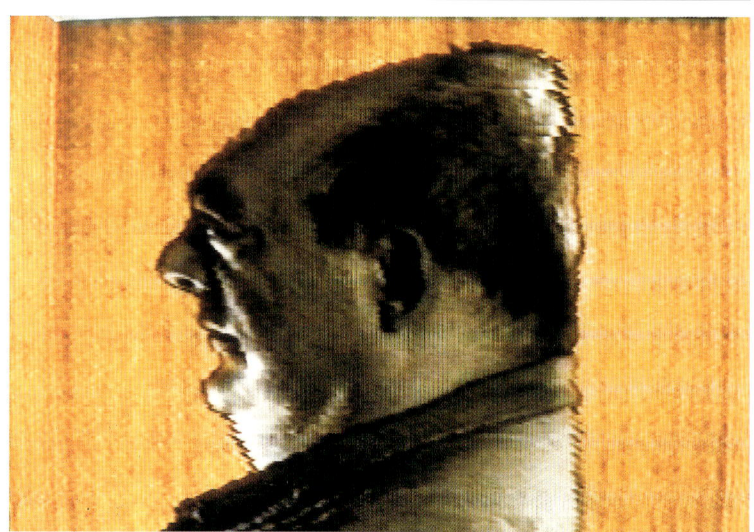

"**G**razie alla computer grafica si dà vita alle sottili strisce con le quali Vanarsky costruisce i suoi *collages* e le sue sculture, facendole danzare. Roland Topor è il modello di questa impresa. La sua fotografia diventa digitale e muta sullo schermo in un ritratto in movimento perfettamente realistico" (Gustavo Kortsarz).

Il video è un elegante esercizio di modificazioni effettuate sul viso di Roland Topor, che diventa una scultura animata nello stile di Vanarsky. L'incontro di arti diverse ma affini (Topor è un disegnatore ma è anche stato il magnifico animatore de *Il pianeta selvaggio*, Vanarsky è autore di sculture e di *collages*, Kortsarz è un pittore e scenografo interessato alla computer grafica), determina la nascita di un video felicemente ibrido, giocato sull'alternanza fra le due e le tre dimensioni, fra l'intrusione e l'estrusione delle forme, fra il realistico e l'astratto.

"*C*omputer graphics allows the creation of the small strips with which Vanarsky builds his collages and sculptures, making them dance. Roland Topor is the model of this venture. His photograph becomes digital and metamorphoses on the screen into a moving portrait that is quite real." (Gustavo Kortsarz).*

The video is an elegant exercise in morphing, carried out on the face of Roland Topor, who becomes an animated sculpture in Vanarsky's style. The meeting between related but different arts (Topor draws but also did the magnificent animation of Fantastic Planet, Vanarsky makes sculptures and collages, Kortsarz is a painter and stage designer interested in computer graphics) brings about a video that is a successful hybrid, playing on the alternation between 2- and 3-D, between intrusion and extrusion of forms, between the realistic and the abstract.

RÉMI LACOSTE
Tekhnê

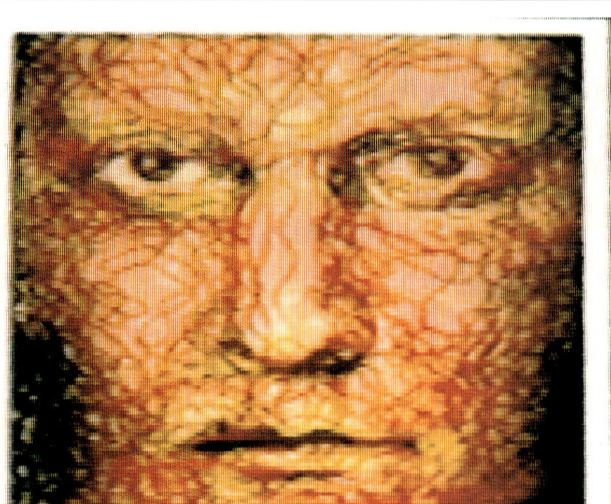

Canada, 1998, 46'

realizzazione/realization:
Rémi Lacoste

produzione/production:
La Vidéo Dort

Rémi Lacoste vive e lavora a Montréal. Dopo aver fatto studi in cinema e arti visive a Montréal, dirige numerosi documentari ed è fra i fondatori di Perte de Signal, un collettivo di distribuzione di video, oltre ad essere uno dei promotori del Événement interuniversitaire de création vidéo.

Rémi Lacoste *lives and works in Montréal. After studying film and visual arts in Montréal, he directed numerous documentaries and was among the founder members of Perte de Signal, a video distribution collective, as well as being one of the promoters of the Événement interuniversitaire de création vidéo.*

"Q uesto è un documentario sull'impatto della tecnologia sull'arte. Il *tour* in Italia di *Les aguilles et l'opium* di Robert Lepage diventa il punto focale per un'analisi delle relazioni fra la tecnologia e la tradizione artistica. Provenendo da diverse esperienze, gli artisti e teorici Gianni Toti, Fabrizio Plessi e Paolo Rosa discutono come le tecnologie influenzano il loro processo creativo e come alterano il nostro rapporto con 'l'altro'." (Rémi Lacoste)

Il documentario è un'imperdibile occasione per ascoltare artisti apparentemente diversi come Robert Lepage e i nostri Paolo Rosa, Fabrizio Plessi e Gianni Toti parlare di un tema così fondamentale come il loro rapporto personale con le tecnologie in relazione alle loro scelte artistiche. Sfondo tematico costante è l'uso dello spazio, il rapporto che l'immagine ha nei confronti dello spazio, sia essa il prodotto di una scenografia, di una videoinstallazione o di un video stesso. Questo documentario è inoltre un curioso omaggio all'Italia e alle sue città da parte di uno sguardo straniero e a volte un po' *naif*.

"T his is a documentary about the impact of technology on art. The tour of Robert Lepage's Les aiguilles et l'opium *in Italy becomes the focus point for an examination of the relation between technology and artistic heritage. Coming from a range of diverse backgrounds, artists and critics Gianni Toti, Fabrizio Plessi, and Paolo Rosa discuss how digital technologies influence their creative process and alter our relationship with the 'other'." (Rémi Lacoste)*

The documentary is an unmissable chance to hear the views of artists as apparently diverse as Robert Lepage and Italy's Paolo Rosa, Fabrizio Plessi and Gianni Toti on a fundamental subject such as their personal relationship with technology and its influence on their art. The constant underlying theme is the use of space, the relationship of the image with space, whether produced by set design, a video installation or the video itself. The documentary is also an interesting tribute to Italy and its cities from a foreign and sometimes rather ingenuous viewpoint.

FRANÇOIS LEJAULT

Le rêve de cachalot

Francia/France, 2001, 7'

realizzazione/realization:
François Lejault

danza/dance:
Marie Hélène Desmaris

produzione/production:
Climax

François Lejault (Aix en Provence, 1960) è un artista multimediale che insegna presso la Scuola di Belle Arti di Aix en Provence. Lavora soprattutto nel campo della videoarte producendo video di danza e videoinstallazioni ambientali e interattive.

François Lejault (Aix en Provence, 1960) is a multimedia artist who teaches at the School of Fine Arts in Aix en Provence. He works mainly in the field of video art, making dance videos and ambient and interactive video installations.

Di François Lejault nell'archivio Invideo: *Plomb*

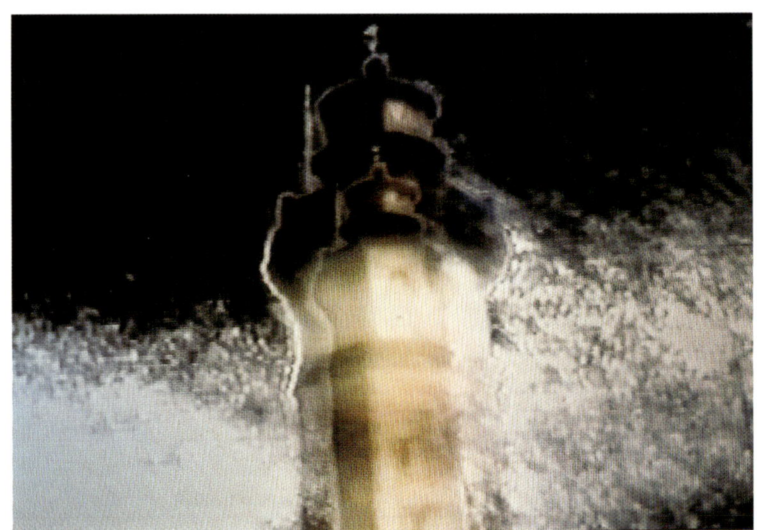

"Il film è basato su un evento straordinario: il furto di un capodoglio. Il sistema globale si azzarda a costruire la fine dell'umanità in una danza macabra che segue il ritmo del lento battito della pinna dorsale di un capodoglio. Tirana Lung è una ricercatrice che conduce degli studi sui cetacei e cerca di mettersi in contatto con loro attraverso un modello digitale d'interfaccia essere umano-capodoglio, che include un linguaggio artificiale basato sulle sensazioni tattili e su un vocabolario coreografico." (François Lejault)

Attraverso un linguaggio sintetico fatto d'immagini, suoni e scritte, l'autore incasella una sorta di storia fra il fantascientifico e il fantastico, dove in maniera incerta s'intravedono la lotta cieca fra l'uomo (Gregory Peck che recita la parte di Achab in *Moby Dick*) e la natura (il mondo delle balene), e il tentativo di riconciliazione della donna con la natura (la *performance* di un corpo femminile nudo su una spiaggia: luogo a metà fra la terra e l'acqua). L'incertezza della storia e lo stile delicato dell'autore restituiscono al video un'atmosfera rarefatta ma anche inquieta, con una strana e indeterminata suspence.

"The film is based on an amazing event, the theft of a sperm whale. The global network ventures to build the end of humanity in a macabre dance to the rhythm of the slow beat of a sperm whale's dorsal fin. Tirana Lung is conducting research on the cetaceans and tries to communicate with them through a digital man/sperm whale model, which includes an artificial language based on tactile sensations and a choreographic lexicon." (François Lejault)

Using a synthetic language made up of images, sounds and text, the artist places a kind of story between science fiction and the fantastic, featuring uncertain glimpses of the blind struggle between man (Gregory Peck as Ahab in Moby Dick*) and nature (the world of whales), and the attempt at reconciliation of a woman with nature (the performance of a female body on a beach, a place midway between earth and water). The uncertainty of the story and the director's delicate style imbue the video with a rarefied but also disquieting atmosphere, with a strange, indeterminate suspensefulness.*

ANDREA MOLAIOLI

Bandiera rossa e borsa nera

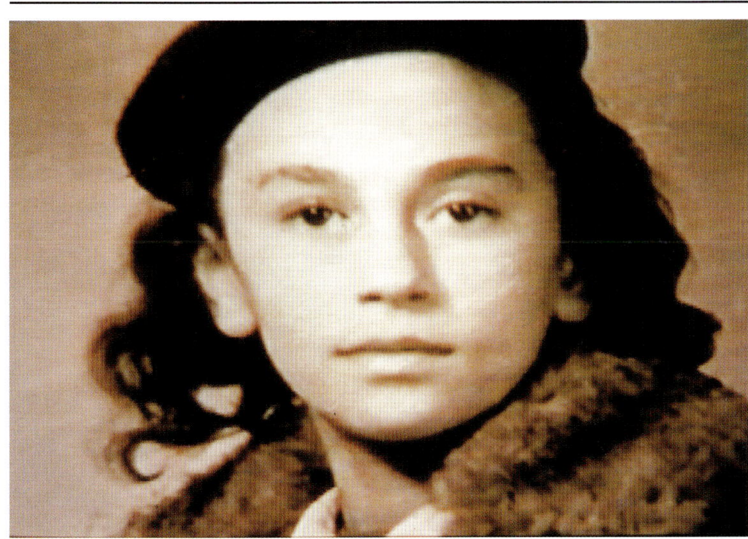

Italia/Italy, 2001, 27'

soggetto dal diario di/subject from the diary by:
Gloria Chilanti, *Bandiera rossa e borsa nera*

fotografia/direction of photography:
Roberto Cimatti

montaggio/editing:
Valentina Girodo

suono/sound:
Remo Ugolinelli

produttori/producers:
Angelo Barbagallo, Nanni Moretti

direttore di produzione/head of production:
Fabrizio Amato

produzione/production:
Sacher Film, Rai3, Tele+

"Una testimonianza di quei giorni di fame e paura... Potrebbe essere una voce fra le tante se non fosse che questa ha il timbro di una bambina che osserva la guerra degli adulti, ne imita le regole. Il gioco e l'impegno di allora rivivono nei ricordi lucidi di Gloria com'è oggi, più consapevole ma pur sempre vicina a quelle parole di bambina." (Andrea Molaioli)

"This is a story of the days of hunger and fear... It could be one of many voices, except that this has the timbre of a young girl who observes the battles fought by adults and imitates their rules. The game and the commitment of those days are relived in the vivid memories of Gloria as she is today, more aware but still always close to those little girl's words." (Andrea Molaioli)

Andrea Molaioli (Roma, 1967), ha iniziato a lavorare nel cinema nel 1988, prima come assistente alla regia e poi come aiuto regista. Da allora ha collaborato con molti registi italiani, fra i quali Nanni Moretti, Mimmo Calopresti, Carlo Mazzacurati e Marco Risi.

Andrea Molaioli *was born in 1967 in Rome. He began working in film in 1988, as assistant director. Since then he has worked with many Italian directors, including Nanni Moretti, Mimmo Calopresti, Carlo Mazzacurati and Marco Risi.*

ROBERTO NANNI

Antonio Ruju,
vita di un anarchico sardo

Italia/Italy, 2001, 28'

soggetto tratto da/subject taken from:
Antonio Ruju, Vita di un anarchico sardo

fotografia/director of photography:
Roberto Cimatti

montaggio/editing:
Flavia Medusa

suono/sound:
Gianluca Costamagna

produttori/producers:
Angelo Barbagallo, Nanni Moretti

**direttore di produzione/head of
production:**
Fabrizio Amato

produzione/production:
Sacher Film, Rai3, Tele+

Roberto Nanni (Bologna, 1960), cineasta,
ha collaborato con il gruppo di musicisti
statunitensi Tuxedomoon, ed in particolare
con Steven Brown. Ha realizzato numerosi
cortometraggi. Vive e lavora a Roma.

Roberto Nanni *was born in Bologna
in 1960. A filmaker, he has worked with
the US group Tuxedomoon, and in
particular with Steven Brown.
He has made many short films. He lives
and works in Rome.*

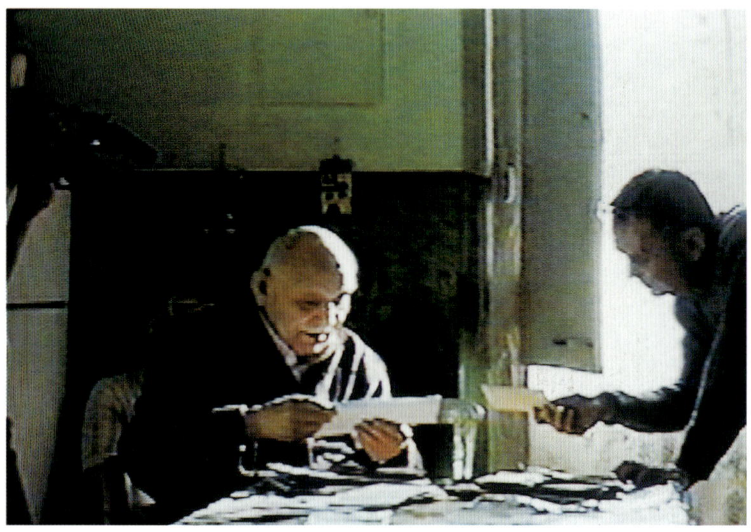

"Ho avvertito la necessità di avvicinarmi ad Antonio Ruju e al suo bellissimo diario quasi "in punta di piedi". Abbiamo realizzato il film su questo straordinario uomo cercando di farci adottare da lui e dalla sua compagna Liliana per qualche giorno, vivendo insieme il suo quotidiano tra il peso dei novant'anni e un'intelligenza rara, vigile ed estremamente ironica." (Roberto Nanni)

"I felt the need to get closer to Antonio Ruju and his wonderful diary, "on tiptoe" as it were. We made the film about this extraordinary man, trying to get ourselves adopted by him and his partner Liliana for a few days, living alongside him day by day between the weight of his 90 years and a rare, alert and extremely ironic intelligence." (Roberto Nanni)*

SUSANNA NICCHIARELLI
Cra Cri Do Bo

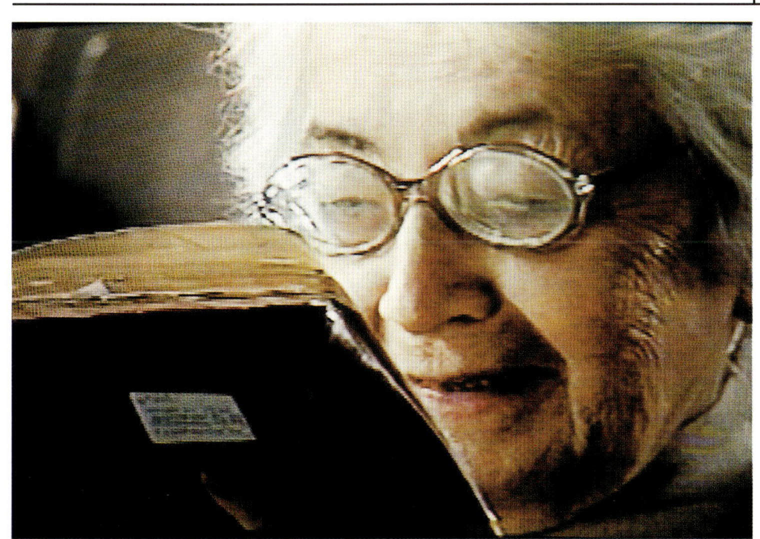

Italia/Italy, 2001, 24'

soggetto dal romanzo di/story from the novel by:
L. Casalini, L. Cristina, W. Doniselli, V. Boni

fotografia/direction of photography:
Roberto Cimatti

montaggio/editing:
Clelio Benevento

costumi/costumes:
Maria Rita Barbera

produttori/producers:
Angelo Barbagallo, Nanni Moretti

direttore di produzione/ head of production:
Fabrizio Amato

produzione/production:
Sacher Film, Rai3, Tele+

"**A**dolescenti negli anni Trenta e adolescenti nel 2001: ho cercato, mettendo le nipoti accanto alle nonne e vestendole anni Trenta, di rendere attuale il ricordo di Ca e Bo, che leggendo il loro diario ridono ancora come se l'avessero scritto ieri. Al tempo stesso ho voluto raccontare con quanta leggerezza la Storia passa attraverso i sedici anni di Ca, Cri, Do e Bo e attraverso le pagine dei loro vecchi quaderni." (Susanna Nicchiarelli)

"*A*dolescents in the 30s and adolescents in 2001: I tried, by putting grandchildren next to granparents and dressing them in clothes from the 30s, to bring to life the memory of Ca and Bo, who when reading their diary still laugh as though it were written yesterday. At the same time I wanted to recount history with the same light touch as the 16-years-old Ca, Cri, Do and Bo and through the pages of their old books." (Susanna Nicchiarelli)

Susanna Nicchiarelli (Roma, 1975) si è laureata in filosofia nel 1988. Perfezionanda in Filosofia presso la Scuola Normale Superiore di Pisa, studia regia alla Scuola Nazionale di Cinema.

Susanna Nicchiarelli *was born in Rome in 1975. She graduated in philosophy in 1998. Specialising in Philosophy at the Scuola Normale Superiore in Pisa, she then studied directing at the National Film School.*

GRZEGORZ PACEK

Jestem Zly (Such is my Karma)

Polonia/Poland, 2001, 27'

soggetto e regia/written and directed by:
Grzegorz Pacek

montaggio/editing:
Marek Kryúski,
Katarzyna Maciejko-Kowalczyk

riprese/camera:
Piotr Muszyúski

produzione/production:
Wytwórnia Filmowa "CZOLOWKA",
Telewizja Polska S.A. program 1

Grzegorz Pacek è nato nel 1965 a Pu'awy,
in Polonia. Dopo aver studiato ingegneria
ambientale, si specializza presso la scuola
di Lodz, e diventa assistente regista
per la televisione e per il cinema, lavorando
anche per K. Zanussi.

Grzegorz Pacek *was born in 1964 in
Pu'awy, Poland. After studying
environmental engineering he specialised at
the Lodz college and became an assistant
director in film and television, working for
K. Zanussi among others.*

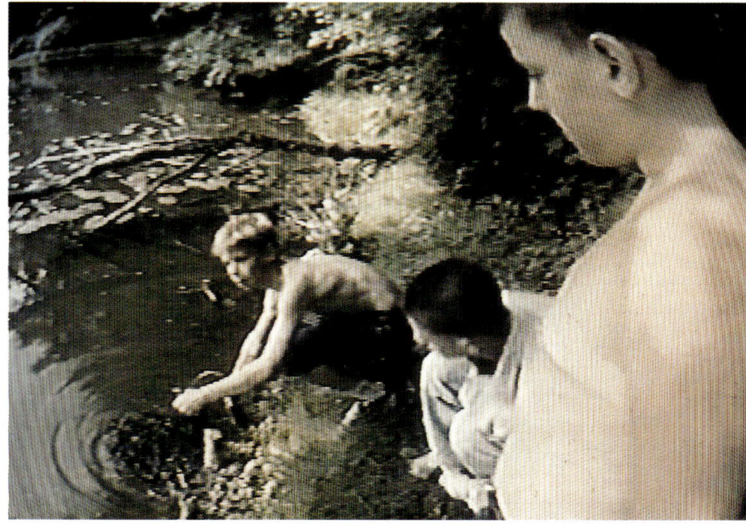

"**U**n gruppo di bambini di un quartiere povero di Varsavia raccontano le loro vite. L'originalità dell'approccio dell'autore sta nell'in-
coraggiare i giovani eroi a usare la telecamera per riprendersi. Il
ritratto naturale che ne deriva sconvolge il pubblico facendolo riflettere sul futuro." (Grzegorz Pacek)

Documento spietato e disperante sulla vita degli adolescenti polacchi
a Varsavia, il video è costruito in maniera tale che i bambini protagonisti siano sempre consapevoli della telecamera, tanto da usarla essi
stessi per buona parte del video. I sogni e le speranze di adolescenti
che vivono nella strada sognando l'America, sono rappresentate in
una Varsavia dipinta come una sorta di zattera alla deriva abitata da
naufraghi senza alcun futuro. Anche le famiglie che compaiono nel
video offrono pochi spiragli positivi agli occhi dello spettatore.

"***A*** *group of children from a poor district in Warsaw talk about their
lives. The originality of the author's approach shows itself in
entrusting the young heroes with the camera and film making. The
resultant naturalistic group portrait shocks the audience into
pondering upon the future."* (Grzegorz Pacek)

*A despairing and uncompromising view of the lives of Polish
adolescents in Warsaw, the video is constructed so as to make the
youths constantly aware of the camera, to the point where they
themselves use it for a large part of the film. The hopes and dreams
of street kids who long for America are represented in a Warsaw
portrayed as a giant drifting raft populated by castaways without a
future. Even the few families who appear in the video give the viewer
hardly any positive glimpses.*

PAPISTHIONE

De la vie des enfants au XXIème siecle

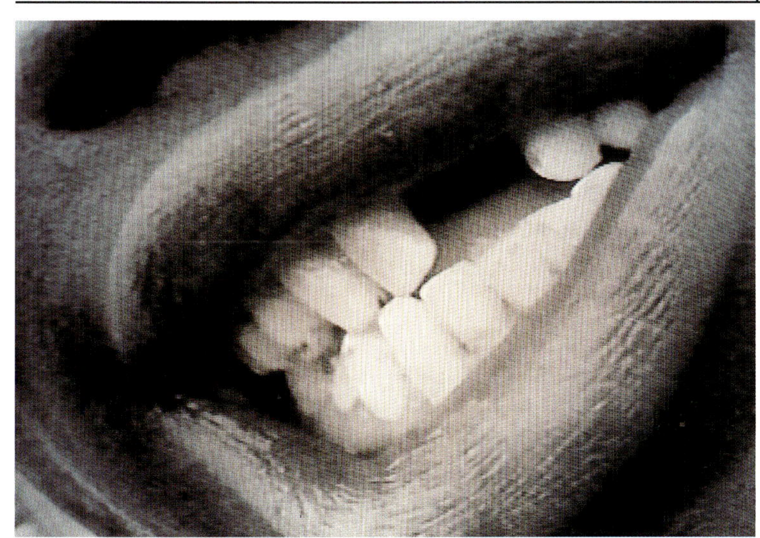

Francia/France, 2000, 57'

immagini/images:
Papisthione, Mamadou Lamine Sakho

montaggio/editing:
Thierry Arrenondo

suono/sound:
Gilles Marchési

responsabile di produzione
e postproduzione/head of production
and postproduction:
Jean Michel Bruyère

coproduzione/coproduction:
CICV Pierre Schaeffer, La Fabriks

"Q uesto film, girato a Dakar da luglio del 1999 a gennaio 2000, è ispirato dalla vita dei ragazzi di strada della capitale del Senegal. Due bande di vagabondi sono seguite giorno e notte da una camera che registra tranquillamente le reazioni, i punti di vista, i pensieri silenziosi di bambini che vengono drogati, stuprati, distrutti. Bambini il cui destino si è fermato il giorno in cui è iniziato e che vediamo ridotti alle più miserevoli condizioni di vita. Con una sua forma particolare (immagini in bianco e nero, così veloci da essere fastidiose, a volte mute, a volte sonore) il film mantiene e afferma la sua esistenza con lo stile del documentario, basato su momenti di vita reale : non esiste messa in scena. Papisthione è stato incoraggiato nel produrre questo film da Jean-Michel Bruyère, nell'ambito di un programma di aiuto ai ragazzi di strada messo in atto da MAN-KENEEN-KI, un'Associazione di artisti senegalesi." (CICV - Pierre Schaeffer)

Papisthione è un giovane ragazzo senegalese.

Papisthione *is a young Senegalese.*

Secco ma anche poetico e ingenuo, lo sguardo con il quale Papisthione registra la situazione dei ragazzi di strada di Dakar non può essere dimenticato tanto facilmente. Più che un documentario questo video è un lancinante ma non retorico documento di uno sguardo interno ad una situazione di vita che l'autore trasforma in un viaggio notturno alla ricerca di volti e corpi illuminati da pile tremolanti, alla caccia dei silenzi rotti a volte da piccole frasi, degli sguardi a metà fra il vivo e il morto di bambini costretti a vagabondare.
Quello che a noi può sembrare una discesa nell'inferno viene ripreso con la naturalezza di uno di questi bambini, che testimonia, a volte con una delicatezza che fa più male di qualsiasi altro sguardo indiscreto o da *scoop* giornalistico, la terribile situazione di un'infanzia mai vissuta come tale.

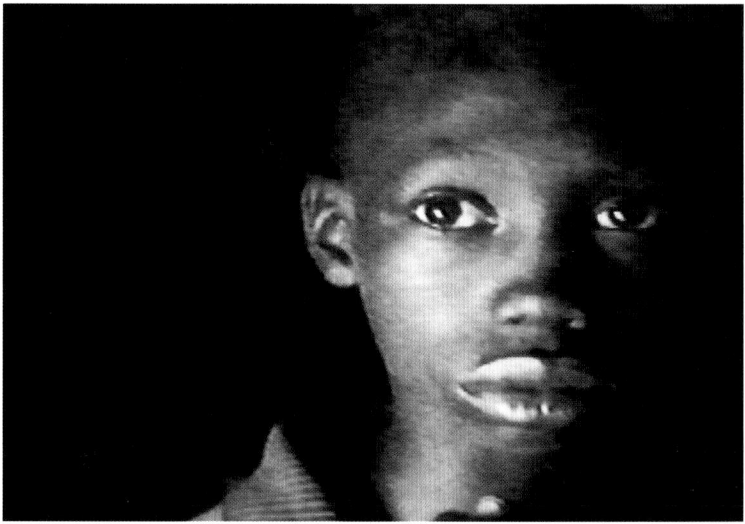

"The film was shot in Dakar, from July 1999 to January 2000. It evokes the life of the street children in the Capital of Senegal. Two roving gangs are followed day and night in the city by a camera that calmly records the reactions, points of view and silent thoughts of children who are drugged, raped and destroyed. Children whose destiny stopped the very day it began and who we see reduced to the lowest conditions of existence.
Through its form (images in black and white, at a speed that is often frustrating, sometimes silent, sometimes with sound), the film maintains and affirms its existence with the style of a documentary, based on moments in real life: never staged. Papisthione was trained in movie production by Jean-Michel Bruyère, in the framework of activities of MAN-KENEEN-KI, a Senegal-based artists' Association for the aid of street children." (CICV - Pierre Schaeffer)

Dry, but also poetic and ingenuous, Papisthione's view of street children in Dakar is not easily forgotten. Rather than a documentary, this video is a harrowing document of an internal view of lives that the director turns into a night-time journey, searching for faces and bodies lit by trembling torches, hunting for silences that sometimes are broken by short phrases, for the half-dead, half-alive expressions of children reduced to living on the streets. What seems to us a descent into hell is filmed with the naturalness of one of the children, who bears witness – with a delicacy that is more painful than any "fly on the wall" or journalistic scoop – to the terrible situation of a childhood never really experienced as such.

MONICA PETRACCI
Risonanze

Italia/Italy, 2001, 70"

con/with:
Matteo Benini, Laura Gatelli,
Giovanna Zanchini, Fabrizio Zanuccoli

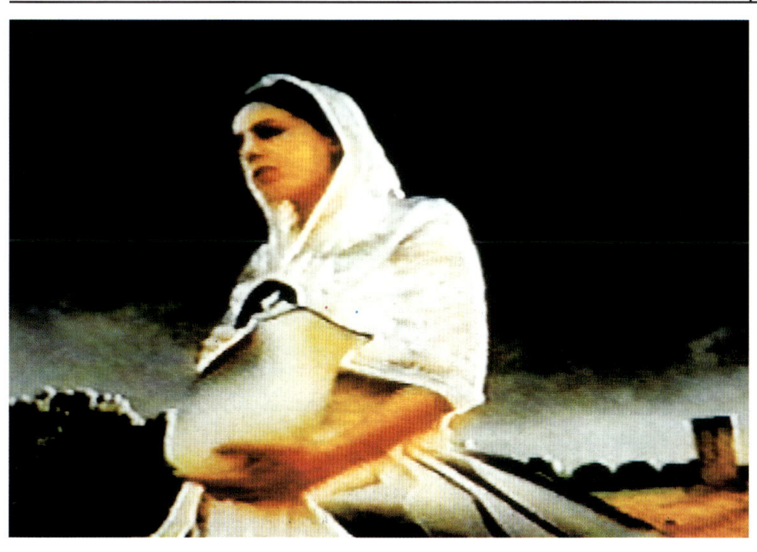

Monica Petracci (Forlì, 1964) lavora come operatrice video e direttrice della fotografia realizzando numerosi documentari, spot pubblicitari, videoclip, video teatrali e videoinstallazioni. I suoi lavori sono stati presentati e premiati in numerosi festival nazionali e internazionali. Nel 1989 fonda con altre due collaboratrici la società di produzione Tecniche Blu.

Monica Petracci was born in Forlì in 1964. She works as a director of video photography, making documentaries, advertising features, video clips, thatre videos and video installations. Her work has been presented and won awards at numerous festivals in Italy and abroad. In 1989 she was one of the three co-founders of the Tecniche Blu production company.

"L 'incontro è un approdo non definitivo, una pausa però senza quiete. Il bacio è vibrato forte: di amara realtà stridula risonanza. Risveglio o fuga?" (Monica Petracci)

Piccolo gioiello di settanta secondi nei quali compaiono gli stilemi classici dell'autrice, ovvero il mix di generi fra teatro, danza e sperimentazione sull'immagine. È la storia di uno di quei baci dati sull'orecchio, che fanno vibrare un fischio sottile dentro la nostra testa.

"T *he date is non-definite landing, a pause with not peace. The kiss is strongly vibrated: bitter reality's shrill resonance. Awakening or getaway?" (Monica Petracci)*

A seventy-second jewel featuring the classic elements of the direcotr's style – a mix of genres with theatre, dance and experimental imaging. This is the story of one of those kisses on the ear that produce a feeble hissing sound in the head.

Di Monica Petracci nell'archivio Invideo:
Salomè, La passeggiata dello Schizo, Riflessi, As colors do, Malamente

WILLIAM RABAN
Firestation

Gran Bretagna/United Kingdom, 2000, 6'

artisti residenti presenti nel film/resident artists featured in the film:
Marty St. James (Metamorphosis, oggetto video/video object), Barbara Tyrrell (Gnosis, pittura/painting), Paul Burwell (spettacoli di fuochi e percussioni con Kirsten Reynolds/fire and percussion performances with Kirsten Reynolds, To the Winner the Spoils, proiezioni luminose con svastiche/swastika light projections), Lindsay Seers (Auto Cannibal, serie fotografica/photographic series)

voci dell'epoca della guerra degli ufficiali del Auxiliary Fire Service /voices of wartime Auxiliary Fire Service officers:
Molly Way, Sis Keefe

fotografie in bianco e nero della ricostruzione/black and white photographs of the reconstruction:
John Riddy

controllo pellicola/film grader:
Tony Benfield

suono/sound:
David Cunningham

cinepresa rostrum e assistente alla regia/rostrum camera and assistant director:
Begonia Tamarit

regia, riprese e montaggio/director, cinematographer and editor:
William Raban

produzione/production:
Bow Visions

commissionato da/commissioned by:
Acme Studios, National Literary Project

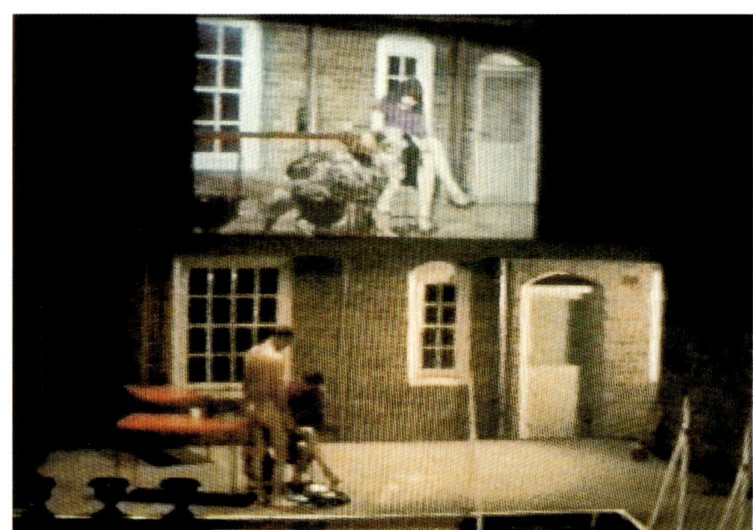

"Firestation documenta la trasformazione di una stazione abbandonata dei pompieri in uno spazio di vita e di lavoro per artisti. L'inaugurazione dell'edificio restaurato è celebrata con spettacoli e installazioni realizzate dagli occupanti che attraverso il teatro danno nuova vita allo spazio. Questo film, fortemente strutturato come una poesia, confronta il presente col passato: il ruolo di questo edificio durante la guerra è richiamato grazie ad immagini d'archivio, e da alcune donne che prestarono servizio come funzionarie ausiliarie del Fire Service". (William Raban)

Firestation è un progetto realizzato da Acme Studios nel 1997 per creare il primo laboratorio per artisti a basso costo e completamente accessibile in Inghilterra, con sponsorizzazioni provenienti da National Lettery Capital Project, Foundation for Sports and the Arts, Paul Namlya Foundation, Zuger Kulturstiftung Landis & Gyr, Esmée Fairbairn Charitable Trust, London Arts Board e The Arts Council of England. Fra i dodici artisti attualmente ospitati, alcuni sono disabili. Il video presenta alcuni degli artisti ospitati ma soprattutto documenta l'inaugurazione di questo particolare luogo, con *performance* che hanno il fuoco come protagonista e un interessante spettacolo teatrale che utilizza in maniera intelligente il video. Alternate a queste immagini attuali, il video traccia una breve storia, utilizzando ovviamente immagini d'archivio, di questa stazione dei pompieri con un notevole gusto ritmico e senza mai cadere nella retorica. Soprattutto, quest'opera documenta un tipo di recupero di uno spazio in disuso che dovrebbe essere un modello per molti altri paesi e città.

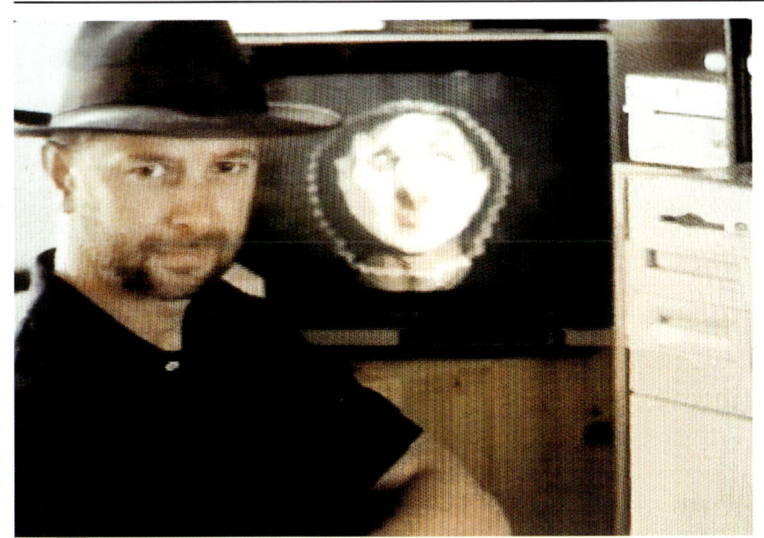

William Raban, (Fakenham, 1948) diplomatosi in pittura presso la St. Martin's School of Art, ha collaborato alla London Filmakers' Co-op, alla rivista bimestrale *Filmakers' Europe* e per la rivista cinematografica *Vertigo*. Vive e lavora a Londra.

William Raban *was born in Fakenham in 1948. He studied painting at St. Martin's School of Art, collaborated with London Filmakers' Co-op, published the bi-monthly* Filmakers' Europe *and is now a member of the editorial board of* Vertigo *film magazine. He lives and works in London.*

"F irestation *documents the transformation of a derelict fire station into studio and living space for artists. The opening of the restored building is celebrated in performances and installations by its new occupants, dramatically bringing it to life. This tightly structured film-poem confronts the present with the past: the building's war-time role is recalled in archive images, and by women who served in it as Auxiliary Fire Service officers."* (William Raban)

Firestation *is a project made by Acme Studios in 1997 to create the first fully accessible, low-cost artists' workshop in England, sponsored by the National Lottery Capital Project, Foundation for Sports and the Arts, Paul Namlya Foundation, Zuger Kulturstiftung Landis & Gyr, Esmée Fairbairn Charitable Trust, London Arts Board and The Arts Council of England. Some of the dozen artists it currently houses are disabled. The video presents some of the inhabitants of the centre and above all records how this very special space was inaugurated, with performances centred on fire and an intriguing theatre piece that made intelligent use of video. Alternating with these contemporary images is a brief history of the building based in part on archive footage. This non-rhetorical overview is smartly paced. Above all, the video provides a record of a conversion of a disused space which could serve as a model for many other cities and countries.*

RIESCO/PHUMPIU/MOREY
S/T (sin título)

Perú/Peru, 1999, 5'

Realizzazione/realization:
Kike Riesco, Erivan Phumpiu, Felipe Morey

Kike Riesco (Lima, 1972). Nel 1991 inizia studi di architettura all'Università Nazionale di Ingegneria. Nel 1996 cambia mestiere e inizia un corso di litografia alla Scuola Nazionale di Belle Arti. Inizia a lavorare con supporti video nel 1998 partecipando a alcune importanti mostre a Lima e in altri paesi.
In questo momento è interessato nell'aspetto interattivo di Internet e nell'arte elettronica in genere.

Kike Riesco *was born in Lima, Peru, in 1972. In 1991 he began studying architecture at the National University of Engineering. In 1996 he changed profession and began a course in lithography at the National School of Fine Arts. He began working in video in 1998, taking part in several major exhibitions in Lima and outside Peru. He is currently focused on the interactive aspects of the Internet and on electronic art in general.*

Erivan Phumpiu (Lima, 1977). Nel 1995 inizia studi di pittura nella Scuola Superiore Autonoma di Belle Arti di Perù. Ha partecipato a numerose mostre collettive di pittura e dal 1998 inizia una costante attività nel campo della videoarte. Negli ultimi cinque anni ha partecipato a diversi festival.

Erivan Phumpiu *was born in Lima, Peru, in 1977. In 1995 he began studying painting at Peru's Independent College of Fine Arts. He has taken part in numerous collective shows of painting and since 1998 has been active in video art. He has taken part in various festivals over the past five years.*

Felipe Morey (Lima, 1975). Nel 1995 inizia studi di pittura nella Scuola Superiore Autonoma di Belle Arti del Perù. Nel suo paese ha partecipato a diverse mostre sull'arte elettronica, e a II e III Festival Internazionale di Video Arte di Perù. Vive e lavora a Lima.

Felipe Morey *was born in Lima, Peru, in 1975. In 1995 he began studying painting at Peru's Independent College of Fine Arts. He has taken part in numerous collective shows of electronic art and in the 2nd and 3rd International Video Art Festivals of Peru. He lives and works in Lima.*

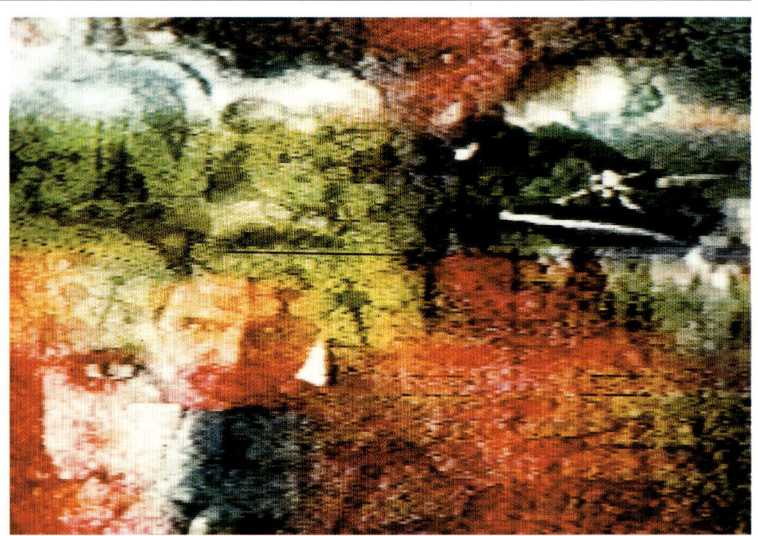

"Questa è un'opera astratta che cerca di trasmettere sensazioni organiche attraverso l'immagine e il suono, trascurando quello che è il carattere narrativo del video." (Kike Riesco, Erivan Phumpiu, Felipe Morey)

"This is an abstract work that attempts to transmit organic sensations through sound and image, neglecting the narrative character of video." (Kike Riesco, Erivan Phumpiu, Felipe Morey)

ROB ROMBOUT
Les Açores de Madredeus

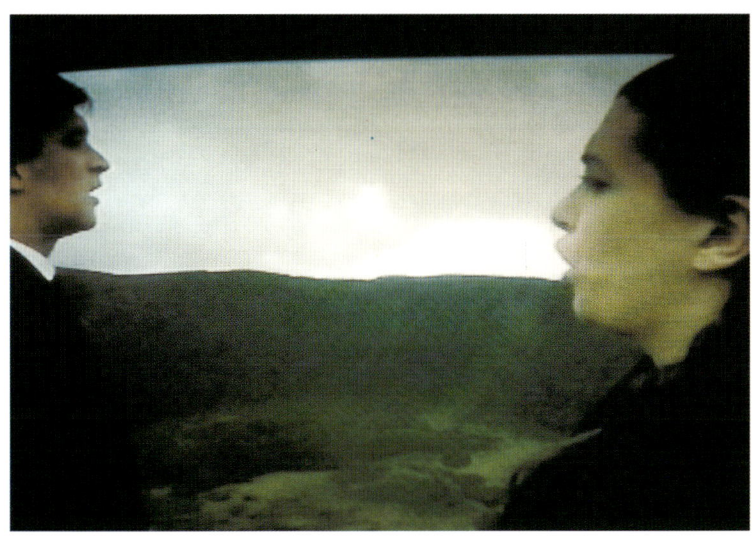

Belgio-Francia/Belgium-France, 1999, 40'

soggetto e regia/written and directed by:
Rob Rombout

riprese/camera:
Jean-Paul Dezaytijd,
Jean-François Hensgens

suono/sound:
Paul Heymans

assistente alla regia/director assistant:
Olga Bailiff

montaggio/editing:
Adriana Moreira de Oliveira

montaggio suono/sound editing:
Jean-François Gosselin

produzione/production:
Morgane Production, Mona Lisa Films,
Uniâo Lisboa, France Supervision, RTBF

"**S**perdute nell'Atlantico, le isole Azzorre, lontane province portoghesi, hanno conservato un'identità singolare. Il paesaggio è fatto di zone contrastanti: il mare, alte montagne di origine vulcanica, vegetazione lussureggiante, vaste aree di lava nera. Queste isole offrono uno spettacolo di luci sempre diverso, sotto l'influenza di un clima capriccioso che si modifica da un momento all'altro. È da queste terre che trae origine la musica dei Madredeus. Durante il film Teresa, la cantante, e Pedro, il compositore, attraversano le varie isole e riscoprono alcune delle origini melodiche della loro musica: tracce intatte di un Portogallo immaginario. Queste tradizioni secolari, mai scomparse dal continente, si perpetuano qui con una vivacità sorprendente. Di viaggio in viaggio, un paesaggio marittimo, il tetto di una vecchia casa o i rituali giocosi di una festa popolare ci richiamano i temi delle loro canzoni. Si eleva allora la voce cristallina di Teresa, accompagnata da una sola chitarra, sulle rive di un lago immobile o nella serena atmosfera di una vecchia dimora. Questo confronto permette di raccontare in maniera del tutto naturale della storia dei Madredeus e le loro aspirazioni di musicisti." (Rob Rombout)

È in video imperdibile per tutti i fans dei Madredeus perché oscilla in maniera riuscita fra la docu-fiction e il videoclip. Il regista riesce a restituire sensibilmente le atmosfere delle loro musiche realizzando un'opera delicata dal punto di vista stilistico e affascinante dal punto di vista visivo, grazie soprattutto ai suggestivi scenari naturali che le Azzorre offrono agli occhi del regista e dello spettatore.

Rob Rombout insegna Cinema
Documentario presso l'Università
di Strasburgo, in varie scuole a Bruxelles
e a presso l'Università di Paris 8.

Rob Rombout *teaches documentary
filmmaking at the University of Strasbourg,
in various schools in Brussels and at the
University of Paris 8.*

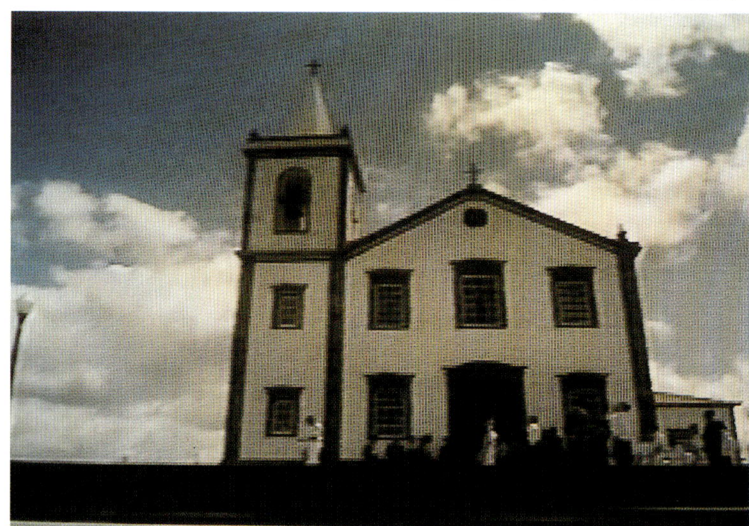

"The Azores, far-flung Portuguese provinces out in the mid-Atlantic, have preserved an unusual identity. the landscape is one of contrasts: sea, high mountains of volcanic origin, luxurious vegetation, vast black lava fields. The islands offer a spectacle of constantly changing light because of the influence of a capricious climate which alters from one moment to the next. This was the land from which the music of Madredeus originated. During the film Teresa, the singer, and Pedro, the composer, travel through the various islands and rediscover the melodic origins of their music: intact traces of an imaginary Portugal. These centuries-old traditions, never entirely forgotten on the continent, survive here with surprising vigour. From journey to journey the seascape, the roof of an old house or the playful rituals of a folk feast echo the notes of their songs. The crystalline voice of Teresa rises then, accompanied only by a guitar, on the shore of an unruffled lake or in the peaceful atmosphere of an old home. This encounter makes it possible to tell the story of Madredeus and their ambitions as musicians in a perfectly natural fashion. " (Rob Rombout)

A must-see for all Madredeus fans, this video moves skilfully between docu-fiction and video clip. The director manages to convey the atmosphere of their music, making a work which is delicate in style and visually intriguing, thanks in large part to the fabulous natural scenery of the Azores.

ISABELLA SANDRI
I quaderni di Luisa

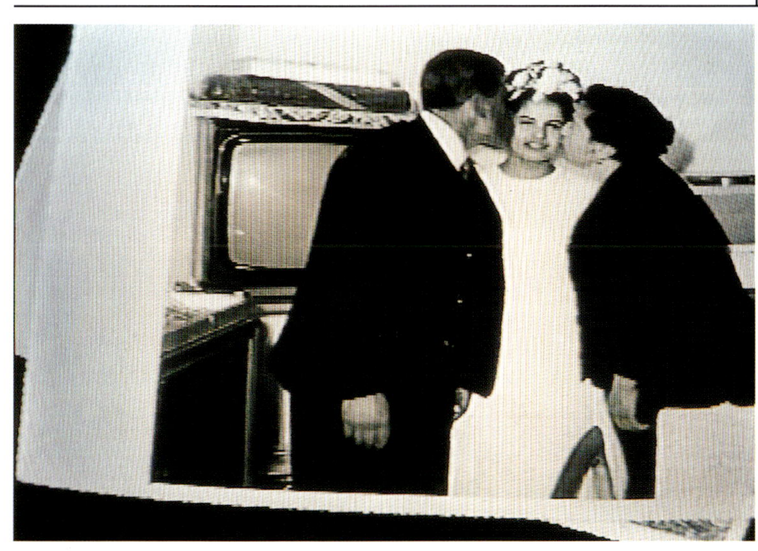

Italia /Italy, 2001, 28'

soggetto dal diario di/subject
from the diary by:
Luisa T.

fotografia/direction of photography:
Isabella Sandri

montaggio/editing:
Rosella Mocci

suono/sound:
Gianluca Costamagna

musica/music:
Epsilon Indi

produttori/producers:
Angelo Barbagallo, Nanni Moretti

direttore di produzione/
head of production:
Fabrizio Amato

produzione/production:
Sacher Film, Rai3, Tele+

"È un lavoro dedicato alle madri che non sono scappate di casa. A quelle che si sono sacrificate per i figli e hanno sopportato tutto (violenza, dolore, solitudine, depressione) pur di non abbandonare i figli a un 'padre che padre non era'. Un sacrificio inutile, che ha rovinato venticinque anni della vita di una donna e buona parte delle esistenze dei figli (...) In cerca di spiegazioni e risposte, da tutto questo nero, ora esce solo il suo viso, come una parola luminosa." (Isabella Sandri)

"*This work is dedicated to the mothers who didn't run away from home. To those who sacrificed themselves for their children and put up with everything (violence, pain, loneliness and depression) in order not to abandon their children to a 'father who wasn't a father'. A useless sacrifice, which ruined 25 years of woman's life and a good part of the children's existence. (...) In search of explanations and answers to all this blackness, there is just her face, like a luminous word.*" (Isabella Sandri)

Isabella Sandri (Rovigo, 1957) è laureata al DAMS di Bologna e diplomata in regia cinematografica e televisiva al Centro Sperimentale di Cinematografia di Roma. Dopo aver realizzato vari cortometraggi, nel 1994 ha diretto il suo primo lungometraggio, *Il mondo alla rovescia.*

Isabella Sandri *was born in 1957 in Rovigo. She graduated from DAMS in Bologna and obtained a diploma in Tv and film directing form Centro Sperimentale di Cinematografia in Rome. After making a number of short-length films, in 1994 she directed her first feature-length film,* Il mondo alla rovescia.

VALIA SANTELLA

In nome del popolo italiano

Italia/Italy, 2001, 29'

soggetto dal libro di /subject from the book by:
Claudio Foschini, *In nome del popolo Italiano*

fotografia/direction of photography:
Roberto Cimatti

montaggio/editing:
Clelio Benevento

suono/sound:
Remo Ugolinelli

produttori/producers:
Angelo Barbagallo, Nanni Moretti

direttore di produzione/ head of production:
Fabrizio Amato

produzione/production:
Sacher Film, Rai3, Tele+

Valia Santella (Napoli, 1965), inizia a lavorare in teatro come assistente alla regia nel 1984. Dal 1990 svolge l'attività di segretaria di edizione e di aiuto regista, collaborando con molti registi italiani, fra i quali Nanni Moretti, Mario Martone, Pappi Corsicato, Daniele Lucchetti, Silvio Soldini, Antonio Capuano e Carlo Cecchi.

Valia Santella *was born in 1965 in Naples. In 1984 she began working in the theatre as assistant director. Since 1990 she has worked as a continuity person and assistant director, working with many Italian directors, including Nanni Moretti, Mario Martone, Pappi Corsicato, Daniele Lucchetti, Silvio Soldini, Antonio Capuano e Carlo Cecchi.*

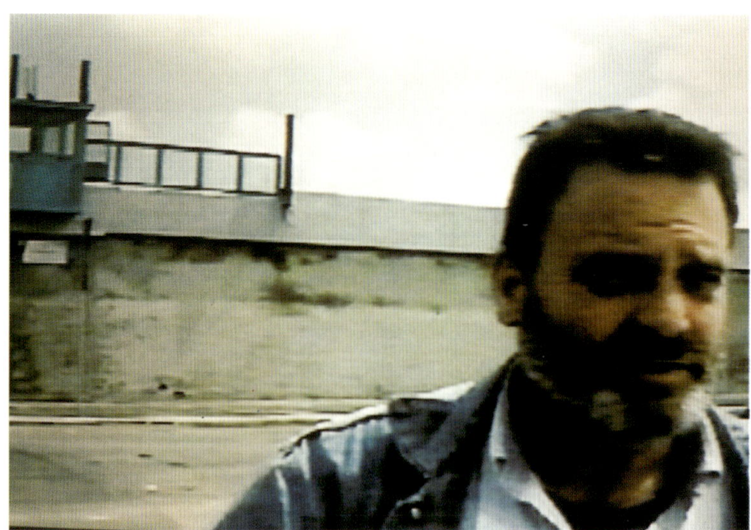

"Incontrare Claudio Foschini e sentirlo parlare è stato come avere una lente d'ingrandimento puntata su Roma, sulle trasformazioni avvenute in questa città, in particolare su determinate classi sociali. Il suo sguardo, ironico e commosso, ha attraversato con passione e dolore gli ultimi cinquant'anni e ce li restituisce tutti, senza pudore."
(Valia Santella)

"*Meeting Claudio Foschini and listening to him talk was like having a magnifying glass focused on Rome, on the transfromation which have taken place in this city, in particular concerning certain social classes. His ironic and moving view has experienced the last 50 years with passion and pain and he offers them to us without reserve.*" *(Valia Santella)*

HARALD SCHLEICHER

Wahre Worte, Böse Bilder, Rauhe Rhythmen

(True Words, Evil Images, Rough Rythms)

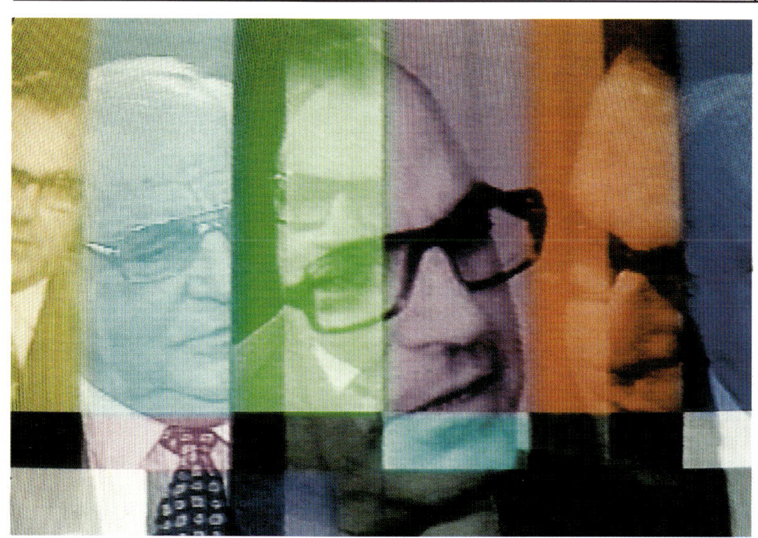

Germania/Germany, 2001, 8'

musica/music:
Axel Schweppe

produzione/production:
Xposed

traduzione in inglese/english traduction:
Markus Kiefer

Harald Schleicher (Backnang, 1951), dopo aver compiuto studi di Belle Arti e in Arte Cinematografica, insegna Arte Cinematografica presso l'Università Johannes Gutenburg in Mainz, Germania.

Harald Schleicher *was born in 1951 in Backnang, Germany. He studied Fine Arts and Cinematic Arts, and he is Professor for Cinematic Arts in the Johannes Gutemberg University in Mainz, Germany.*

"È un video sperimentale sull'ascesa chiaramente inarrestabile e sulla rapida caduta di un cancelliere tedesco. Il video non tratta solo del destino individuale di Helmut Kohl, ma è anche una meditazione sul potere, i media e la morale. Grottesco, divertente e tragico allo stesso tempo." (Harald Schleicher)

Caustico, corrosivo e divertente senza essere retorico, quest'opera ricorda le cose migliori delle produzioni di Guerrilla Tapes e Gavin Hodge, dimostrando una notevole perizia tecnica nell'usare tendine, maschere e *blur*. L'autore, che evidentemente ha collezionato in maniera quasi maniacale tutte le apparizioni televisive e non del cancelliere Kohl, smembra e incolla vari frammenti dei suoi discorsi, fatti anche in periodi diversi, per coglierne l'intrinseca contraddittorietà. Lo spunto iniziale del video è un'intervista fatta alla moglie di Kohl che è un'appassionata *filmaker* che possiede anche una piccola moviola con la quale monta i propri film. L'arte dell'assemblaggio e l'uso dell'immagine a scopo politico (tema ovviamente caro alla tradizione tedesca, ma oramai fondamentale per la vita politica di qualsiasi uomo di potere) vengono utilizzati in maniera rovesciata dall'autore che, "stando dall'altra parte", come un telespettatore minuzioso e malizioso, usa lo stesso linguaggio per destrutturare l'uomo politico, dimostrando che il voyeurismo dello spettatore che registra e archivia può essere un'arma pericolosa per coloro che si offrono, a livello d'immagine, ai mass media. L'opera è un'affascinante riflessione non tanto su Kohl, quanto sull'inevitabile rapporto che si crea fra potere, immagine e politica.

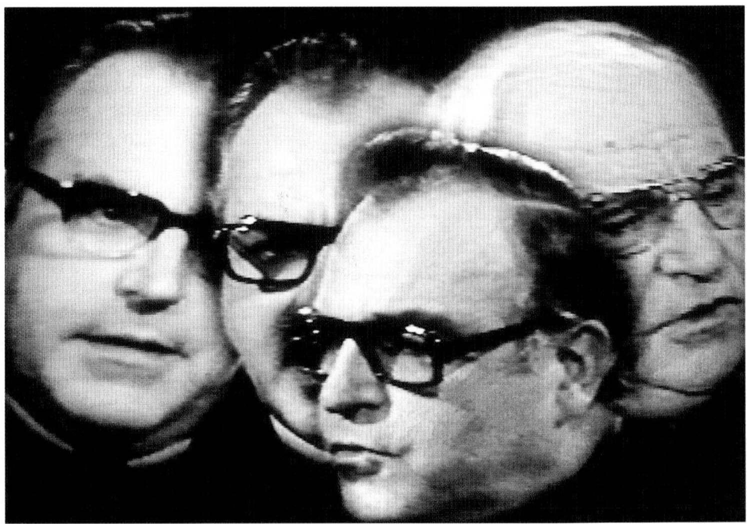

"T his is an experimental video of the evidently unstoppable rise and sudden fall of a German chancellor. The video does not only attend to the individual fate of Helmut Kohl. It is also a meditation on might, thea media and morals. Grotesque, funny and tragic at the same time." (Harald Schleicher)

Caustic, corrosive and entertaining without being rhetorical, this is a video that recalls the best productions of Guerrilla Tapes and Gavin Hodge, showing skilful technical use of blinds, masks and blurs. The director, who was obviously a maniacal collector of practically all appearances on television or elsewhere of chancellor Kohl, dismembers and pastes together various fragments of his speeches from different periods, so as to convey their inherent contradictions. The starting point for the video is an interview with Kohl's wife, herself a keen filmmaker who even possesses her own editing table. The art of assembling and the use of images for political purposes (obviously a major theme in modern German history, but nowadays a fundamental part of political life for any person in power) are inverted here by the director to deconstruct the political figure, demonstrating that the voyeurism of a viewer who records and stores away can be a dangerous weapon against those who build their image through the mass media. The work is a fascinating reflection, not so much on Kohl as on the inevitable relationship established between power, image and politics.

TINHOKO (TINA HOCHKOGLER)
_relifted

Austria, 2000, 7'

**progetto e realizzazione/
concept and realization:**
Tinhoko

suono/sound:
H. Kulisch

"*R*elifted è concepito come un trittico del quale solo porzioni dei due pannelli laterali sono visibili sul bordo dell'immagine e richiamano a qualcosa fuori campo. Sono visibili segni indistinti, strutture e figure immersi in caldi toni cromatici.

Nel suo primo lavoro Tinhoko processa delle fotografie scattate durante un viaggio in Giappone e una sequenza video di un ascensore che sale. Attraverso dei processi di recursione dell'immagine, questo materiale subisce innumerevoli modificazioni successive in un processo produttivo che dura mesi.

Le stratificazioni e le distorsioni ottenute attraverso questo processo digitale rappresentano una consapevole analogia con il funzionamento della memoria umana. Nei sogni e nella memoria il livello visivo si fonde con altri, denisficandosi e trasformandosi in simboli misteriosi dalla bellezza unica.

Come risultato della costante rianimazione di questi simboli personali della memoria, il materiale subisce una meravigliosa e fluida metamorfosi. Questo elegante equilibrio fra la riconoscibilità (la memoria) e la progressiva distruzione (la memoria della memoria e così via) coinvolge un numero così grande di particolari che lo spettatore sicuramente beneficerebbe di una serie di visioni del video.

Tinhoko ha realizzato *Relifted* considerando aspetti esclusivamente visuali e formali. L'accompagnamento di musica elettronica, che utilizza dei campioni registrati nella metropolitana di Tokyo, è stato registrato in tempo reale mentre il video completato veniva mandato in *play*. (Norbert Pfaffenbichler)

Tinhoko (Tina Hochkogler), (Vienna, 1967), è una graphic designer che si occupa di computer grafica e di video.

Tinhoko *(Tina Hochkogler) was born in Vienna in 1967. She's a graphic designer who works in computer graphics and in video.*

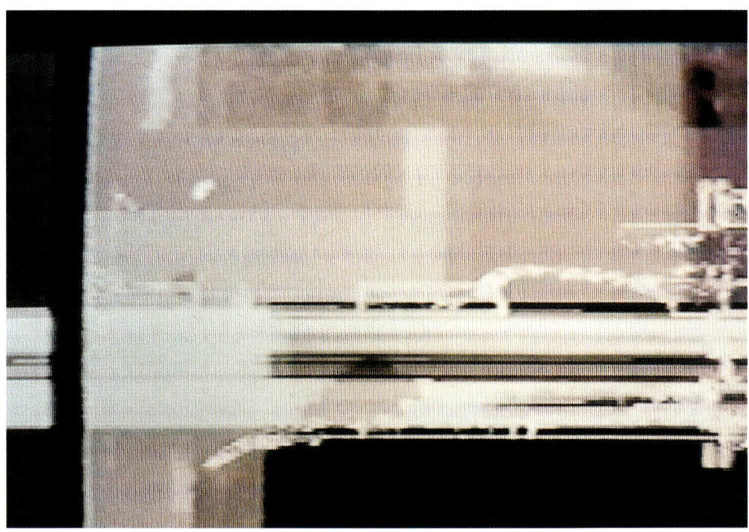

"R elifted has been made in the form of a triptiych, though solely portions of the side panels are visibile on the edge of the picture and refer to something off camera. Shadowy signs, structures and figures bathed in warm skin tones are visible.

In her first video work, Tinhoko processes photographs taken during a trip to Japan and a video sequence of an elevator ride. In recursive processes, this footage was subjected to innumerable manipulations in a production process lasting months.

The stratifications and distortions produced through this digital processing represent an intentional analogy with the workings of the human memory. As in dreams or in memory processes, visual and other levels fuse; they densify and are transformed into mysterious symbols of unique and peculiar beauty.

As a result of the constant reanimation of these personal symbols of memory, the material undergoes a wondrously flowing metamorphosis, this elegant balancing act between recognizability (memory) and-progressive-disintegration (memory of a memory, etc.) involves such an enormous number of details that one would certainly benefit from multiple viewings.

Tinhoko created Relifted *in consideration of visual and aesthetic aspects exclusively. The electronic soundscore, which made use of samples recorded in the Tokyo subway, was recorded live in a final step while completed video was being played." (Norbert Pfaffenbichler)*

GIACOMO VERDE

Solo limoni

Documentazione video-poetica in 13 episodi sull'anti-G8 di Genova

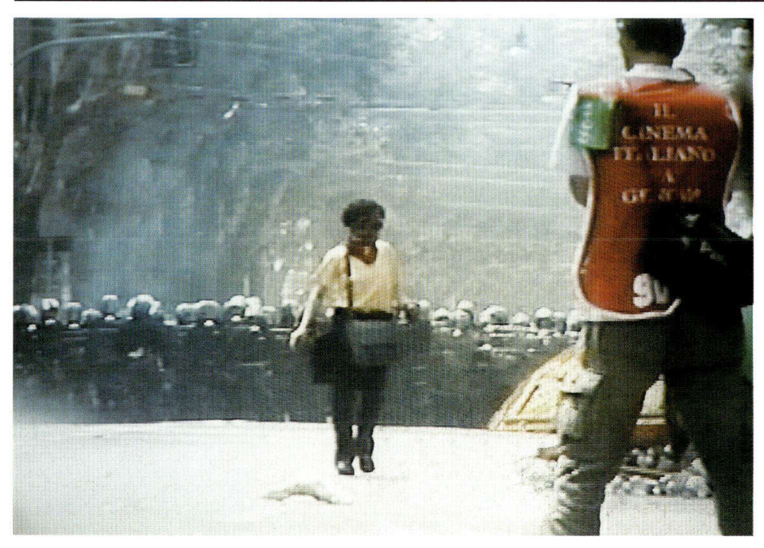

"Il video è composto di tredici episodi che raccontano alcuni momenti delle giornate di Genova. Dal clima della Zona Rossa alle cariche della polizia sul corteo del 21 luglio, alla situazione attorno al corpo di Carlo Giuliani in Piazza Alimonda. Le riprese sono una selezione d'immagini girate da Giacomo Verde e da altri *videomaker* indipendenti collegati a diversi gruppi. L'intenzione del video è di raccontare quello che i mezzi d'informazione non riescono a mostrare perché imprigionati nelle regole della comunicazione-spettacolo e dello *scoop*. Così molti episodi sono commentati da testi di poesia militante in modo da fornire spunti riflessivi che vadano oltre la contingenza dei fatti, e altri usano immagini effettate (*rallenty, velocity* ecc.) e un commento sonoro originale in modo da andare oltre il dato documentaristico comunque presente. Un video che vuole essere uno strumento di riflessione emotiva e politica, per le varie componenti del movimento anti-g8, sulle diverse questioni emerse dalle giornate di Genova. Il video è libero da copyright per qualsiasi uso non commerciale di Associazioni No-profit." (Giacomo Verde)

Italia/Italy, 2001, 45'

regia/direction:
Giacomo Verde

composizione video/video composition:
Mauro Lupone, Uliano Paolozzi Balestrini, Elena Recchia, Giacomo Verde, Lello Voce

riprese/canera:
Giacomo Verde, Teresa Paoli, Italy.IndyMedia, Uliano Paolozzi Balestrini, Pulika Calzini, Luca Tomassini, Tiziano, Lorenzo, Edoardo, Philippe, Vincent, Florence, SocialPlus, Fluid video crew, Digipresse, Elena Recchia, Umberto Sebastiano, Francesco Villa, D.INK

testi/texts:
Giacomo Verde, Lello Voce, Patrick Chamoiseaux, Miguel Cervantes de S., Elio Pagliarani, Bertold Brecht, Piero Jahier, Roque Dalton, Elemire Zolla

voci fuori campo/voices over:
Giacomo Verde, Lello Voce

foto/photos:
Mirco Del Carlo

musica originale/music:
Mauro Lupone

montaggio video/editing:
Francesco Pera Turrini, Federico Carmassi

produzione/production:
ShaKe Edizioni Underground, Reset, SeStessi Video

Di Giacomo Verde nell'archivio Invideo:
Stati d'animo, Tutto quello che rimane (4 messaggi), Acquanera Blues - Il teatro della memoria, Residenze temporanee - Tracciando memorie multiformi, La mia pittura è dialettale

Giacomo Verde (Napoli, 1956)
si è diplomato in arte del tessuto presso
l'Istituto d'Arte di Firenze. Dal 1973
si è dedicato all'attività teatrale come
autore, attore, musicista, regista.
Dal 1983 usa il video come ultima
"protesi" tecnologica alla sua personale
attività artistica, producendo video,
videoinstallazioni e performance
multimediali, senza perdere mai di vista
il territorio del teatro e della
comunicazione militante, da animatore
teatrale. Inventa i *Teleracconti*, fiabe
per bambini raccontate usando il video
in diretta. Aperto alle collaborazioni,
incontra il gruppo milanese Correnti
Magnetiche aprendosi al mondo
del digitale, con il quale Verde diventa
l'animatore di burattini digitali gestiti
in diretta, mentre con un altro autore attivo
nell'area italiana del multimediale,
Massimo Cittadini, scopre il software
Mandala System che userà in spettacoli
teatrali interattivi.
Da sempre curioso delle nuove tecnologie,
ora si occupa anche di cd-rom
e ovviamente di progetti in rete.

*Giacomo Verde was born in Naples
in 1956 and gained a diploma in fabric arts
at the Florence Arts Institute. Since 1973
he has worked as author, actor, musician,
director. Since 1983 he has used video as the
ultimate technological "artificial limb" for
his own personal artistic activity, producing
video, video installations and multimedia
performances, without ever losing contact
with the terrain of theatre and militant
communication, as a theatrical animator.
He invented the* Teletales, *children's stories
told using live video. Open to partnerships
with other artists, he has worked in digital
with the Milan-based group Correnti
Magnetiche, animating digital puppets live.
In another cooperation with Italian
multimedia artist Massimo Cittadini, he
discovered the Mandala System software and
used it in interactive theatre performances.
Always curious about new technologies, he
now works with cd-rom and of course on-
line projects.*

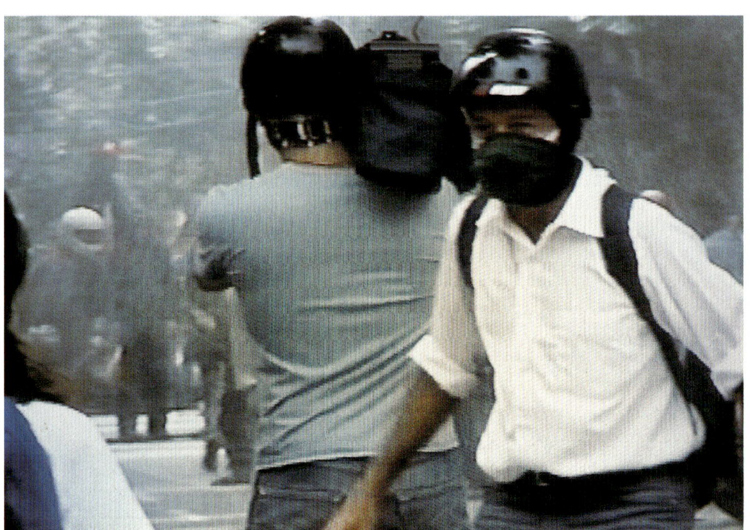

*"T he video is made up of thirteen episodes which recount different
moments of the anti-G8 demonstrations in Genoa. From the
atmosphere in the Red Zone to the police charges against the July 21
procession, to the situation around the body of Carlo Giuliani in
Piazza Alimonda. The sequences were selected from footage shot by
Giacomo Verde and other independent videomakers linked to
various groups. The aim of the video is to tell what the media were
unable to relate, caught as they were in the web of the rules of
"infotainment" and breaking news. Thus many of the episodes are
accompanied by a commentary of militant poetry, so as to provide
material for reflection that goes beyond the actual facts, while others
are altered by effects (slow motion, velocity, etc.) and have an original
sound commentary that again goes beyond their merely
documentary value. A video that wants to be a tool of emotional and
political reflection, for the various members of the anti-G8
movement, on the various issues which emerged from Genoa. The
video is public domain for non-commercial use by any non-profit
organisation." (Giacomo Verde)*

FAN YUK MAN

Born in Hong Kong
with my own Technics 2000

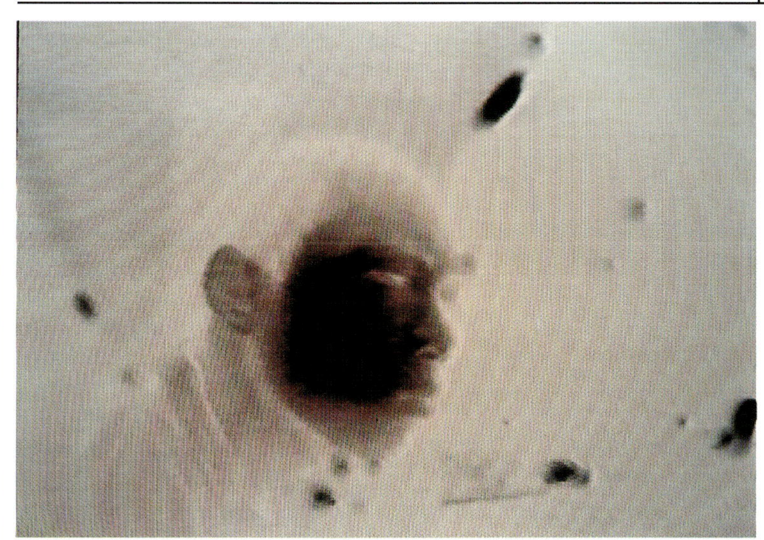

Cina/China, 2000, 5'

soggetto e regia/written and directed by:
Mzc Godon

riprese/camera:
Mr. Godon, Mzc, Mr. Jackal

postproduzione/post production:
FM Union

montaggio/editing:
Double E Studio

Fan Yuk Man (Hong Kong, 1980)
è un giovane studente alla sua seconda
esperienza video. La sua prima opera
ha ricevuto vari riconoscimenti in alcuni
festival di video in Cina.

*Fan Yuk Man was born in Hong Kong
in 1980. This is the second video by this
young student whose first work won various
awards at video festivals in China.*

"Un tributo agli skaters e d.j. di Hong Kong" (Fan Yuk Man)

Questo video è un divertente e sconclusionato omaggio alla vita notturna giovanile di Hong Kong. D.j. cinesi dall'evidente look americano fanno delle brevissime comparse, skaters velocissimi scorrazzano per le strade della città cinese, non tanto esibendosi in spettacolari evoluzioni, quanto cascando e inciampando rovinosamente sull'asfalto. Le cadute, montate in sequenze molto veloci, rendono molto divertente, e forse in qualche maniera anche autoironico, questo affresco di vita notturna di adolescenti che hanno assunto il mito americano come stile di vita.

"Atribute to Hong Kong skaters and d.j.s" (Fan Yuk Man)

This video is a rambling, entertaining tribute to the nightlife of Hong Kong youth. Chinese Djs who obviously look to the USA for fashion guidance appear briefly while skaters zip at high speed through the streets of the Chinese city – but making far more clumsy falls on the tarmac than spectacular numbers with the board. Their falls are fast-edited to comic effect in this self-ironical fresco of adolescents' nighttime efforts to imitate urban America.

TONY HILL

Camera Obscura

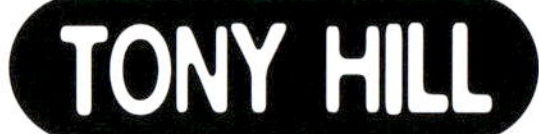

Inghilterra /UK, 2000, 16'

**produzione, direzione,
fotografia e montaggio
produced, directed,
photographed and edited by:**
Tony Hill

musica/music:
Hilary Jeffery, Giles Lewin
and Sonic Arts Workshop

Sovvenzionato da/funded by:
Dartington Hall Trust Film Commission
and University of Derby

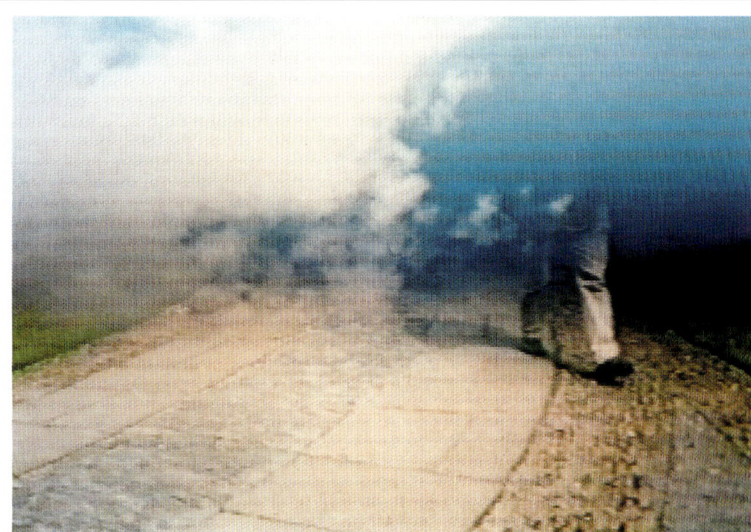

"*C*amera Obscura è un documentario sperimentale che trae le sue immagini e i suoi suoni dalla Darlington Hall Estate di Devon e ne ricostruisce un ritratto idiosincrasiaco. Le descrizioni verbali e testuali cercano di legarsi a quello che è ma combattono con delle immagini evasive. Materiali d'archivio ed eventi storici ricostruiti evocano i caratteri generali del passato e s'intersecano con le storie e i dettagli del tempo presente per illuminare lo spirito del luogo." (Tony Hill)

Questo cortometraggio unisce in maniera elegante elementi di narratività frammentata e le sperimentazioni care al regista inglese, mago dei movimenti "pirotecnici" della camera. Unendo testi dentro ai quali vivono le immagini, brevi storie appena abbozzate e i voli visivi sulle forme architettoniche della Darlington Hall, Tony Hill costruisce un enigmatico ritratto di un luogo suggestivo e misterioso.

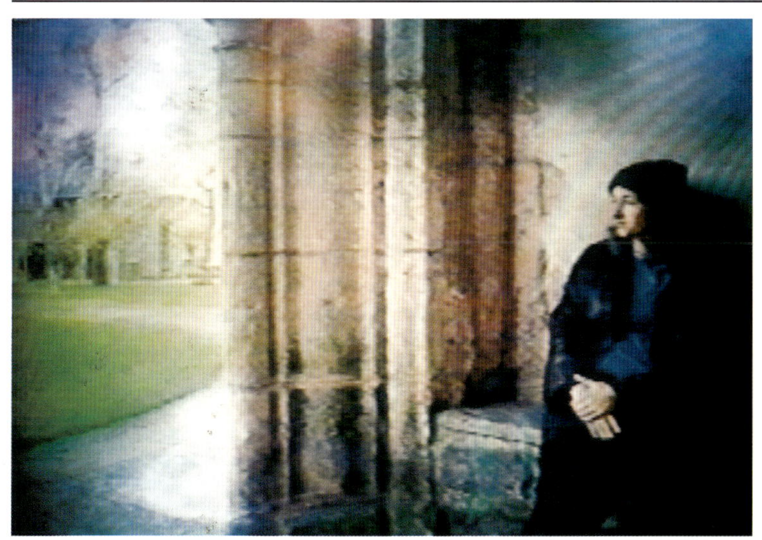

Tony Hill (Londra, 1946), dopo aver compiuto studi in Architettura e Scultura, diventa dal 1972 un *filmaker*. Ha vinto molti premi in numerosi festival specializzati, e ha trasmesso in televisione o distribuito in VHS molte delle sue opere. Insegna cinema presso l'Università di Derby. Ha anche diretto spot commerciali.

Tony Hill *was born in 1946 in London. He studied Architecture and Sculpture. Film-making since 1972. He won many festival and other prizes for films. Films broadcast on TV in many countries and published on videotape. Professor of Film at the University of Derby. He Also directed TV commercials.*

"C amera Obscura *is an experimental documentary which draws sounds and images from the Dartington Hall Estate in Devon and constructs an idiosyncratic portrait. Verbal and textual definitions attempt to pin down what it is and play against elusive images. Archive material and re-invented historical events evoke the ethos of the past and combine with stories and contemporary details to illuminate the spirit of the place."* (Tony Hill)

This short film is an elegant fusion of experimentation and narrative fragments, using the camera pyrotechnics typical of the British director's trademark style. Uniting images which live inside the text, sketched out stories and visual flights over the architecture of Dartington Hall, Tony Hill builds up an enigmatic portrait of an atmospheric, mysterious place.

GIUSEPPE GAUDINO
Scalamara

Italia/Italy, 2001, 33'

soggetto/subject:
Scalamara, Costantino Congiu

fotografia/photography:
Roberto Cimatti

montaggio/editing:
Rosella Mocci

suono/sound:
Alessandro Zanon

musica/music:
Epsilon Indi

produttori/producers:
Angelo Barbagallo, Nanni Moretti

**direttore di produzione/
head of production:**
Fabrizio Amato

produzione/production:
Sacher Film, RAI 3, Tele+

Giuseppe Gaudino (Pozzuoli, 1957) si è
diplomato al corso di scenografia presso
l'Accademia delle Belle Arti di Napoli in
scenografia, ambientazione, regia
cinematografica e televisiva al centro
Sperimentale di Cinematografia di Roma;
inoltre ha compiuto parte dei suoi studi
al DAMS di Bologna. Ha realizzato molti
documentari.

Giuseppe Gaudino *(1957, Pozzuoli) earned
a diploma in scenography at the Academy of
Fine Arts in Naples.
He went on to study scriptwriting, setting
and film and TV directing at the
Experimental Film Centre in Rome.
He also studied at DAMS in Bologna.
He realized several documentaries.*

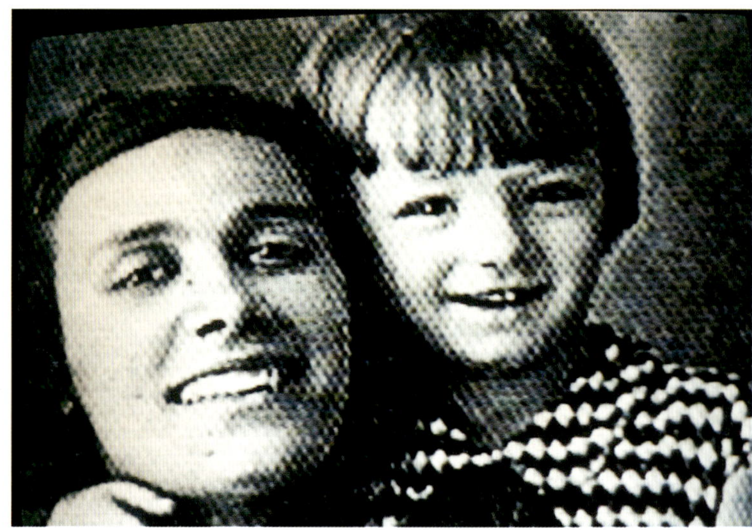

" Mi è piaciuta l'idea etico-politica della Sacher di raccontare la vita. Raccontare delle storie vere. È un incoraggiamento a non aver paura di raccontare il quotidiano e il nostro tempo. Nel nostro Paese ci vorrebbero cento e più di cento di queste altre occasioni di raccontare il nostro tempo e di non evadere dalla realtà." (Giuseppe Gaudino)

"I liked Sacher's ethical-political idea of describing life. It encourages us not to be afraid of talking about everyday life in our times. In our country, we'd need hundreds and another hundreds of other occasions like this for describing our times without evading reality". (Giuseppe Gaudino)

MARA CHIARETTI

Davai Bistré - Avanti! Presto!

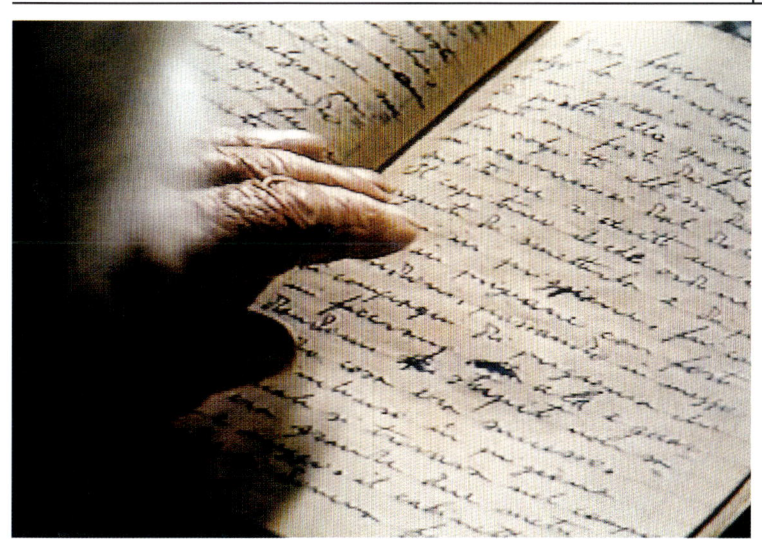

Italia/Italy, 2001, 28'

soggetto/subject:
Siberia davai bistré, Francesco Stefanile

fotografia/photography:
Roberto Cimatti

montaggio/editing:
Alex Skerl

suono/sound:
Gianluca Costamagna

produttori/producers:
Angelo Barbagallo, Nanni Moretti

**direttore di produzione/
head of production:**
Fabrizio Amato

produzione/production:
Sacher Film, RAI 3, Tele+

"U n filo rosso attraversa la memoria di Stefanile: il pensiero costante di tornare alla sua terra, alla semplice pienezza della sua campagna. Ho scelto i racconti che meglio comunicavano come, nel vivere una situazione di privazione estrema, il sentimento della natura possa diventare una grande spinta alla vita." (Mara Chiaretti)

"A red threat runs through Stefanile's memory: the constant idea of returning home to the simple plenitude of the country-side. I chose stories which best communicate how, when living in a situation of extreme privation, ones feelings for nature can become a reason for living." (Mara Chiaretti)

Mara Chiaretti (1953, Roma) si occupa da sempre di arte contemporanea, scrivendo su quotidiani e settimanali. Dal 1967 al 1972 ha diretto la galleria Iolas-Galatea a Roma. Dal 1992 è stata assistente alla regia di Federico Tiezzi presso la compagnia teatrale I Magazzini

Mara Chiaretti *(Rome, 1953) has always been involved in contemporary art, writing for nespapers and magazines. Between 1967 and 1972 she ran the Iolas-Galatea in Rome. Since 1992 she has been assistant director to Federico Tiezzi with the I Magazzini theatre company.*

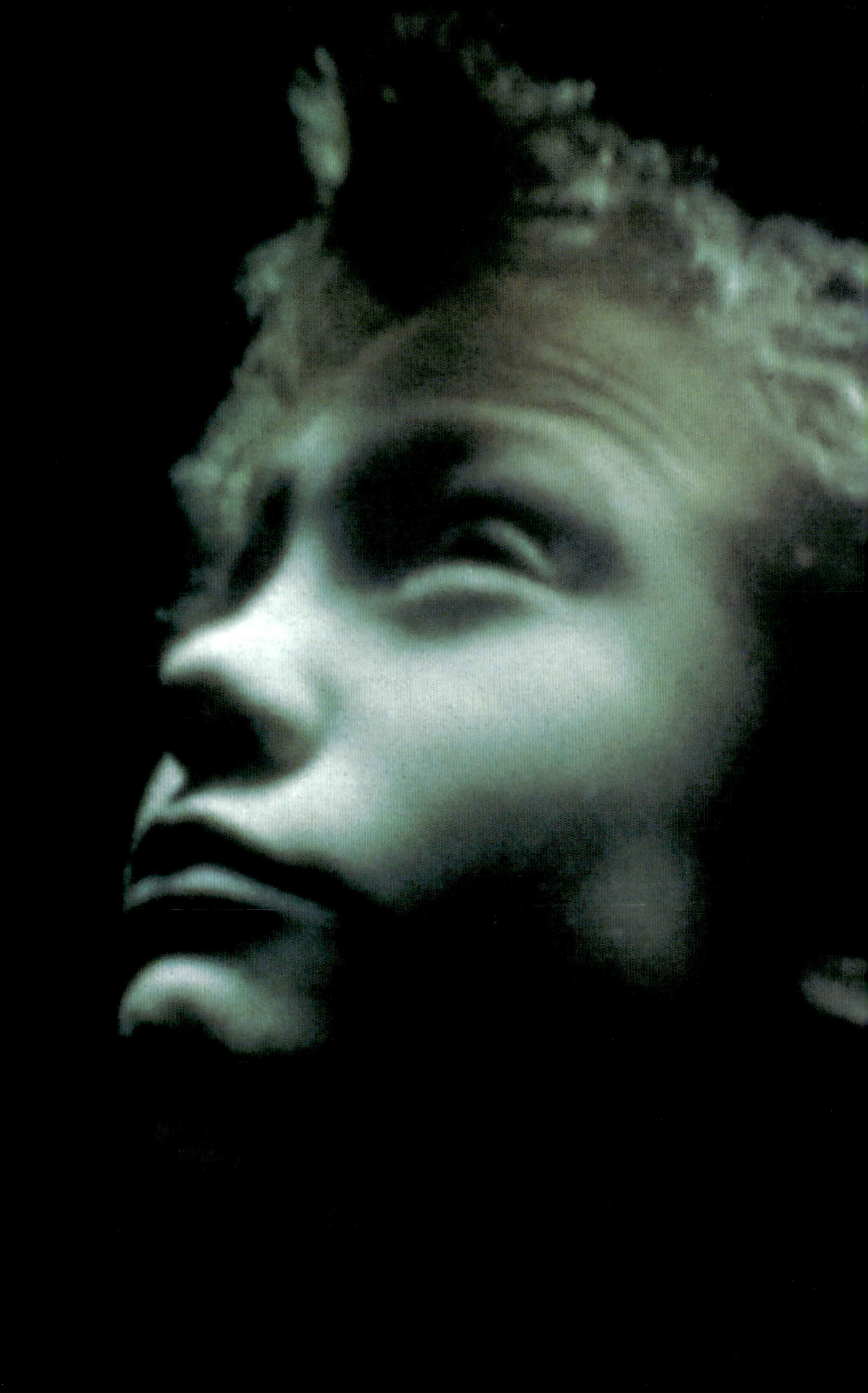

Chris Cunningham
Portishead "Only You"

Eventi

Events

Soundscapes
Suoni e immagini dal futuro

Soundscapes rappresenta l'incontro, avvenuto nei locali di Hiroshima Mon Amour di Torino, fra il collettivo di d.j. General Elektrik e il videoartista Alessandro Amaducci, che ha al suo attivo come v.j. anche collaborazioni con MGZ e altre situazioni live. Le serate di *Soundscapes* sono la spazializzazione del ritmo e dei suoni techno nell'ambiente in flussi di immagini incontrollabili. Allucinazioni sonore e visive al ritmo dei cuori e delle menti che danzano.

Nell'organico di G.E. coesistono le esperienze di alcuni tra i più dinamici gruppi della cultura elettronica e digitale torinese tra i quali Adishaboom! (nati nel 95 come techno ravers) e la Fondazione Flipp Out (la drum & bass potente che ha influenzato la scena italiana trasmettendo per circa 3 anni nella mitica Radio Black Out).

Obbiettivo primario dei componenti è quello di far conoscere ad un pubblico sempre più vasto la sana capacità di astrarre la mente indotta dalla musica. Questo impegno è reso difficile dall'omologazione culturale della dance music, assoggettata a stereotipi neanche lontanamente rappresentativi, come la discoteca commerciale, la musica progressive, la "febbre del sabato sera".
Il loro set parte dalla musica elektro tedesca per arrivare ad un suono techno incalzante ma entro un numero di bpm che deve essere vicino al battito del cuore che pompa energia.

G.E. ha realizzato una fitta rete di amici dj's europei con i quali avvengono continui scambi di produzioni musicali indipendenti per tentare di dare eco alle nuove sonorità. La scommessa intrapresa da più di un anno è relativa alla musica elettronica tedesca, dimenticata dal grande pubblico nonostante essa sia sempre presente e rimanga pietra fondamentale della cultura musicale europea (Tangerine Dream, Popol Vuh, Kraftwerk, D.A.F....). I suoni di questi gruppi sono stati ripresi, campionati, filtrati e reinseriti all'interno di ritmiche moderne, col preciso intento di permettere anche a pubblici differenti un passo indietro nel passato per lanciarsi verso il suono futuro. ∎

Alessandro Amaducci

Alessandro Amaducci è nato nel 1967 a Torino e si è laureato con una tesi sulla videoarte. Dal 1988 ha collaborato al Centro Arti Visive Archimede di Torino, realizzando corsi pratici di video, attività didattiche in scuole elementari e medie, attività videoteatrali con portatori di handicap. Attualmente svolge l'attività di docente di video per alcuni corsi di formazione finanziati dalla CEE, per l'Istituto Europeo di Design di Milano e per il DAMS di Torino. Dal 1991 collabora con l'Archivio Nazionale Cinematografico della Resistenza, realizzando documentari sulla Seconda Guerra Mondiale, sulla Resistenza, sulle lotte operaie ed altri argomenti inerenti l'attività dell'Archivio. Dal 1992 organizza serate sulla videoarte italiana e straniera. Nel 1993, insieme a Paolo Gobetti, cura l'antologia sulla videoarte *Videoimago*, "Il Nuovo spettatore n. 15", Franco Angeli Editore, Milano. Nel 1995-96 collabora al Teatro Juvarra di Torino per la realizzazione di alcuni spettacoli multimediali. Dal 1996 realizza video di videoarte, documentari e videoclip come freelance. Nel 1997 scrive il volume *Il video, l'immagine elettronica creativa*, Lindau, Torino, e nel 2000 *Segnali video*, GS Editrice, Santhià. Dal 1999 cura la parte video live di alcuni concerti di MGZ, di alcune serate dance del gruppo techno General Electrik e la scenografia video di alcuni spettacoli teatrali.

Soundscapes
suoni e immagini dal futuro
sound generator: General Elektrik
video generator: Alessandro Amaducci

General Elektrik è composta da
Rach3 (giorgio, dj e pr)
Defcon (andrea, dj & composing)
JB Close (titta, dj & composing)
Patrik (patrik, dj & composing)
Ubit (ugo, composing & live programming)
Set dj e live groove sampling 808

Di Alessandro Amaducci nell'archivio Invideo:
Casa matta, Voci di donna, Cattedrali della memoria, Solo per i tuoi occhi, Spoon river

Soundscapes
Sounds and Images
from the Future

Soundscapes *came out of an encounter on the premises of Hiroshima Mon Amour in Turin, between the DJ collective General Elektrik and the video artist Alessandro Amaducci, who has also worked as a VJ with MGZ and in other live situations. The* Soundscapes *evenings are a spatialisation of techno sounds and rhythm in flows of uncontrollable images in an ambient context. Audiovisual hallucinations to the rhythm of the hearts and minds that dance.*

G.E. has brought together the work of some of the most dynamic groups in Turin digital and electronic culture, such as Adishaboom! (set up in 1995 as techno ravers) and the Fondazione Flipp Out (their powerful drum & bass influenced the Italian scene for some three years, broadcasting from the legendary Radio Black Out).
The primary objective of G.E.'s members is to

bring an ever greater public into a healthy awareness of the ability to abstract the mind through music. This is a commitment obstructed by the cultural standardisation of dance music, subject to stereotypes that are light-years away from being representative, such as commercial disco, progressive music, "Saturday Night Fever". Their set begins with German elektro music and leads on to a driving techno sound, but within a bpm that must stay close to the energy-pumping heart rate.

G.E. has established a close network of European DJ friends for an ongoing exchange of independent musical productions, in an attempt to give new sounds a wider hearing. The fresh challenge taken on more than a year ago is German electronic music, ignored by the mass audience despite the fact that it continues to exist and to represent a milestone in European musical culture (Tangerine Dream, Popol Vuh, Kraftwerk, D.A.F....). The sounds of these groups have been recorded, sampled, filtered and reinserted in modern rhythms, with the precise aim of taking different audiences a step back in the past, so as to leap forward to the sound of the future. ■

Alessandro Amaducci

Alessandro Amaducci *was born in 1967 in Turin and graduated with a thesis on video art. Since 1988 he has worked with the Archimede Visual Arts Centre in Turin creating hands-on video courses, as a teacher in elementary and junior high schools and also in video theatre for the disabled. He currently teaches video on a number of EU-funded training courses for the European Design Institute in Milan and DAMS in Turin. Since 1991 he has worked with the National Film Archive of the Resistance, making documentaries on the Second World War, the Resistance, workers' struggles and other issues related to the work of the Archive. Since 1992 he has organised evenings on video art from Italy and abroad. In 1993 he edited together with Paolo Gobetti the video art anthology* Videoimago, *in "Il Nuovo spettatore, issue 15", Franco Angeli Editore, Milan. In 1995-96 he worked with the Teatro Juvarra in Turin on the creation of a series of multimedia performances. Since 1996 he has been making art videos, documentaries and video clips as a freelance. In 1997 he wrote* Il video, l'immagine elettronica creativa, *published by Lindau, Turin, and in 2000* Segnali video, *published by GS Editrice, Santhià. Since 1999 he has produced live videos of concerts by MGZ, dance evenings by techno group General Electrik and video set design for theatrical pieces.*

L'immagine del suono: omaggio a Chris Cunningham

Nel marasma a volte confuso di segni spesso sempre uguali della programmazione di MTV, Chris Cunnigham fa parte di quella rosa di registi, non più così ristretta, che sono giunti al ruolo di autori di videoclip. Registi cioè con una forte personalità, con uno stile riconoscibile, con un segno stilistico visibile dietro le azioni dei musicisti e di popstar che spesso "schiacciano" l'inventiva del regista con scelte canoniche e in linea rispetto allo "stile MTV". Chris Cunningham rappresenta una presenza giovane all'interno di un nucleo di registi (David Fincher, Spike Jonze, Michel Gondry, e altri ancora) che stanno segnando il mondo produttivo dei videoclip con stili e visioni molto particolari.

Il nome del giovane regista esce "sonoramente" dall'anonimato nel 1997 con la realizzazione di un videoclip per il musicista Aphex Twin, genio del noise elettronico, per il pezzo *Come to daddy*. Per Cunningham l'occasione è ghiotta, perché il pezzo, sostanzialmente strumentale, è una sorta di suite elettronica dalle sonorità inquietanti, con momenti di sospensione e di ritmi sostenuti, insomma un brano musicale che richiama di per sé delle atmosfere visive e dalla durata non canonica (quasi sette minuti) per il palinsesto radiofonico e videomusicale. Inoltre la necessità di riempire un pezzo musicale di immagini che non siano quelle del musicista, che preferisce volontariamente stare nell'ombra, è un sogno che qualsiasi regista di videoclip ha nel cassetto, perché spesso il testimonial del brano è una presenza ingombrante e poco efficace, e questa è una situazione che Cunningham sfrutta fino in fondo.

Il regista costruisce un videoclip da incubo: una vecchietta in una periferia piovosa e fredda porta il proprio cane a fare la pipì: ma il malcapitato animale si imbatte in un televisore abbandonato che improvvisamente si anima, trasmettendo l'immagine di un viso distorto che urla "I want your soul, I need your soul. Come to daddy." ("Voglio la vostra anima, ho bisogno della vostra anima. Tornate da papà") che poi sono le uniche frasi dell'intero brano musicale. A questo punto un gruppo di bambini dal volto uniformato in una maschera che somiglia a quello di un vecchio gnomo dai capelli lunghi, esce da un angolo per seminare distruzione: alcuni di loro trasportano il televisore dentro ad un parcheggio sotterraneo e lo posano in una pozzanghera d'acqua. In un clima di tensione crescente, dal monitor nasce una creatura mostruosa, una sorta di vampiro dal viso animalesco, che richiama il muso di uno pescecane. Allo scoccare del suono distorto che somiglia ad una sorta di lunghissimo urlo, la creatura spalanca la bocca di fronte alla vecchietta, investita dalla potenza del fiato del mostro. Il vampiro richiama a sé i bambini, come una sorta di padre, e si esibisce in una specie di danza distorta.

Il videoclip, definito da James Hyman, uno dei responsabili di programmazione di MTV "sicuramente uno dei video più potenti e disturbanti che abbia mai visto", gioca proprio sulla sistematica disattesa dei canoni di MTV, che vuole prodotti rassicuranti, volti sorridenti, modelle non troppo vestite e via dicendo. Il video sfrutta in modo intelligente, e se vogliamo anche programmatico, quel "disagio visivo" tipico di un certo target di spettatori giovani, quelli che vanno a vedere i film horror, che leggono fumetti di questo tipo, che non si riconoscono nell'immaginario del pop patinato e spensierato. È un videoclip che quasi pretende di essere censurato, e così sarà: MTV impone una versione tagliata che trasmette ad ore notturne; eppure il clip è già un mito (soprattutto grazie a questa censura che dona una visibilità non così insperata all'intera operazione), e circola in videocassetta in versione integrale, da director's cut. Nonostante tutto molte situazioni visive sono citazioni abbastanza dirette di film cult come *Videodrome* di Cronenberg e *The nightflier* di Mark Pavia da Steven King (la scena del mostro che urla è quasi identica): ma non bisogna dimenticare che mai si era vista in ambito videomusicale, neanche nei clip dark o metal, generi musicali che sfruttano questo tipo di immaginario ma in maniera più debole, una forza di impatto visivo, un'abilità stilistica e ritmica di questo tipo. Anzi, bisogna ammettere che è proprio l'accostamento di una musica elettronica molto attuale, legata al mondo di un certo tipo di d.j. e all'immaginario dei rave, con questo tipo di immaginario neo-gotico e horror che crea l'originalità della proposta. Inoltre mai si era vista una critica così diretta e violenta al mondo dei media: i bambini con la maschera sono il pubblico appiattito, un esercito di larve dominato dal televisore-demonio che partorisce il "papà", una creatura vampirica mostruosa che richiama a sé la propria corte. Anche se dal punto di vista simbolico e tematico il clip è piuttosto ambiguo e sfaccettato, perché può anche sembrare che questo gruppo di bambini-anarchici risvegli la creatura mostruosa per allontanare, terrorizzandola, la vecchietta, la generazione degli adulti.

In questo clip si evidenziano già le caratteristiche stilistiche di Cunningham: la fotografia livida e bluastra, quasi incolore (il regista usa spesso sul set luci al neon, e non luci a incandescenza, per ottenere questo effetto) ma soprattutto una cura maniacale e certosina sul montaggio (realizzato dallo stesso Cunningham), che è il vero punto di forza dei clip del giovane regista.

La fama del regista esplode e Madonna, che era stata una sorta di tutor della carriera di Cunningham, decide che è tempo per il suo amico di realizzare un videoclip per lei. Come si diceva prima, lavorare con i musicisti, soprattutto se sono delle star, non è facile come abbandonarsi alle proprie fantasie. *Frozen*, del 1998, è in effetti un compromesso fra l'immaginario di Cunningham, le ossessioni visive di Madonna e le ovvie esigenze di mercato. Volendo adottare lo stile dark del regista, Madonna compare vestita a lutto (capelli neri, vestito lungo nero) in un deserto: il clip è giocato sull'alternarsi fra le esibizioni della cantante americana e la comparsa di alcuni animali (un cane, dei corvi) che fanno da contraltare visivo. Il videoclip è un successo ma, bisogna ammettere, è difficile che la casa discografica di Madonna spenda dei soldi per un videoclip che, qualsiasi sia il risultato, sia un flop a livello di stampa.

Ben più interessante, nello stesso anno, è la produzione di *Come on my selector* per i Squarepusher. Si ritorna ad un genere musicale affine ad Aphex Twin: di nuovo un brano strumentale, questa volta meno inquietante e meno dal sapore cinematografico. Qui Cunningham sfodera tutto il suo immaginario fumettistico infantile: in un futuribile manicomio per bambini giapponesi alcuni guardiani grassissimi si aggirano per controllare che tutto sia in regola. Ma improvvisamente spunta una bambina che, con una mise da supereroina ipertecnologica, semina il terrore sgominando a colpi di kung-fu il gruppo di guardiani goffi e spaventati. Al di là della solita perizia di montaggio e della fotografia ancora più livida e bianca, tanto da ricordare le immagini dei film di Kubrick, in questo caso la miscela fra atmosfere enigmatiche e situazioni decisamente esilaranti, come il primo combattimento fra la bambina e uno dei guardiani, ci svelano forse l'universo visivo più intimo del giovane regista: un insieme di riferimenti al mondo dei fumetti popolato da personaggi fantastici, situazioni iperboliche, violenze che si trasformano in danze e mostri "fatti in casa", come la comparsa dell'uomo con la testa di cane. Insomma, un mondo infantile dove la morte, la violenza e l'orrore si mescolano al candore dell'immaginario del bambino che unisce questi elementi senza considerarli ancora delle cose negative o positive. Soprattutto si intravede, come anche in *Come to daddy*, il tema di una sorta di lotta fra il mondo degli adolescenti, libero, anarchico, che non pone confini fra il bene e il male, e quello degli adulti, strutturato, impositivo, dittatoriale.

Il 1999 rappresenta per Chris Cunningham un'ulteriore consacrazione. La produzione di *All is full of love* di Bjork proietta il regista nel genere del videoclip fantascientifico: qui la cantante islandese viene sdoppiata in due cloni digitali, due robot biomeccanici dalle fattezze femminili che, collegate a varie macchine, eseguono una lunga sequenza d'amore. Di nuovo riferimenti ai fumetti (Philippe Druillet e Jean Giraud), ad un certo genere di illustrazione fantascientifica (Giger), e a molto cinema di Kubrick, con il quale Cunningham ha collaborato per un certo periodo. Di nuovo la censura di MTV colpisce il giovane regista, condannato a vedere i propri clip in orari non diurni, ma destinato a far crescere sempre più il proprio nome soprattutto nel campo della cinematografia degli effetti speciali. Il gusto visivo di Cunningham e le sue competenze tecniche cominciano a farsi notare anche ad Hollywood.

L'ultimo clip di una certa importanza da lui prodotto è sempre del 1999, *Afrika Shox*, per i Letfield & Afrika Bambaata, dove si ritorna alle atmosfere cupe di *Come to daddy*: un uomo di colore, lacero e disperato, si aggira per le strade di New York: ogni volta che urta qualcosa, un pezzo del suo corpo si spacca e si sfracella a terra come se fosse fatto di vetro, ma intorno la gente non fa nulla per aiutarlo. Inutile dirlo: la censura di MTV colpisce ancora, costringendo Cunningham ad una versione censurata ed inserendolo definitivamente nella rosa dei "registi maledetti" di videoclip. Come sempre Cunningham punta allo shock visivo velato di denuncia e di significati simbolici, ma in questo video, insieme a *All is full of love*, si dichiara un tema costante del suo immaginario, e cioè l'ossessione del corpo, dell'anatomia, il mistero del funzionamento e della fragilità del corpo

Tema che diventa la violenta sensualità dei corpi nudi di Flex, la videoinstallazione che lo ha reso celebre anche nel mondo dell'arte (qui non esiste la censura di MTV), dove lotta, violenza e sessualità si uniscono in maniera inquietante. ∎

Alessandro Amaducci

Chris Cunningham (Berkshire, 1970) all'età di 16 anni disegna i mostri per il film di Clive Barker *Nightbreed*. In seguito lavora per David Fincher in *Alien 3*, realizza una serie di fumetti per la British Comic 2000 AD sotto lo pseudonimo di Chris Halls, progetta il costume del Giudice Dredd per l'omonimo film con Sylvester Stallone, e lavora per un anno e mezzo al progetto di fantascienza di Stanley Kubrick, A.I. Ora ha firmato un contratto con la Seven Arts Pictures per una riduzione cinematografica del romanzo *Neuromancer* (*Neuromante*) di William Gibson.

Videografia/videography

Second bad Vibe - New Edit - (Autechre),
Warp Records, 1995, 4'42"
36 degrees (Placebo), Virgin Records, 1996, 3'30"
Another day (Lodestar), Ultimate/A&M/PV, 1996, 5'
Jesus coming in for the kill (Life's Addiction),
London Records, 1997, 4'45"
Personally (12 Rounds), Polydor, 1997, 4'30"
Tranquilizer (Geneva), Nude, 1997, 4'10"
Come to daddy (Aphex Twin), Warp Records, 1997, 6'11"
Only you (Portishead), Go Disks, 1998, 4'38"
Frozen - Version 1 (Madonna), Warner Records LA, 1998, 5'23"
Afrika Shox (Letfield & Afrika Bambaata),
Sony Music, 1999, 4'50"
Come on my selector (Squarepusher),
Warp Recods, 1998, 7'35"
Windowlicker (Aphex Twin), Warp Records, 1999, 10'39"
All is full of love (Bjork), One Little Indian, 1999, 4'9"

The image of the sound: tribute to Chris Cunningham

A mid the miasma of repetitive images on MTV, Chris Cunningham is one of the gradually expanding group of directors who can be considered as video auteurs. They are directors with a strong personality and a recognisable style, a personal hallmark that remains visible despite popstars and musicians who often quash any attempt at invention under the weight of subservience to the MTV canon. Chris Cunningham is a young face amid a core of directors (David Fincher, Spike Jonze, Michel Gondry among others) impressing individual visual styles on video production.

The young director first made a name for himself with his 1997 video for Come to Daddy by musician Aphex Twin, genius of electronic noise. It was a big chance for Cunningham. The substantially instrumental piece, a kind of electronic suite with disquieting sonorities characterised by moments of suspension and driving rhythms, was intrinsically evocative of visual atmospheres. It was also unusually long (almost seven minutes) for radio and music TV. Best of all, the images had to fit the music without footage of the musician himself, who actually wanted to keep out of the limelight, whereas in many videos the director's style is cramped by the performing artists' insistence on being centre stage.

All in all, it was an opportunity that Cunningham could exploit to the full. He came up with a nightmarish video. An old lady is walking her dog in a freezing, rainswept suburb. But the unlucky animal finds a junk TV set that suddenly comes to life with a picture of a distorted face screaming "I want your soul, I need your soul. Come to daddy.", which is all the lyrics there are in the piece. A group of children, all wearing the same mask of an ancient, long-haired gnome, now come out from some corner, bent on destruction. They take the TV set down into an underground car park and set it up in a puddle of water. The tension grows as a monstrous creature is born from the set, a kind of vampire with a shark-like animal face. At a long, distorted, wailing sound, the creature opens its mouth wide in front of the old lady, who is struck by its powerful breath. The vampire calls the children to its side like a father and performs a twisted dance.

MTV programming manager James Hyman said Come to Daddy was "certainly one of the most powerful and disturbing videos I've ever seen". It plays in large part on the systematic disavowal of the typical MTV ingredients: reassuring products, smiling faces, scantily clad models and so on. The video makes intelligent, not to say programmatic use of the "visual unease" of a certain youth target, the kind of kids that go to see horror films, read pulp comics and do not see themselves

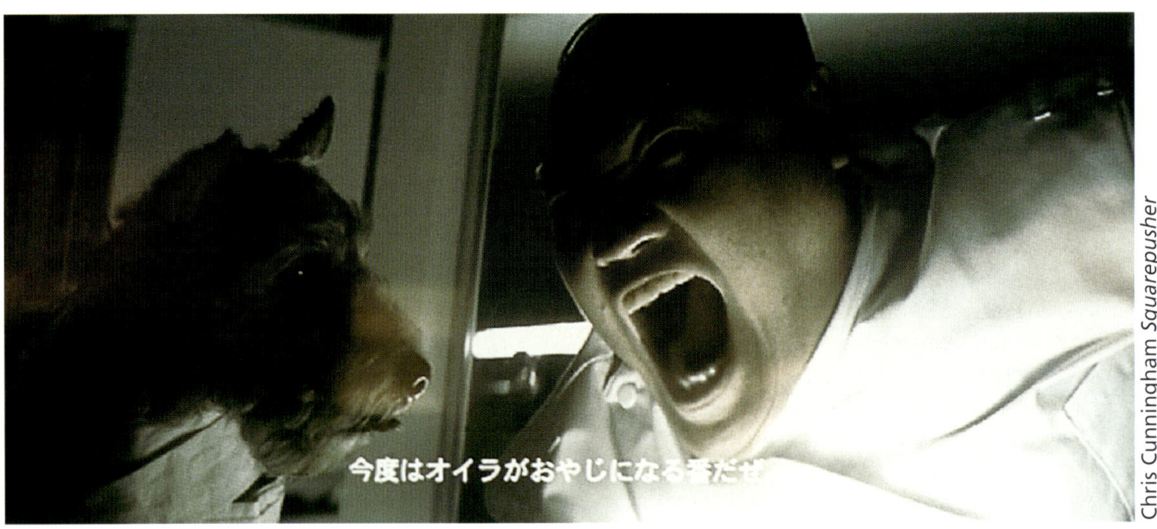

Chris Cunningham *Squarepusher*

in the glossy, unthinking image of pop. The video went out of its way to get censored and was duly rewarded: MTV showed only a cut version late at night, but the video nonetheless attained cult status (due in part, of course, to the censorship that ensured a high profile for the whole operation) and now circulates on cassette in an uncensored "director's cut".

Many of the visual situations in the video were lifted more or less directly from cult movies such as Cronemberg's Videodrome *and Mark Pavia's film of Steven King's story* The Nightflier *– the screaming monster scene is practically identical. Nonetheless, it must be conceded that this level of force of visual impact, rhythm and stylistic ability had never before been seen in music videos, not even in dark or metal, the genres that most look to that kind of imagery, albeit in diluted form. Indeed it was precisely the combination of neo-gothic horror with a highly contemporary electronic sound, linked to a certain kind of DJ and the rave image, that made the video so original. It was also the first time that there was such overt and violent criticism of the media: the masked children are the couch potato viewing public, an army of larvae dominated by a television-devil that gives birth to "daddy", a monstrous vampire creature that surrounds itself with its court. However the symbolic and thematic message of the video is ambiguous, since it may also be read as the anarchist children awakening the monstrous creature, which then terrifies the old lady – the adult generation – into flight.*

The elements of Cunningham's style are already conspicuous in the video: livid, almost monochrome blueish photography (he often uses neon instead of incandescent lighting on set to obtain this effect), but above all a maniacal, painstaking editing process (performed by the director himself) that is the real source of his videos' power.

Cunningham's stock went through the roof as a result and Madonna, who had watched benignly over his career from the outset, decided the time was ripe for him to make one

of her own videos. As already noted, it's not easy to give free rein to the imagination when a musician – let alone a megastar – is involved. Sure enough, Frozen *(1998) was a compromise between Cunningham's pictorial language, the visual obsessions of Madonna and the imperious demands of the marketplace. In an effort to follow the director's dark style, Madonna appears in mourning (black hair, long black dress) in a desert. The video plays on the alternation between her performance and the appearance of animals (a dog, crows) that provide a visual counterpoint. The video was a success, though it must be remembered that the financial effort from Madonna's music publishers makes it highly unlikely that any of her videos will ever be a failure for the press.*

A far more interesting video made in the same year was Come on my selector *for Squarepusher. This was a return to a music genre close to Aphex Twin: again an instrumental piece, though less disturbing and less movie-orientated. Cunningham let loose with a barrage from the world of children's comics: in a future-proof asylum for Japanese children, a number of hugely fat warders are doing the rounds to make sure that everything is in order. Suddenly a girl comes into the picture, dressed as a hyper-technological super-heroine, and lays about the clumsy, terrified wardens with a series of kung fu moves. As well as the usual skilful editing, plus photography more livid and white in tone than ever, to the point where it recalls Kubrick, in this video the mix of enigmatic atmosphere and comic situations, like the first combat between the girl and one of the wardens, reveals perhaps the more intimate visual world of the young director: made up of references to the world of comics and populated with fantastic characters and extreme situations, violence that turns into dance and "home-made" monsters such as the man with the head of a dog. In short, a childhood world in which death, violence and horror merge with the candour of a child that mixes up such elements without yet labelling them as positive or*

negative. Above all there is a glimpse, as in
Come to daddy, of the theme of a fight
between the adolescent world – free, anarchic,
non-judgemental in respect of good and evil –
and the adult world: structured, laying down
the law, dictatorial.
1999 saw another milestone in the career of
Chris Cunningham with the video for Bjork's All
is full of love, his first foray into the science
fiction genre. Two digital clones of the Icelandic
star are generated: two female bio-mechanical
robots connected to various machines who
perform a protracted love scene. Once again
there are references to comics (Philippe Druillet
and Jean Giraud), to a certain kind of sci-fi
illustration (Giger) and to much of the cinema of
Stanley Kubrick, with whom Cunningham briefly
worked. And again MTV censorship came down
on the video, relegating it to night-time slots
only, but enhancing the director's reputation,
especially in special effects cinematography.
Cunningham's visual taste and technical mastery
were beginning to attract attention in
Hollywood.
The last significant video he made was again
from 1999, Afrika Shox for Letfield & Afrika
Bambaata, a return to the dark atmosphere of
Come to daddy. A shabby and hopeless coloured
man wanders through the streets of New York;
every time he knocks into something a piece of
his body drops off and smashes as if it were
made of glass, but none of the bystanders
intervene to help. Needless to say it was
censored by MTV, which forced Cunningham to
produce a cut version and placed him permanently on its "directors' blacklist". As usual
the emphasis was on visual shock with veiled
symbolic meanings and social message, but the
video also shared with All is full of love the
constant theme in Cunningham's work of an
obsession with the body, its anatomy and its
fragile workings.
That theme came to the fore in the violent
sensuality of the naked bodies in Flex, the video
installation which made him famous in the art
world (where MTV's censors cannot reach), in
which combat, violence and sexuality unite
disturbingly. ■

Alessandro Amaducci

Chris Cunningham *was born in Reading, Berkshire, in 1970. At age 16, he designed monsters for Clive Barker's* Nightbreed. *He also worked with David Fincher on* Alien 3, *illustrated at British Comic 2000 AD (under the name Chris Halls), sculpted Sylvester Stallone's Judge Dredd costume in 1995, and worked for 1.5 years with the late Stanley Kubrick on his on-off sci-fi project* A.I. *He is signed to direct the motion picture adaptation of William Gibson's* Neuromancer, *to be produced by Seven Arts Pictures.*

Per una TV poetronica

Poetronica 2001/ una ipotetica TV/ secondo poeti e artisti/ DI OGNI GENERE/ UNA POP-TV/ creata da alieni terrestri/ per la stessa ALIENITÀ/ ma anche per/ umanità piantità animalità cosità stellità TUTTINSIEMITÀ.

Poetronica è nata con l'idea di creare una TV
teatrale, un'ipotetica e potenziale emittente,
nata con l'intenzione di aprire un mercato di
opere indipendenti attraverso un collegamento
di aiuto reciproco tra i vari autori. Nei nostri programmi invernali vogliamo estendere la "redazione di programma" in tutti i luoghi dove esi-
stono autori che intendono esprimere la loro
poetica attraverso il video. Vogliamo sperimentare collaborando insieme formule di comunicazione visiva diverse e fuori dai canoni standard,
ma soprattutto vorremmo che le "poetroniche
produzioni" assumessero caratteristiche sempre
più stimolanti e originali. Non c'è la presunzione
di creare nuovi modelli televisivi, piuttosto c'è la
voglia di poter comunicare ciò che siamo o ciò
che non vogliamo essere; più che una televisione
ci piace poter esprimere le nostre emozioni in un
palinsesto "fiume": nella nostra ipotesi televisiva non ci sono distinzioni di fascia oraria, pro-
grammazioni dedicate o prestabilite; Poetronica
vuole essere proprio come un fiume che scorre
senza mai replicare il passaggio delle stesse
molecole, ignorando cloni, multipli o differenze
e lo spettatore seduto sulla riva vedrà scorrere le
emozioni che in quel momento il fiume gli tra-
smetterà. "Poetronici" dunque, come Gianni
Toti dice di essere; non c'è termine più adatto
per chi si sente alieno in una società piena di
multipli come la nostra.

Dal progetto di base
Negli anni passati il video-artista ha sempre
istintivamente differenziato il proprio modo di
affrontare questo genere di espressione visiva
da quello della televisione commerciale. C'è
sempre stato un confine logico tra la videografia
di massa e quella del videomaker: la televisione
ha sempre scelto strade per così dire di massa o
comunque commerciali, mentre il video-artista
ha sempre prediletto quelle culturali. Oggi però
i mezzi di comunicazione visiva non sono più
paragonabili a quelli di pochi anni fa, la tecnolo-

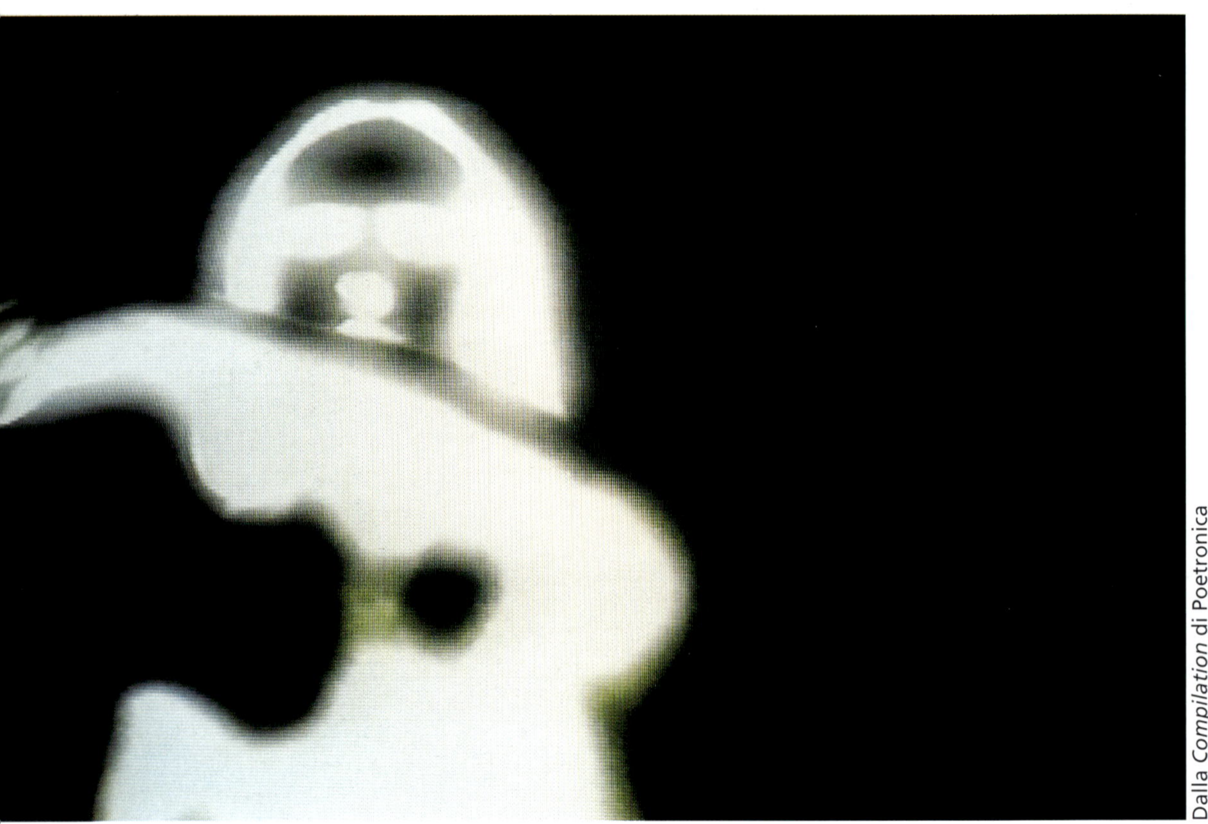

gia della comunicazione ha fatto sì che le trasmissioni si propaghino attraverso una rete di sistemi sempre più evoluti, ventiquattro ore su ventiquattro, e perciò chi emette immagini per così tante ore l'anno ha la necessità di rivalutare forme di espressione visiva nuove o almeno diverse da quelle tradizionalmente adoperate. Insomma, in questo momento il confine tra commerciale e non commerciale non è più così netto, e del resto chi guarda la TV ha già acquisito la capacità di apprezzare programmi televisivi elaborati con altre forme di linguaggio. Crediamo dunque sia arrivato il momento di aprire una vetrina commerciale di tutte quelle immagini prodotte nel mondo indipendente della Videocreazione, artisti professionisti e non, che cercano di interpretare una nuova forma televisiva senza tralasciare quella potenzialità poetica che, con il mezzo elettronico, si può esprimere senza retorica.

Il progetto attuale

L'idea si basa sulla necessità di creare lavoro negli ambienti di artisti videocreatori; aprire quello spazio di mercato fino ad oggi pressoché negato a tutti coloro che autoproducono le proprie opere. L'obiettivo dunque è quello di realizzare un circuito di connessione tra gli autori video e le strutture televisive di ogni genere: emittenti di stato, emittenti private, emittenti digitali a pagamento, via cavo, locali e trasmissioni via internet. Le modalità del progetto sono quelle di allestire ogni anno una manifestazione che in futuro avrà una durata dai due ai sei giorni, una specie di grande vetrina che coinvolga pubblico e operatori del settore televisivo di tutta Europa. *Poetronica* non avrà la caratteristica di un Festival tradizionale: i lavori selezionati verranno integrati in un palinsesto realizzato con una formula che potremmo definire televisiva, una sorta di televisione concepita da poeti e artisti. È la TV creata dagli artisti e dalla gente comune, tanti brevi programmi elaborati con ogni sistema elettronico da autori di tutto il mondo: Video creazioni, Video poemi, Animazioni digitali, Stacchi, Spot, Musica, Internet, Reportage, Documenti, Messaggi ecc. Tutto sarà assemblato in un programma studiato appositamente per le notti di *Poetronica*.

Lettera ai videoartisti

Vorremmo che *Poetronica* diventasse un mezzo di diffusione/ fruizione per le vostre opere, vorremmo aprire un dialogo continuato durante tutto l'anno tra: autori registi, montatori, sceneggiatori, compratori, agenti, distributori, editori ecc. Essendo *Poetronica* una ipotetica televisione costituita dalla propria redazione di programma, saremmo lieti di accogliere idee e proposte da ognuno di voi; i vostri punti di vista saranno considerati elementi preziosi per il buon esito del progetto, dove voi stessi potrete far parte della stessa redazione; e inoltre, proponiamo di mantenere una collaborazione chiara e priva di prevaricazioni di ogni genere. Ogni autore può spedire uno o più *format* diretti da regia singola o plurima, preferibilmente di una durata non superiore ai 10 minuti a *format*, poi saranno ben accetti anche i video di 1, 3 e cinque minuti. Per chi avesse prodotto opere di durata superiore ai 15 o 20 minuti, possiamo realizzare spazi o modi adatti alla visione e commercializzazione delle stesse opere: a Firenze disporremo anche di un cinema che durante tutto l'inverno e per un giorno la settimana diventerà "Video Cinema". All'interno di esso si potranno accogliere presentazioni o esperienze da programmare assieme ai diretti interessati.

I video amatoriali, graffiti elettronici

Tutti sappiamo quanto oggi sul pianeta siano diffuse le videocamere, sappiamo quanto siano diffusi i computer e vari altri mezzi di produzione e post-produzione di immagini e suono. Nel mondo milioni di individui filmano di tutto, dal bambino al mare al matrimonio della cugina, dal *reportage* delle vacanze ai filmati porno casalinghi chiusi a chiave; poi, ci sono anche i video creativi, le cronache di fatti accaduti realmente e così via. Nel video amatoriale il talento dell'autore non è sempre evidente, ma tra milioni di chilometri di nastri registrati ci sono sempre molte stelle che brillano di più; non solo per l'originalità del messaggio ma anche per il soggetto, casuale o no, che sia stato filmato. Comunque sia, nella sua totalità, la videografia caotica e incostante dei milioni di video-amatori che circolano sulla Terra, somiglia sempre più a un enorme graffito simile a quelli delle pitture rupestri del Neolitico. Si racconta sempre e comunque il quotidiano, l'intimo, l'ambiente domestico e la vita in genere e, se ci assumiamo il compito di interpretare al meglio questa forma di linguaggio popolare, scopriamo con meraviglia che nessun regista o cronista professionisti avrebbero mai potuto esprimere "l'attimo fuggente" meglio di quanto non riescano a farlo i dilettanti. E poi vi siete mai chiesti come mai nei TG e anche in altri programmi che non siano solo le solite Paperissima, i video amatoriali vengono sempre più alla ribalta? Per l'agilità del mezzo sicuramente - il *videomaker* casereccio spesso porta con sé la minuscola videocamera, capace di registrare con discreta risoluzione di immagine e buon audio - ma anche perché l'indipendente video-amatore non è legato a condizioni contrattuali o a costrizioni di troupe televisive. Perciò avvengono anche fatti in cui, come per il disastro accaduto poco tempo fa al Concorde, o quello recentissimo e ben più grave degli attentati alle due torri di New York, guarda caso c'era qualcuno a filmare l'incidente con la propria telecamerina; per non parlare del video ormai denominato *Pestaggio a Rodney King* che, non solo ha fatto il giro delle televisioni di tutto il mondo, ma ha anche reso giustizia a quella povera vittima, tanto che il Museo di Arte Contemporanea di Los Angeles ha accolto il video in un suo padiglione. Il video amatoriale dunque oggi è degno di entrare a far parte della storia dell'arte, non è forse avvenuta la stessa cosa per quei primitivi graffiti tracciati con il carbone, su rocce di caverne abitate diecimila anni fa? Dunque il palinsesto di *Poetronica* raccoglierà anche i frammenti di questi dilettanteschi graffiti.

I creatori informatici

Molto più recente invece è l'attività dei creatori informatici, e in particolare quella forma di attività creativa che si può definire comunicazione su rete. Tutti ricordiamo le immagini e i messaggi digitali trasmessi durante la guerra in Kosovo, notizie giunte da giovani sconosciuti. C'è chi usa il calcolatore per diffondere cronaca vera in contrapposizione a un sistema politico totalitario, c'è chi lo usa per diffondere le proprie idee politiche, chi invece si avvale del mezzo per mettersi in evidenza e anche qui, come per la videografia amatoriale, c'è gente che si diletta con il ritocco della foto della propria figlia e c'è chi opera in maniera più avanzata e professionale. Inoltre molti creatori abbracciano la verità nello stesso modo in cui si lasciano andare nell'effimero, creando a sua volta grandi bufale, emanando notizie false, inserendo virus nella rete, penetrando sistemi aziendali super protetti e dall'informatizzazione di massa si possono già notare avanguardie forse inconsapevoli di future e agguerrite contestazioni giovanili. Il creatore informatico ha un'età media molto più bassa di chi si diletta con la videocamera, e inoltre opera in un ambiente elettronico in continua rivoluzione: tra l'altro oggi è possibile filmare con la videocamera, montare col computer e, sempre con il computer, emettere immagini e suono montate ed elaborate, insomma, si possono produrre ed emettere programmi a bassissimo costo dalla propria casa e già ci sono i mezzi per fare tutto questo in qualunque luogo ci si trovi, anche per strada o in un luogo sperduto. La rete è una potenziale emittente televisiva popolare, la POP-TV per eccellenza, un'altra gigantesca enciclopedia del graffito, la coscienza nascosta del "Piccolo Fratello" che presto potrebbe contrapporsi al Grande Fratello. Come "coscienza in corso" dunque, anche la creazione informatica merita di essere partecipe delle serate di *Poetronica*.

Gli autori del palinsesto "poetronico" e il mercato

Saranno comunque coloro che si possono definire artisti nel settore video i creatori del palinsesto di *Poetronica*: il programma delle serate ruoterà attorno a sequenze di opere riconosciute valide e significative, decine di brevi e brevissimi filmati che andranno a costellare una galassia di forme umane di espressione. Come è stato già specificato, la rassegna punta a mostrare una formula televisiva dal punto di vista degli artisti, e per fare questo si deve lavorare come se dovessimo mettere in onda un nuovo programma TV. Il programma televisivo dunque sarebbe il contenitore di tante brevi opere videografiche internazionali, frammentato da stacchi creativi e anche, se si verificasse la possibilità, da spot pubblicitari concepiti con ottiche artistiche nuove rispetto ai canoni convenzionali. I possibili compratori dunque, assieme al pubblico presente, avrebbero la possibilità di osservare video creativi di ogni genere contenuti in un palinsesto a sua volta creativo: ogni video porterebbe sovraimpressa una propria sigla dalla quale si può agilmente risalire all'autore desiderato, risalire al suo curriculum mediante un catalogo pre-stampato; cosicché in un secondo momento sarà possibile visionare i singoli lavori all'interno della mediateca. Questo genere di mercato apre molte altre potenziali professioni periferiche: immaginiamo che un operatore di mercato TV abbia scelto un certo numero di opere da acquistare, in tal caso potrebbe rivolgersi agli agenti che curano la vendita di quello o più autori. Ovviamente questo genere di procedimento è convenzionale nel mondo del commercio, ma è importante dire che in questo settore specifico le agenzie che si occupano di video-arte sono deboli o quasi inesistenti, esse operano in ambienti che per la maggior parte coprono richieste limitate alle rassegne culturali organizzate da enti locali, associazionismo o centri didattici, ma pochissimo viene fatto per una vera e propria commercializzazione delle produzioni indipendenti. Si può e si vuole dimostrare che c'è un mondo creativo maturo per dare nuovi impulsi alla televisione, al cinema e alle comunicazioni in genere, e si vuole anche dimostrare che possiamo creare nuovi settori di mercato. ■

Carlo Isola

La compilation di Poetronica 2001
(durata complessiva 1h 20')
Sigla di apertura; Giovanotti Mondani Meccanici, *Starsheep + Gino*, 3'18"; C. Isola, *Mamma aiutami*, 29"; G. Staino, *Apertura*, 2'36"; A. Chiavacci, *Dialoghi alieni*, 56"; A. Signetto, *Don't forget*, 1'53"; C. Isola, *Quotidiano*, 1'32"; Giovanotti Mondani Meccanici, *Gino the chicken, Volare*, 1'40"; G. Staino, *Lettera di G. Paoli a TV Sorrisi e Canzoni*,1'23"; A. Falivena, *Gente del Sud* (1974), Teche RAI, 2'45"; G. Guastella, *Ricordarsi di*, 1'28"; Tessa M. den Uyl, *Idiosincratic 2*, 2'31"; C. Isola, *Parabrezza e Regie*, 1'29"; A. Meucci, *Opera al rosso* (da *Quadrilogia del moto verticale*), 2'32"; R. Pangallo - M. Zannoni, *Tiger 4* , 1'20"; C. Isola, *Ho visto*, 50"; M. Dami, *Ho paura*, 2'9"; Teche Rai, *La boxe* (1974), 1'31"; G. Guastella, *Sotto la luce*, 25"; C. Isola, *1999 News*, 2'8"; A. Lucchetta, *L'Odissea*, 9'11"; C. Isola, *Vuoi tu?*, 1'20"; G. Staino, *Senza titolo*, 3'19"; V. Palchetti Beard, *Comunicato*, 35"; A. Signetto, *Weltgenie*, 4'34"; V. Sabel, *Viaggio nel Sud* (1958), Teche Rai, 2' 36"; G. Guastella, *Blazer blu*, 30"; A. Meucci, *Trans* (da *Quadrilogia del moto verticale*), 2'18"; D. Trambusti - C.Isola, *Cameracar*, 3'9"; A.Chiavacci, *Senza titolo*, 53"; R. Pangallo, *Abbandonati nello spazio*, 2'54"; V. Palchetti Beard, *Comunicato n. 2*, 18"; C. Isola, *Life in progress*, 3'55"; Giovanotti Mondani Meccanici, *Freak*, 1'14"; M. Dami - C. Isola, *Siamo robot*, 1'12"; Pankow, *In Heaven*, 1'18".

www.poetronica.it
e-mail: poetronica@poetronica.it

Towards Poetronic TV

*"P*oetronics 2001/ *TV the way it might be/ if made by poets and artists/ OF EVERY GENRE/ A POP TV/ created by terrestrial ALIENS/ so as to be alien-like/ but also/ human -, plant -, animal -, thing -, star - and ALLTOGETHER-like"*

Poetronics *came out of the idea of making theatrical TV, a hypothetical and potential broadcaster, set up with the aim of opening up a market for independent works by establishing links of mutual assistance between various creative artists. In our winter programmes we want to take "programme production" everywhere there are videomakers who want to express their own poetics through video. Working together we want to try out different formulas of visual communication outside standard canons. Above all we would like such "poetronic productions" to be always and ever more stimulating and original. We do not presume to create new models of television. What we do want to do is communicate what we are and what we don't want to be; we'd like to be not so much a television channel as a schedule that becomes a "River": in our hypothesis of television there are no distinct slots, no dedicated or pre-arranged programming.* Poetronics *wants to flow on like a river in which the same molecules never pass by twice, ignoring clones, multiples and differences. Sat on the bank, the viewer will watch the flow of emotions transmitted by the river at that moment.*
"Poetronics", then, as Gianni Toti has called it; no name can better express the way one feels alien in a society as full of multiples as ours is.

From the foundation project
In recent years video artists have instinctively differentiated their own way of tackling video as an expressive medium from that of commercial television. There has always been a logical borderline between videography for a mass audience and that of the videomaker: television has always followed mass, or at any rate commercial routes, while video artists have always chosen cultural pathways. But today's communication media are in no way comparable to those of a few years ago. Communications technologies have enabled 24/7 broadcasting via an ever more evolved network of systems, and those who are broadcasting images for so many hours in the year need to re-evaluate new forms of visual expression, or at least forms that are different from those traditionally used.
In short, the confines between commercial and non-commercial have been blurred; television viewers have already acquired the capacity to appreciate television programmes developed using other

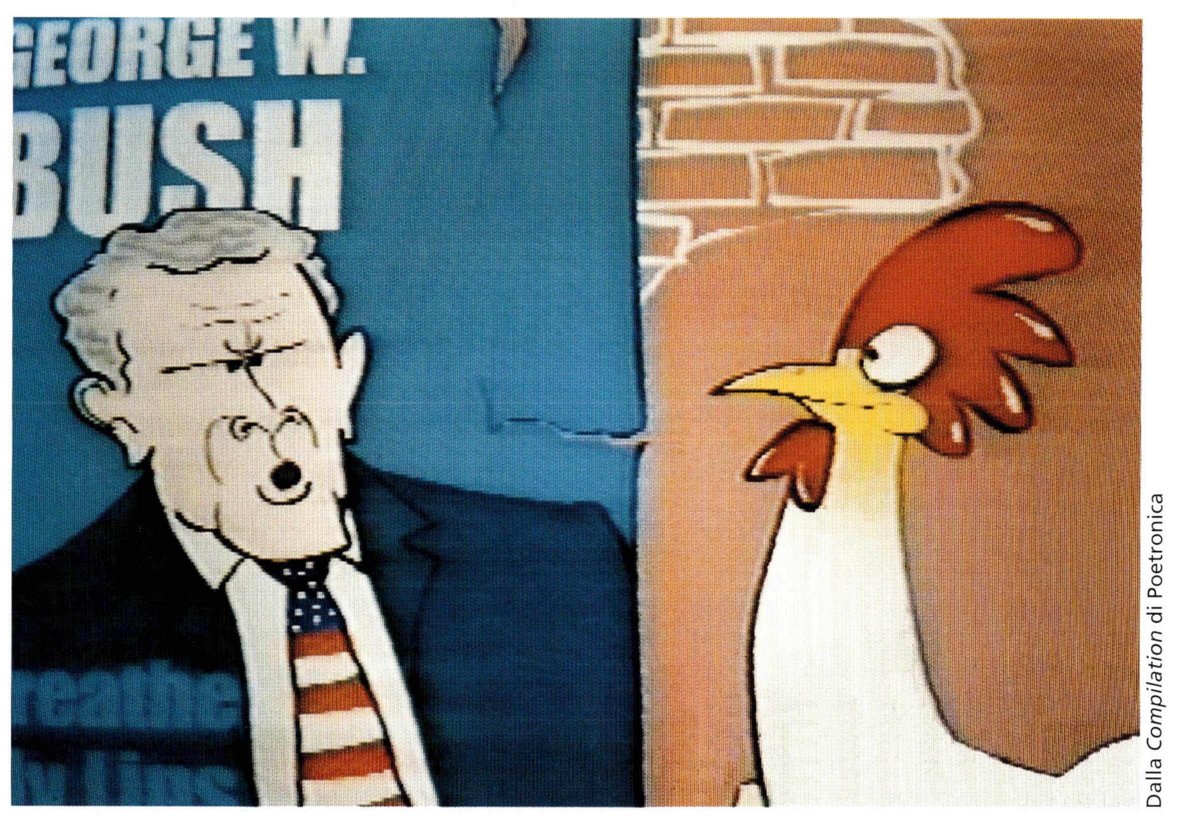

Dalla *Compilation di Poetronica*

forms of expressive language. We believe that the time is ripe for a commercial showcase for all the images produced in the independent world of video creativity, by professional and non-professional artists who are trying to interpret a new form of television without neglecting the poetic potential which can be expressed, free from rhetoric, using electronic media.

The current project
The idea is based on the need to create employment in the areas where video creative artists work, to open up a marketplace hitherto almost entirely closed to anyone producing works on their own resources. The objective is thus to set up an interlinking circuit between videomakers and television structures of all kinds: state broadcasters, commercial networks, digital, cable, local and/or pay-TV channels and broadcasters streaming on the Internet.
The way the project will work is by organising an annual exhibition which in the future will last from two to six days, a kind of large-scale showcase involving television audiences and industry players from all over Europe.
Poetronics will not take the form of a traditional Festival: works selected will be integrated in a programming schedule defined by what we might term a television formula – television, that is, as it might be conceived by poets and artists.
TV created by artists and ordinary people, with many short programmes created using all kinds of electronic systems by makers from around the world: Video creations, Video poems, Digital animation, Commercial breaks, Music, Internet, Reports, Documents, Messages, etc. All of which

will be put together in a programme specially conceived for the Poetronics nights.

Letter to video artists
We want Poetronics to become a medium for broadcasting/reception of your works, we want to establish an ongoing dialogue throughout the year between: videomakers and directors, editors, writers, buyers, agents, distributors, publishers, etc.
Since Poetronics is a hypothetical television channel with its own editorial and programming process, we welcome ideas and suggestions from all of you; your points of view will be of vital importance for the success of this project, in which you yourselves can join in the editorial effort. Furthermore, we propose to make sure that all our working partnerships are totally open and non-exploitative. Every videomaker can send works in one or more formats directed single-handedly or by teamwork, preferably not more than 10 minutes in length per format; videos of 1, 3 and 5 minutes in length will also be welcome. As regards completed videos of over 15 or 20 minutes in length, we can consider creating suitable viewing and marketing spaces and modalities: in Florence we also have available a cinema which throughout the winter for one day a week will be a "Video Cinema". This theatre will provide a venue for presentations or events to be programmed together with those directly involved.

Amateur video: electronic cave paintings
We have all seen how video cameras have

become household objects worldwide. We also know how computers are universally available, together with various other means of production and post-production of sound and pictures. All over the world, millions of people capture anything and everything on camera, from the kids on the beach to their cousin's wedding, from holiday features to home-made porn videos locked up in drawers; plus there are creative videos, records of real events and so on.

Amateur videos are not always brimming over with talent, but among the millions of miles of footage recorded, many a star shines more brightly than the rest, not only because of the originality of the message but also because of the subject filmed, intentionally or otherwise. At all events, taken overall, the chaotic but constant videography of the millions of amateur videomakers around the planet is increasingly like a gigantic version of the cave paintings made by Neolithic man.

What always goes on record, in the end, is daily life, the intimate, the domestic sphere – life in general. If we take on the task of interpreting as fully as possible this form of popular expression, we are amazed to discover that no professional director or documentary maker could ever express the fleeting moment better than the amateurs. Have you never wondered why, on the TV news and in all kinds of shows that go beyond the worst of junk "entertainment", amateur videos have an increasingly high profile?

One reason is certainly the versatility of the medium – the home videomaker can carry around a small-sized video camera capable of achieving reasonable image resolution and decent sound – but another is that the independent video amateur is not tied to a contract or by the restrictions of a television crew. Which is why it can happen that, as in the case of the Concorde crash in Paris, or of the far more serious disaster at the World Trade Center in New York, there were people present who captured the events in real time on their own video cameras. Another instance was the notorious video of the police beating of Rodney King, which not only gained TV time worldwide and was a key element in securing justice for the victim of the brutality, but also earned a place in a hall of the Los Angeles Museum of Modern Art. Amateur video has shown itself worthy to enter the history of art, just like the primitive graffiti drawn with charcoal on the walls of caves inhabited ten thousand years ago. The Poetronics schedule will be open to the fragments of today's amateur electronic graffiti.

IT creators

An even more recent phenomenon is the advent of creativity using Information Technology, in particular the kind of creative activity which could be termed web communication. We all remember the digital messages and pictures sent out during the war in Kossovo, news received from nameless young people. Computers are used to send out real news in opposition to totalitarian regimes, to disseminate the sender's own political views, or simply to raise his or her own profile; just as with amateur video, there are also people who mess about with graphic enhancement of a photo of their daughter, or who engage in more advanced and sophisticated morphing. Many creators also take on the truth in the same way in which they fiddle about with the trivial, creating mega hoaxes, circulating fake news items, spreading viruses, hacking into massively protected corporate systems.

Mass information technology has already produced its own avant-garde, possibly the unknowing heralds of fierce youth protest movements in the future. IT creators are much younger on the average than their counterparts in amateur video and work in a constantly revolutionised electronic environment. Moreover, it is now possible to film with a video camera and use a computer both to edit the footage and then to watch and listen to the finished product: in other words, programmes can be both produced and broadcast on tiny budgets in one's own home. Facilities also exist which enable similar production and broadcasting anywhere, on the street or in remote places. The worldwide web has the potential to be a popular television broadcaster, POP-TV by definition, a new and gigantic encyclopaedia of graffiti, the hidden conscience of "Little Brother" which could soon contend for audiences with Big Brother. An "ongoing conscience", therefore, but also IT creativity which deserves to be shown in Poetronics.

"Poetronic" videomakers and the market

The Poetronics schedule will at all events be made up by those who can be termed artists in video: the evening programmes will be built around sequences of works of recognised validity and significance, dozens of short and very short films which will constitute a galaxy of human forms of expression.

As has already been specified above, the idea of the event is to put on display television formulated from the artists' point of view. In order to achieve this, our approach must be the same as we would take if preparing for the broadcast of a new television programme.

That television programme would be a magazine featuring many short international video works, interspersed with creative breaks and, where possible, with commercials conceived along new artistic lines as compared to conventional canons. Potential buyers would thus, together with the audience, have the possibility of watching creative videos of all kinds, arranged in a schedule which would itself be creative: each video would carry a superimposed logo enabling quick reference to

artistic credits and videography via hard copy catalogues; it would also be possible subsequently to view individual works using the media library. This kind of market potentially opens up a range of peripheral professional activities: suppose, for example, that a TV market operator selected a number of works for purchase – they might also want to talk to the agents who look after sales for one or more videomakers. That kind of procedure is normal practice in commercial contexts, but it's worth remarking that in this specific area the agencies dealing with video art are currently either non-existent or possess little or no bargaining power. Generally speaking they work only in areas where the sole channels are requests for cultural events organised by local authorities, associations or learning centres, while practically nothing is done regarding real marketing for independent productions.
We aim to show that there can be a creative world ready to provide fresh stimuli for television, cinema and communications in general, and we also intend to demonstrate that we can create new market sectors. ■

Carlo Isola

Compilation "Poetronics" 2001
(total length 1hr 20')
Opening titles; Giovanotti Mondani Meccanici, Starsheep + Gino, 3' 18"; C. Isola, Mamma aiutami, 29"; G. Staino, Apertura, 2'36"; A.Chiavacci, Dialoghi alieni, 56"; A. Signetto, Don't forget, 1'53"; C. Isola, Quotidiano, 1'32"; Giovanotti Mondani Meccanici, Gino the chicken, Volare, 1'40"; G. Staino, Lettera di G. Paoli a TV Sorrisi e Canzoni, 1' 23"; A. Falivena, Gente del Sud (1974), Teche RAI, 2'45"; G. Guastella, Ricordarsi di, 1'28"; Tessa M. den Uyl, Idiosincratic 2, 2'31"; C. Isola, Parabrezza e Regie, 1'29"; A. Meucci, Opera al rosso (from Quadrilogia del moto verticale), 2'32"; R. Pangallo - M. Zannoni, Tiger 4, 1'20"; C. Isola, Ho visto, 50"; M. Dami, Ho paura, 2' 9"; Teche Rai, La boxe (1974), 1'31"; G. Guastella, Sotto la luce, 25"; C. Isola, 1999 News, 2'8"; A. Lucchetta, L'Odissea, 9'11"; C. Isola, Vuoi tu?, 1'20"; G. Staino, Senza titolo, 3'19"; V. Palchetti Beard, Comunicato, 35"; A. Signetto, Weltgenie, 4'34"; V. Sabel, Viaggio nel Sud (1958), Teche Rai, 2'36"; G. Guastella, Blazer blu, 30"; A. Meucci, Trans (from Quadrilogia del moto verticale), 2'18"; D. Trambusti - C.Isola, Cameracar, 3'9"; A. Chiavacci, Senza titolo, 53"; R. Pangallo, Abbandonati nello spazio, 2'54"; V. Palchetti Beard, Comunicato n. 2, 18"; C. Isola, Life in progress, 3'55"; Giovanotti Mondani Meccanici, Freak, 1'14"; M. Dami - C. Isola, Siamo robot, 1'12"; Pankow, In Heaven, 1'18".

www.poetronica.it
e mail: poetronica@poetronica.it

E-motions
Digital video dance

Il corpo scrive, disegna, trasforma lo spazio riempiendolo e vuotandolo di segni. Altera l'equilibrio tra le cose, crea tensione, rumore e silenzio. È un corpo che inventa la propria lingua. Le lettere diventano corpo e il corpo diventa lettera. La motivazione che lo spinge a muoversi e a danzare è quella di far corrispondere le parole al mondo senza l'intervento della razionalità. Per la realizzazione di *E-motions*, Claudio Prati si è avvalso della grafica computerizzata dell'animazione 3D e della tecnica di Motion-Capture.

Corpo grafia, corpo linguaggio
Il corpo scrive, disegna, trasforma lo spazio animandolo con pieni e vuoti. Altera l'equilibrio tra le cose, crea tensione, rumori e silenzi. Coreografia come partitura di un corpo che non si conosce e che vuole esplorare per trascendere.

Corpo mutato: esposizione e metamorfosi
Il corpo alla ricerca di una consistenza, di uno statuto, di una forma d'essere nello spazio entropico. Materia in trasformazione che vuole superare la negazione corporea della dimensione virtuale. Corpo che è carne, forma, consistenza e memoria cinetica.

Corpo lirico
Corpo che compone e trasmette emozioni. Corpo creatore, veicolo universale di emozioni, strumento musicale, composizione poetica. Muoversi e danzare significa far corrispondere la parola al mondo senza l'ausilio della ragione.

Opus # 1
verso una definizione di danza interattiva
Il termine interattività qualifica la tecnologia digitale ovvero i computer, i programmi e i vari tipi di interfacce che permettono di instaurare delle azioni reciproche e dialoganti tra l'uomo e la macchina, oppure tra gli stessi uomini mediati da macchine. Un termine chiave che ha permesso, nell'ultimo decennio, l'apertura di nuove dimensioni esplorative, indagate da tutta una generazione di artisti-sperimentatori. Un campo, quello dell'arte interattiva, molto complesso da definire

che include una vasta ed eterogenea gamma di produzioni che va dai lavori per solo schermo fino all'interazione uomo-macchina in tempo reale e dalla realtà virtuale ad internet.

Quando si parla di musica, di installazioni, di spettacolo o di danza interattiva di solito si comprendono più cose contemporaneamente e si confondono contesti e criteri.

Le modalità d'interazione, il design e la funzionalità dell'interfaccia (grafica o fisica), le possibili applicazioni, l'innovazione tecnica e di linguaggio, l'originalità, la valenza artistica o sociale, il ruolo e l'integrazione della tecnologia possono essere i criteri che in generale e "temporaneamente" possiamo considerare per esprimere un giudizio sul senso e la valenza delle opere.

Considerando solo alcuni di questi aspetti, ad esempio la modalità d'interazione e la "dimensione" interattiva, ecco che si presentano numerosi spunti per tentare di formulare una definizione di danza interattiva.

Per quanto riguarda la modalità d'interazione si possono inizialmente distinguere tre aspetti che delimitano le problematiche più importanti: 1) il rilevamento dei corpi e dei movimenti dei performer-danzatori; 2) l'elaborazione/trattamento dei dati rilevati; 3) il nuovo rapporto che si instaura tra pubblico, performer e la sua icona virtuale.

Riguardo ai primi due punti, la cattura dei movimenti può avvenire attraverso telecamere, sensori o marker che trasmettono i dati sotto forma di numeri. Se questi dati non sono forniti da apparecchiature digitali ecco che bisogna pensare a digitalizzare, un'operazione che trasforma il rilevamento analogico in numeri.

Nella danza, la cattura del movimento deve essere realizzata in modo che il performer abbia completa libertà di movimento rispetto a cavi che lo collegano al sistema. Per quanto concerne la Motion Capture si constata, ad esempio, una relazione direttamente proporzionale tra il numero dei sensori/marker indossati dal danzatore e la quantità di dati forniti. Più il sistema è invasivo, maggiore è la possibilità di elaborazione, ma altrettanto complessa e condizionante risulta la sua applicazione. Con il sistema di Motion Capture magnetico della Pohlemus (Ultratrack Pro), da noi utilizzato per la performance *DAiMOCO* nel 1999, il danzatore viene cablato e il suo movimento è rilevato da undici sensori applicati in punti strategici, in modo da avere a disposizione in tempo reale le coordinate x, y e z di ogni sensore. Il controllo in tempo reale di tale complessità vincola il performer costringendolo ad un confronto diretto tra azione e reazione. A questa ricchezza di informazione però viene a mancare il momento di elaborazione svincolato dalla macchina, fase necessaria per dialogare realmente, interagire e non essere semplicemente funzionale alle operazioni della macchina.

Con il sistema interattivo attualmente impiegato nella nostra ultima produzione, *Opus #1*, un unico marker (di colore rosso), applicato alla mano della danzatrice, viene rilevato nello spazio da una telecamera permettendo così l'acquisizione di dati in tempo reale (in questo caso solo x, y e accelerazione), e la totale libertà di movimento della danzatrice. Al *performer* è permesso di controllare ed elaborare in simultanea la musica che accompagna i suoi gesti ribaltando la tradizionale subordinazione della danza rispetto alla colonna sonora.

Un aspetto importante sulla scelta di applicazione dei sistemi interattivi riguarda non solo la ricerca di nuove forme di relazione tra suono, movimento e immagine quanto la capacità di fornire nuovi strumenti espressivi al performer. Per questa ragione è necessario che il trattamento dei dati rilevati sia di semplice applicazione per privilegiare nella performance la ricchezza dell'incontro tra uomo e macchina e non trasformarsi nella mera dimostrazione delle possibilità del sistema.

Riguardo al terzo punto, l'esperienza con l'interattività e in particolare con i sistemi di realtà virtuale nello spettacolo dal vivo conduce ad una parziale ridefinizione del rapporto attore (etimologicamente "colui che agisce" sulla scena) e spettatore, perché viene aggiunto al testo spettacolare un nuovo codice, quello tecnologico, che modifica, in termini di comunicazione, tale rapporto. La rete di relazioni complesse tra scena e sala, viene così ampliata da nuovi stimoli frutto della complessità dei diversi piani messi in gioco nello spettacolo (danza, immagine, testo, illuminazione, interattività). Allo stimolo tecnologico si aggiunge la curiosità di comprensione da parte dello spettatore del funzionamento del sistema interattivo utilizzato sulla scena e si innesta una sorta di "frustrazione" dello spettatore nei confronti di chi agisce, anzi in questo caso di coloro che agiscono, cioè il danzatore e il suo "partner virtuale". Lo spostamento della comunicazione avviene grazie alla presenza di un elemento aggiunto virtuale, non presente in carne ed ossa, che è il corpo del danzatore riprodotto su uno schermo e che agisce con e reagisce al danzatore sulla scena. Una violazione delle convenzioni generali che si sviluppa attraverso un nuovo rapporto vero/finto, realtà/simulazione, già innescato negli anni Settanta dalle avanguardie sotto un altro punto di vista e ora più che mai attuale nel rapporto creativo con le nuove tecnologie e nelle manifestazioni spettacolari legate a questo mondo tecnologico. Una realtà aumentata, quella che lo spettatore vede (ormai trasformato in voyeur tecnologico), che contiene oltre ai dati reali e fisici un nuovo mondo formato da dati numerici che permette una connessione continua e ramificata, una possibilità di manipolazione che non si ferma più solo all'immagine ma che tratta direttamente le forme di conoscenza. ■

Claudio Prati
Ariella Vidach

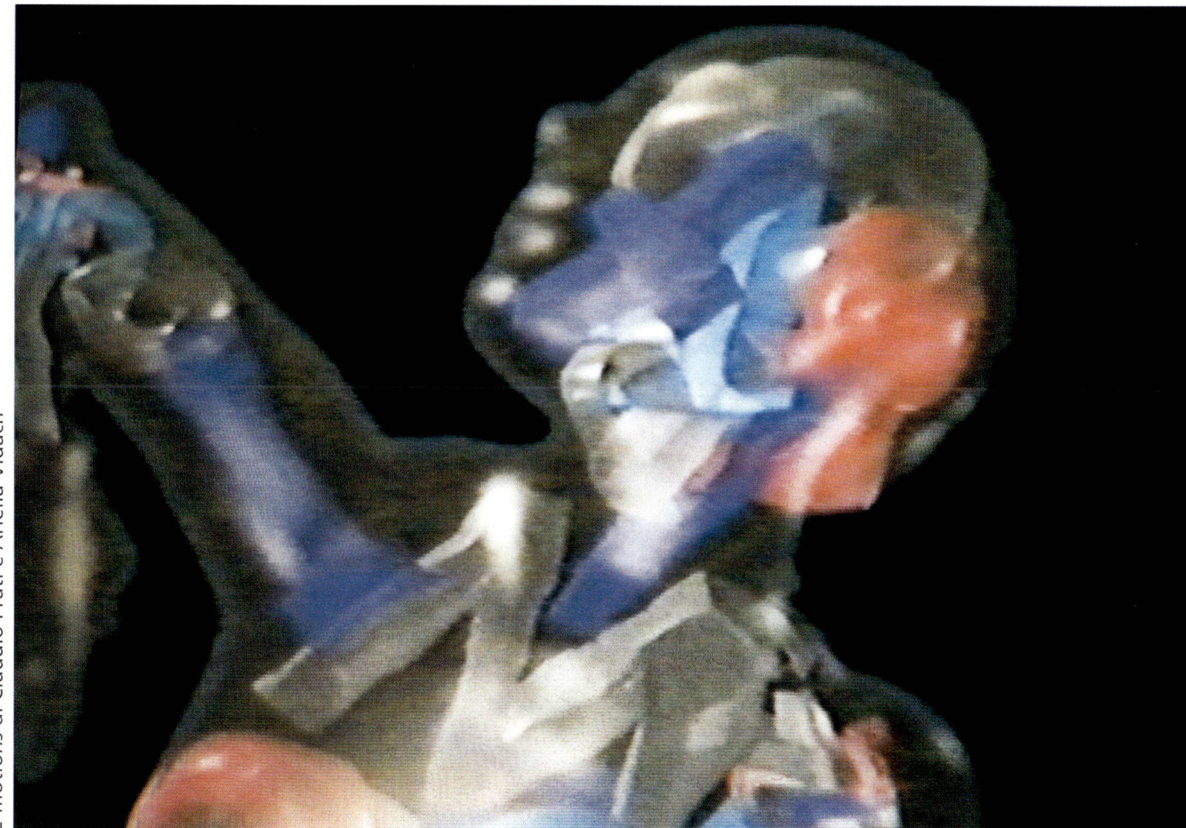

E- motions

Svizzera/Swiss, 2000
regia/direction: Claudio Prati
coreografia/coreography: Ariella Vidach
interprete/dancer: Ariella Vidach
musiche/music: Lorenzo Brusci -Timet
produzione/production: AiEP Avventure in Elicottero
Prodotti, TSI Televisione Svizzera Italiana

Di Claudio Prati e Ariella Vidach nell'archivio Invideo:
Exp, Exp - Interactive Dance, solo performance.

E-motions
Digital Video Dance

*"T*he body writes, designs and transforms the
space, filling and emptying it of signs. It alters
*the balance among things, producing strain, noise
and silence. This is the body creating its own
language. Letters become body and the body
changes into the letter. The spur pushing it to
move and dance is that of making words coincide
with the world, without the intervention of
rationality. To realize E-motions, Claudio Prati
used computerised graphics, 3D animation and
Motion-Capture technique."* (Ariella Vidach,
Claudio Prati)

Graphic body, language body
*The body writes, draws, transforms space,
animating it with volumes and vacuums. It alters*
*the balance between things, creates tension,
noises and silences. Choreography as the musical
score of a body which is unknown and which
wants to explore so as to transcend.*

Mutated body: exhibition and metamorphosis
*The body in search of substance, status, a form of
being in entropic space. Material in transformation that wants to overcome the corporeal
negation of the virtual dimension. Body that is
flesh, form, substance and kinetic memory.*

Lyrical body
*Body that composes and conveys emotions.
Creative body, universal vehicle of emotions,
musical instrument, poetic composition. To move
and to dance means to make the word
correspond to the world without the help of
reason.*

Opus # 1
Towards a definition of interactive dance
*The term interactivity is applied to digital
technology, computers, software and the various
interfaces that allow reciprocal actions and
dialogue between person and machine, or
between persons via machines.
A key term which has made it possible over the
past decade to open up new dimensions,
explored by a whole generation of experimental
artists. The field of interactive art is extremely
complex to define, since it includes a vast and*

varied range of productions, from works for screen only, to man-machine interaction in real time, from virtual reality to the Internet.

When interactive music, installations, performances or dance are referred to, a variety of different things are often meant by the term, creating further confusion as to contexts and criteria.

The modality of interaction, the design and functionality of the (graphic or physical) interface, the possible applications, the technical and language innovation, originality, social or artistic value, the role and integration of technology may all be considered criteria for general and "temporary" assessment of the meaning and value of works.

Taking into consideration only some of these aspects, for example the modality of interaction and the interactive "dimension", we immediately find a number of interesting points for an attempt at defining interactive dance.

As regards the modality of interaction, we may initially distinguish three aspects which delimit the most significant problems: 1) capture of data from the bodies and movements of the dancer-performers; 2) processing of data collected; 3) the new relationship established between public, performers and their virtual icons.

So far as the first two points are concerned, the movements can be captured by video cameras, sensors or markers that transmit data in numerical form. If these data are analogical (ie. not supplied by digital equipment) then they must be digitised. In dance, movement must be captured in such a way as to leave the performer complete freedom of movement, unimpeded by any of the system's cables or leads. Regarding Motion Capture, for instance, it may be noted that the quantity of data supplied increases in direct proportion to the number of sensors or markers worn by the dancer. The more invasive is the system, the greater is the possibility for processing, but at the same time the greater are the complexity and impact of application. With the magnetic Motion Capture system by Pohlemus (Ultratrack Pro), which we used for the DAiMOCO performance in 1999, leads are attached to the dancer and the movements are captured by eleven sensors positioned at strategic points, so as to give in real time co-ordinates x, y and z for every sensor. But real time control of that kind of complexity restricts the performer, forcing him into a direct comparison between action and reaction. For all this wealth of information, however, there is no moment of processing free of the machine, an essential phase for real dialogue and interaction, rather than mere carrying out of the machine's functions.

With the interactive system currently used in our latest production, OPUS #1, a single red marker applied to the dancer's hand is followed spatially by a video camera, thus allowing real time capture of data (in this case only x, y and acceleration) and

complete freedom of movement for the dancer. The performer can simultaneously check and process the music accompanying her gestures, thus inverting the traditional subordination of dance to soundtrack.

One important aspect of the choice of application of interactive systems concerns not only experimentation with new forms of relation between sound, movement and image, but also the capability to provide new tools of expression for the performer. For this reason the processing of data collected must be user-friendly, so as to maximise the richness of the man-machine experience in performance and avoid any mere demonstration of the system's potential.

Regarding the third point, experience with interactivity and in particular with virtual reality systems in live performance leads to partial redefinition of the relationship between actor and spectator, since the addition of a new, technological code to the performing text alters that relationship in communication terms. The web of complex relations between stage and auditorium is thus extended by new stimuli born of the complexity of the various levels brought into play in the performance (dance, image, text, lighting, interactivity). The technological stimulus is joined by the spectator's curiosity to understand the workings of the interactive system used on stage and there arises a kind of 'frustration' on the part of the spectator with regard to the person acting, or rather the persons acting – the dancer and the "virtual partner". The shift in communication occurs because of the addition of a virtual element, not present in flesh and blood, the body of the dancer reproduced on screen, which acts with and reacts to the dancer on stage. A violation of the general conventions which is developed through a new true/fake, reality/simulation dichotomy, already initiated in the 1970s from a different point of view by the avant-garde, but now more than ever topical in the creative rapport with new technologies and in performances linked to this technological world. What the spectator – transformed into a technological voyeur – now sees is an augmented reality containing not just real and physical data but a new world made up of numerical data which allows a continuous, ramified connection, a potential for manipulation which goes beyond the image to interfere directly with forms of knowledge. ∎

Claudio Prati
Ariella Vidach

Nel 1982 Fabio Cirifino (fotografia), Paolo Rosa (arti visive e cinema), Leonardo Sangiorgi (grafica e animazione) fondano Studio Azzurro, centro di sperimentazione artistica e produzione video. Le molteplici personalità artistiche che animano lo Studio si arricchiscono, si ampliano sempre più: nel 1995 si unisce al gruppo Stefano Roveda, esperto in sistemi interattivi. L'anima di Studio Azzurro è unica, seppur contenuta in corpi differenti. È un'anima formata da persone che hanno pensieri, provenienze, sensibilità, e anche ruoli diversi, ma concorrono a costituire un'atmosfera creativa e relazionale.

Nella mostra personale di Studio Azzurro *Videoambienti 1982-1992*, allestita alla Fondazione Mudima di Milano e ai Musei Laforet di Kokura in Giappone, si compie un viaggio all'interno delle prime opere, tra le quali *Il Nuotatore* del 1984, che evidenziano la linea di ricerca intrapresa dallo Studio, diretta verso un'integrazione tra l'immagine elettronica e l'ambiente circostante, perseguendo l'intento di rendere lo spettatore partecipe dell'opera stessa.

Attualmente le ricerche di Studio Azzurro sono dirette verso la creazione di *Ambienti sensibili* dove la tecnologia si fonde con la narrazione e con lo spazio, dove gli effetti derivano dalle scelte e dalla presenza di più persone, dove accanto alla relazione uomo-dispositivo, rimane presente quella tra uomo e uomo.

La mostra antologica personale Ambienti sensibili, allestita a Niitsu in Giappone nel 1998 e a Palazzo delle Esposizioni a Roma nel 1999, ha raccolto le opere che seguono questo filone di ricerca: *Tavoli* (1995), *Il soffio sull'angelo* (1995), *Coro* (1997), *Totale della battaglia* (1996).

Stando ai confini dei "classici" luoghi di sperimentazione, Studio Azzurro ha applicato le sue idee di ricerca artistica anche al più vasto mondo comunicativo, in particolare alla progettazione di manifestazioni e ambiti museali, come il Museo Virtuale di Lucca e l'allestimento interattivo del Museo della Resistenza a Sarzana. Diversi musei hanno scelto di acquisire nelle loro collezioni le installazioni interattive dello Studio Azzurro. È il caso del New Metropolis, progettato da Renzo Piano ad Amsterdam, che ha ospitato, dal 1997, *Il giardino delle anime*. Attualmente l'opera è stata acquistata dal New York Hall of Science - Flushing Meadows.

I territori di ricerca non si sono limitati al video, ma hanno abbracciato inevitabilmente il cinema, il teatro, il teatro musicale, la danza, trovando ogni volta spunti narrativi e immagini visive atte a generare un momento di incontro leale e visionario tra generi diversi.

Nel 2000, Studio Azzurro ha collaborato con la Biennale di Venezia per la realizzazione di una gigantesca installazione video sincronizzata composta da 39 schermi su 270 metri di lunghezza e 5 metri di altezza intitolata *Megalopoli*. Partecipando ad un progetto per la diffusione della cultura e della produzione italiana promosso dall'Istituto Commercio Estero (ICE), Studio Azzurro ha concepito e realizzato due allestimenti a New York, fra cui la mostra *Aristocratic Artisans* presentata presso la Ace Gallery.

Nel 2001 Studio Azzurro ha presentato l'installazione interattiva *Tamburi a Sud* in occasione della mostra personale *"Embracing Interactive Art"* allestita presso l'ICC (Inter Communication Center) di Tokio.

Il percorso cinematografico si è esteso sia con l'attuazione di alcune iniziative a sostegno del cinema indipendente, sia nella realizzazione di alcuni film diretti da Paolo Rosa tra i quali *Il Mnemonista*.

Studio Azzurro ha inoltre realizzato molti documentari su artisti, svolto attività in campo formativo e didattico con *workshop* e seminari, intervenendo spesso con scritti e riflessioni teoriche.

Fanno inoltre parte dello Studio Azzurro: Relner Bumke, Riccardo Castaldi, Livia Centurelli, Mario Coccimiglio, Mara Colombo, Anna De Benedittis, Fanny Molteni, Agnese Pietribiasi, Paolo Ranieri, Cinzia Rizzo, Mariangela Romanò, Davide Sgalippa, Delphine Tonglet e collaborano:
Francesco Apuzzo, Riccardo Apuzzo, Dario Gavezotti, Andrea Lissoni, Elisa Mendini, Claudio Molinari, Alberto Morelli, Orf Quarenghi, Stefano Scarani, Davide Scatà, Martina Sgalippa, Valentina de Marchi, Luca Corti. ■

Studio Azzurro

Trittico Marghera
Italia/Italy, 2000
Videoinstallazione sincronizzata per 3 schermi/
3 synchronized screens videoinstallation.
progetto/project: Fabio Cirifino e Paolo Rosa
regia/direction: Paolo Rosa
fotografia/direection of photography: Fabio Cirifino
operatore/camera: Mario Coccimiglio, Fanny Moltenie
Antonio di Napoli
montaggio sincronizzato/synchronized editing: Fanny Molteni
coordinamento organizzativo/organization: Rita Bertoni.

"Porto Marghera, si cercano segni in un territorio avvelenato, duro. Si scoprono forme di vita: un embrione di fertilità mescolato alle rimanenze di una popolazione che lì ha abitato e sofferto e in questa sofferenza si è anche riconosciuta.

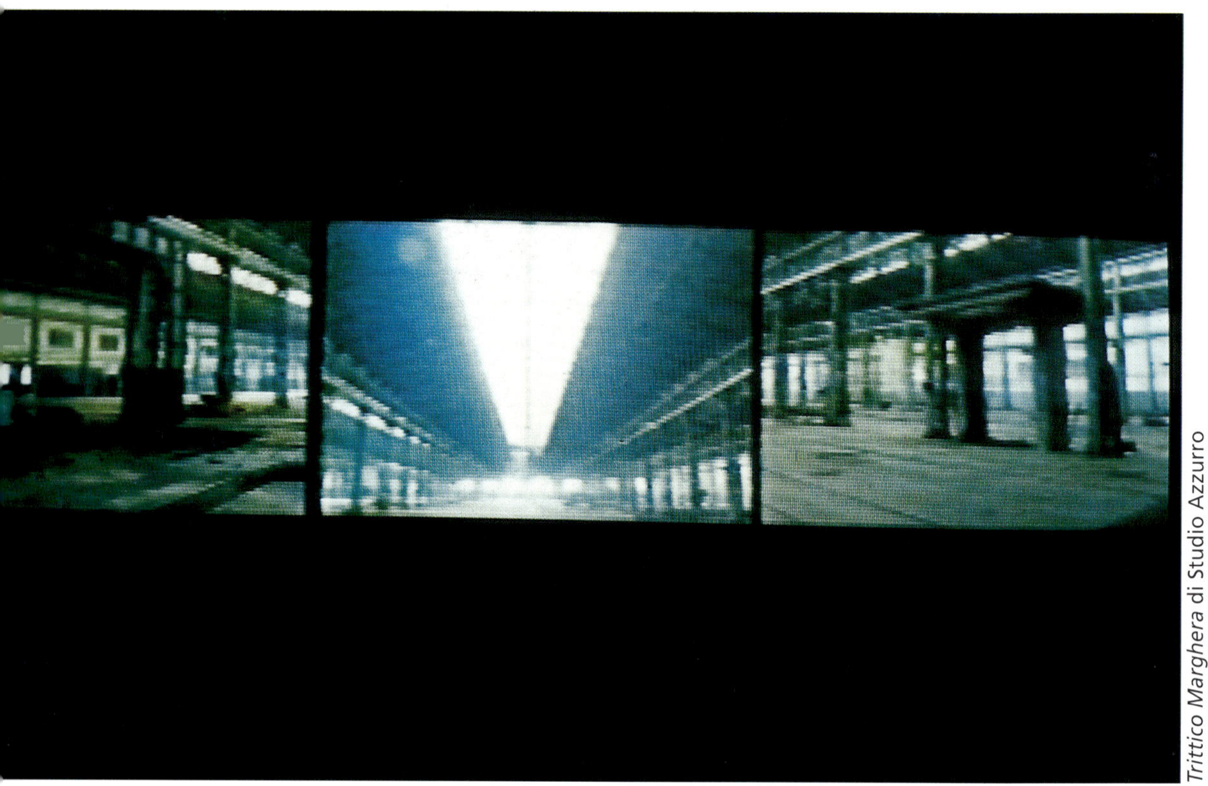

Trittico Marghera di Studio Azzurro

Piccole impronte, minuscoli accadimenti che si scontrano con gli immensi spazi vuoti o devastati. Le grandi cattedrali, gli intrecci arrugginiti, i bunker di cemento armato insidiati da minuscole fessure, piccoli paradisi per nuove vegetazioni. L'inferno ha finito di ardere e lascia spazio ai primi segni di vita. Lo sguardo compone, associa e ricostruisce i grandi scenari, le metalliche prospettive. Lo sguardo indaga, ricerca e riquadra le microscopiche presenze nelle pozze, sotto le polveri, tra la leggerezza delle piume. Il nostro vedere si materializza sui tre schermi che sincronizzano le impressioni, le emozioni e le paure." (Studio Azzurro)

> **Di Studio Azzurro nell'archivio Invideo:**
> *La camera astratta, Videoambienti 1982-1992,*
> *Il giardino delle cose, Il viaggio, Coro,*
> *Giacomo mio, salviamoci!, Milanopoesia - 60 clip di poesia*

In 1982 Fabio Cirifino (photography), Paolo Rosa (visual arts and cinema), Leonardo Sangiorgi (graphics and animation) founded Studio Azzurro, an experimental art and video production centre. The original group of artists behind the Studio grew steadily: in 1995 interactive systems expert Stefano Roveda joined. Despite its many bodies, however, the spirit of Studio Azzurro is unique. That spirit is formed by people of different thoughts, origins, sensibilities and roles who come together in a creative relational atmosphere.
The show dedicated to Studio Azzurro entitled Videoambienti in 1982-1992, held at the Fondazione Mudima in Milan and the Laforet

Museums in Kokura, Japan, gave an overview of its early work, including Il Nuotatore, 1984. The Studio's lines of research were already evident, aimed at integrating electronic imaging with the surrounding environment and thus at bringing the viewer into participation in the work itself.
Studio Azzurro is currently experimenting with the creation of "sensitive environments" in which technology merges with narration and space, the effects are created by the presence and decisions of a number of people, and the inter-human rapport persists alongside the man-device relationship.

Another anthology of the Studio's work was presented in the exhibition Ambienti sensibili, set up in Niitsu, Japan in 1998 and at the Palazzo delle Esposizioni in Rome in 1999. This brought together works in that line of research: Tavoli (1995), Il soffio sull'angelo (1995), Coro (1997), Totale della battaglia (1996).
From its position on the fringes of "classic" areas of experimentation, Studio Azzurro has also applied its ideas of artistic research to the world of communication in a broader sense, especially to exhibition design and museum spaces, such as the Virtual Museum in Lucca and the interactive fitting out of the Museum of the Resistance in Sarzana. A number of museums have purchased interactive installations by Studio Azzurro for their collections, including the New Metropolis designed by Renzo Piano in Amsterdam, which since 1997 houses Il giardino delle anime. The work has also been bought by the New York Hall of Science in Flushing Meadows.

The areas of research have not been limited to video, but inevitably extended to include cinema, theatre, musical theatre and dance. All of these have produced visual images and narrative ideas capable of creating open-minded, visionary encounters between different genres.
In 2000 Studio Azzurro worked with the Venice Biennale on the creation of a giant synchronised video installation entitled Megalopoli, *featuring 39 screens covering a length of 270 and a height of 5 metres. As part of a project to disseminate national production and culture promoted by Italy's Institute of Foreign Trade (ICE), Studio Azzurro conceived and set up two events in New York, one of which was the exhibition* Aristocratic Artisans *at the Ace Gallery.*
In 2001 Studio Azzurro presented the interactive installation Tamburi a Sud *for the exhibition dedicated to them, entitled* Embracing Interactive Art, *at the ICC (Inter Communication Center) in Tokyo.*
Work in the cinema has continued both with the implementation of a number of initiatives in support of independent cinema and with the making of a number of films directed by Paolo Rosa, such as Il Mnemonista.

Studio Azzurro has also produced numerous documentaries on artists and carried out training and educational activities with workshops and seminars, in addition to its output of theoretical and other writings.

Studio Azzurro also includes: Reiner Bumke, Riccardo Castaldi, Livia Centurelli, Mario Coccimiglio, Mara Colombo, Anna De Benedittis, Fanny Molteni, Agnese Pietribiasi, Paolo Ranieri, Cinzia Rizzo, Mariangela Romanò, Davide Sgalippa, Delphine Tonglet and has worked with: Francesco Apuzzo, Riccardo Apuzzo, Dario Gavezotti, Andrea Lissoni, Elisa Mendini, Claudio Molinari, Alberto Morelli, Orf Quarenghi, Stefano Scarani, Davide Scatà, Martina Sgalippa, Valentina de Marchi, Luca Corti. ■

Studio Azzurro

"Porto Marghera, seeking for signs of a hard, poisoned earth. Forms of life are discovered: an embryo of fertility mixed with the remains of a population that once lived and suffered there and knew itself in that suffering. Small impressions, tiny events that clash with the immense, empty and devastated spaces. The great cathedrals, the twisted, rusting metal, the reinforced concrete bunkers with their incipient cracks, perfect for pioneer vegetation. The fires of hell are extinguished, giving over to the first signs of life. Vision examines, searches and frames the microscopic presences in the shafts, beneath the dust, among the lightness of the feathers. Our observations materialise on the three screens, synchronising impressions, emotions and fears." (Studio Azzurro)

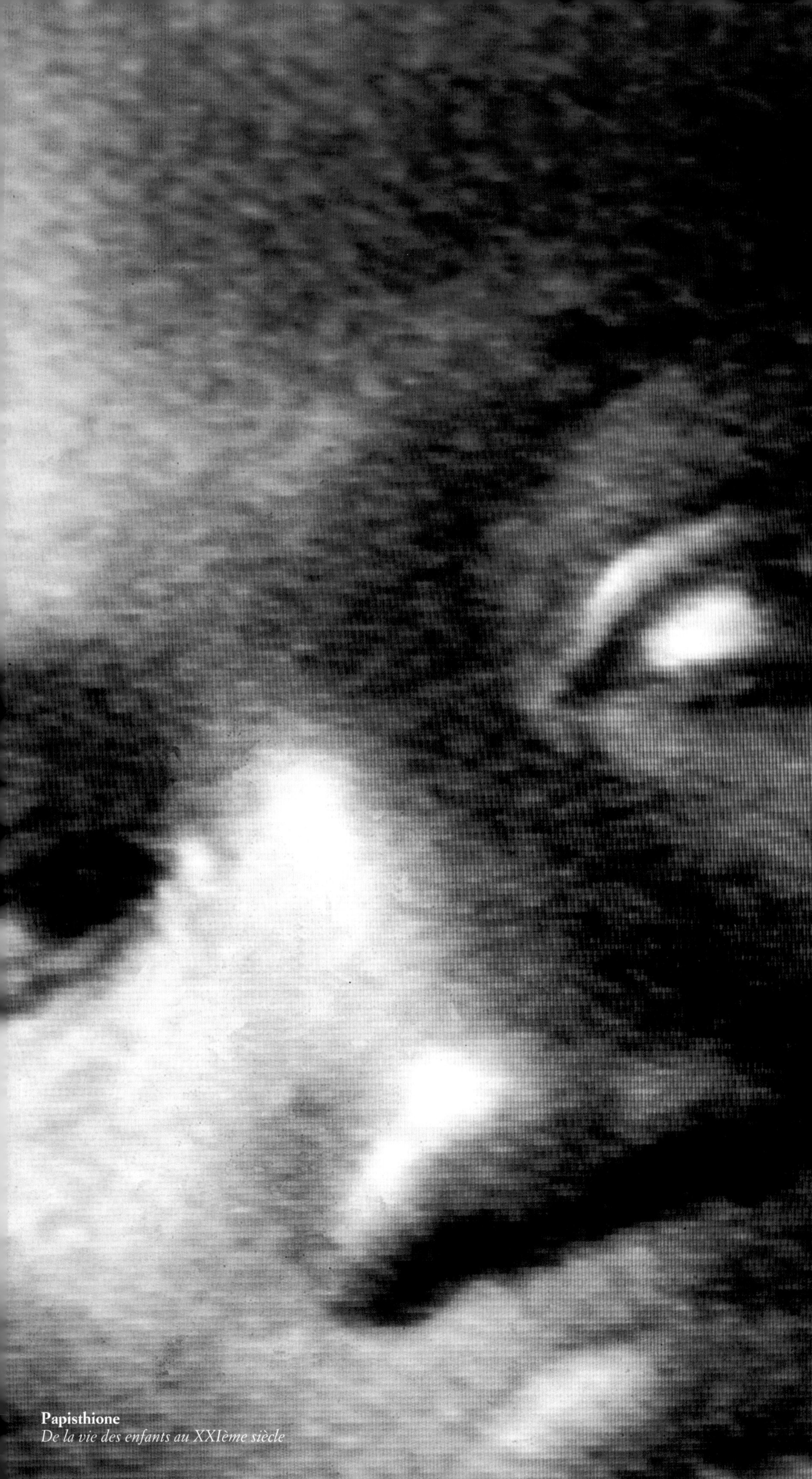

Papisthione
De la vie des enfants au XXIème siècle

Indici

Indexes

Silvano Agosti
Viale Giulio Cesare, 128
00192 Roma
www.silvanoagosti.com
silvanoagosti@tiscalinet.it

Marco Agostinelli
Moloch Rosso Productions
Via Cesare Caporalli, 10
06064 Panicale (PG)
Italia
www.molochrosso.com
dirart@molochrosso.com

Emmanuel Avenel
Marie-France Giraudon
Videographe
460, rue Sainte Catherine Ouest.
Local 504
Montreal QC H3B 1A7
Canada
www.videographe.qc.ca
distribution@videographe.qc.ca

Giuseppe Baresi
Via Pontaccio, 2
20121 Milano
Italia
giuseppe.baresi@libero.it

Battery Operated
Les Bigourdins, 13770
Venelles
Francia
www.batteryoperated.net
beewoo@batteryoperated.net

Gerard Cairaschi
Heure Exquise! Distribution
Avenue de Normandie. BP 113
59370 Mons-en-Baroeul
Francia
www.exquise.org
exquise@nordnet.fr

Mario Canali
Via Rutilia, 11
20141 Milano
Italia
canali@planet.it

Carlisle Susanna
Rout 1, Box 5-C
Glorieta NM 87535
USA
carlisle@cybermesa.com

Claudio Cavallari
Via Onorato Vigliani, 91B
10135 Torino
Italia
clanacav@libero.it

Kurt D'Haeseleer
Argos
Werfstraat
13, rue du Chantier B-1000
Bruxelles
Belgio
info@argosart.org

Benoit Dehaene
Philippe Jubard
Heure Exquise! Distribution
Avenue de Normandie. BP 113
59370 Mons-en-Baroeul
Francia
www.exquise.org
exquise@nordnet.fr

Alain Escalle
Mistral Film
34 rue Sebastien Mercier
75015 Parigi
Francia
mistral.paris@wanadoo.fr

Julie-Christine Fortier
Heure Exquise! Distribution
Avenue de Normandie. BP 113
59370 Mons-en-Baroeul
Francia
www.exquise.org
exquise@nordnet.fr

Yervant Gianikian
Angela Ricci Lucchi
Via Lazzaro Palazzi, 19
20124 Milano
gkianrlucc@libero.it

Gustavo Kortsarz
Heure Exquise! Distribution
Avenue de Normandie. BP 113
59370 Mons-en-Baroeul
Francia
www.exquise.org
exquise@nordnet.fr

Rémi Lacoste
Videographe
460, rue Sainte Catherine Ouest
Local 504
Montréal QC H3B 1A7
Canada
www.videographe.qc.ca
distribution@videographe.qc.ca

François Lejault
Heure Exquise! Distribution
Avenue de Normandie. BP 113
59370 Mons-en-Baroeul
Francia
www.exquise.org
exquise@nordnet.fr

Roberto Nanni
Sacher Film
Via Annia Faustina, 25
00153 Roma
Italia
sacher.film@flashnet.it

Susanna Nicchiarelli
Sacher Film
Via Annia Faustina, 25
00153 Roma
Italia
sacher.film@flashnet.it

Andrea Molaioli
Sacher Film
Via Annia Faustina, 25
00153 Roma
Italia
sacher.film@flashnet.it

Grzegorz Pacek
Filtrowa 79 m12
02-032 Varsavia
Polonia
pacella@eranet.pl

Papisthione
Heure Exquise! Distribution
Avenue de Normandie. BP 113
59370 Mons-en-Baroeul
Francia
www.exquise.org
exquise@nordnet.fr

Monica Petracci
Via F. de Pinedo, 39
47100 Forli
Italia
moki4@libero.it

William Raban
94 Fairfoot road
London E3 4EH
Inghilterra
wraban@bowvisions.demon.co.uk

Kike Riesco
Erivan Phumpiu
Felipe Morey
Cartagena 590
Pueblo Libre
Lima 21
Peru
kikeriesco@yahoo.com

Rob Rombout
44 rue Gillon
1210 Bruxelles
Belgio
rob.rombout@swing.be

Isabella Sandri
Sacher Film
Via Annia Faustina, 25
00153 Roma
Italia
sacher.film@flashnet.it

Valia Santella
Sacher Film
Via Annia Faustina, 25
00153 Roma
Italia
sacher.film@flashnet.it

Harald Schleicher
Wasserrolle, 7
65201 Wiesbaden
Germania
schleich@mail.uni-mainz.de

Tinhoko
Sixpack Film
Neugaugasse 45/13
P.O. Box 197
A-1071 Vienna
Austria
www.sixpackfilm.com
office@sixpackfilm.com

Giacomo Verde
Via del Fosso, 164
55100 Lucca
Italia
info@verdegiac.org

Fan Yuk Man
Videotage
Unit 13, BLK PB567
Cattle Deport. Artist Village
63 Ma Tau Kok Rd.
To Ka Wan, Kowloon
Honk Kong
videotage@yahoo.com.hk

Carlo Isola
Via Pisana, 40
50143 Firenze
Italia
www.poetronica.it
poetronica@poetronica.it

Claudio Prati
Ariella Vidach
AiEP
Via Savona, 108
20144 Milano
Italia
aieprod@tin.it

Michael Mazière
47, George Downing Estate
Cazenove Rd.
London N16 6BE
Inghilterra
michael.maziere@cableinet.co.uk

Studio Azzurro
Via Davanzati, 5
20158 Milano
studioazzurro@planet.it

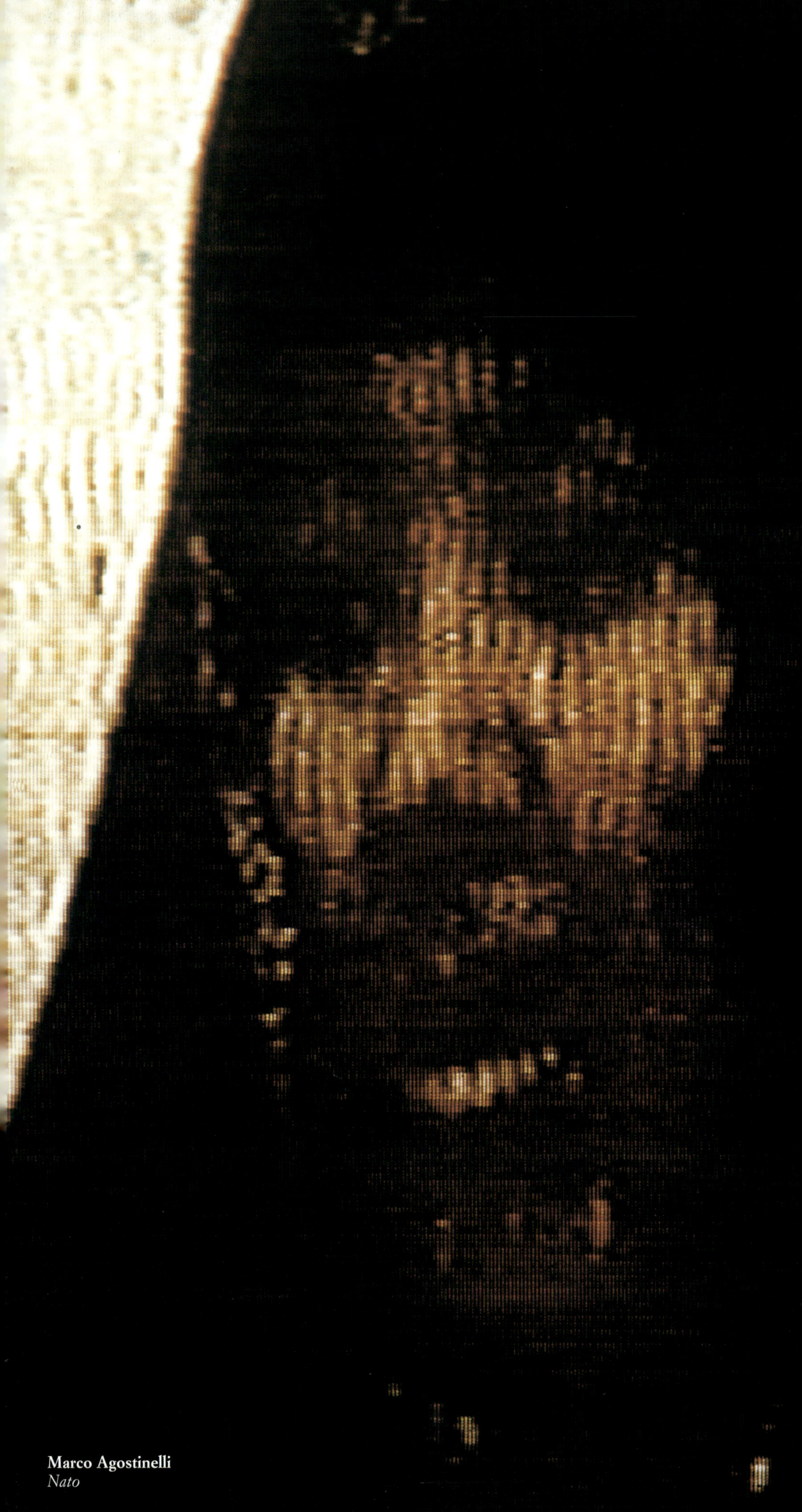

Marco Agostinelli
Nato

INVIDEO
International Festival of Experimental and Art Video

I NVIDEO, organised since 1990 by AIACE (Italian Association of Essai Cinema Friends, affiliated to CICAE, the Confédération Internationale des Cinémas d'Essai) in Milan, is a project supported by the European Union, and the Lombardy Region, the Province of Milan, and Milan Municipality. At present INVIDEO represents a reference point for non fictional video in Italy, it has established itself as the most important Italian event in the field of experimental and art video. INVIDEO acts in several directions, and its most important activities are:

***1.** Organisation, once a year, of a one week Festival in Milan, at the Palace of Art until last year, now in the new and bigger Spazio Oberdan. During these days the best of international and Italian electronic production is shown, thanks to a strong network of collaborators worldwide who bring INVIDEO up to date with electronic news; the programme presents many works and previews, in the last edition 141 videos from 22 countries were shown, 12 from the European Union (Italy, France, Portugal, Greece, England, Hungary, Germany, Austria, Belgium, Spain, Denmark, Finland) 4 from European non-EU countries (Ukraine, Russia, Switzerland, Croatia). The European works were 108, the previews were 83. The last Festival was attended by 7500 people;*
***2.** Yearly publication of bilingual full-colour catalogues of the INVIDEO Festival, with references to the works shown and with essays on video art by international experts;*
***3.** Organisation, during the Festival, of meetings and seminars/conventions with videomakers and publication of the seminars' proceedings;*
***4.** Promotion of Italian and international videomakers by meetings, shows and so on around Europe, thanks to liaisons with European Festivals and Institutions, and to the activity of the New Images European Network;*
***5.** Constitution of a public video library (the biggest in Italy), thanks to the acquisition, year after year, of the most meaningful Italian and international videos, with more than 500 works concerning the most interesting experimental videos, video art and documentaries, selected with the cooperation of a team of experts who are active worldwide;*
***6.** Promotion of videoinstallations at TECHNE, a three months exhibition for this kind of art, from 19 November 1999 to 27 February 2000 at the Spazio Oberdan in Milan (now a yearly rendez-vous) and by exhibiting videoinstallations during the INVIDEO Festival.*

In detail INVIDEO has organized
Ritmo colorato. Forme astratte in movimento dal 1920 ad oggi - Cinema, video, computer *(Coloured rythm. Abstract moving shapes since 1920 - Cinema, video and pc) - Convention at Bergamo Film Meeting, July 1990, Reporter: John Whitney;*
INVIDEO '90 - Mostra internazionale di video d'arte e ricerca, Prima edizione *(International Festival of video art and research, First Festival), Milan, San Carpoforo, November 1990;*

Forum - il meraviglioso elettronico - Nuove frontiere dell'immagine in movimento, *(Forum - The wonderful electronic - New frontiers of moving image), Seminar held by Woody Vasulka and Gene Youngblood, Milan, May 1991;*
Steina & Woody Vasulka, *Complete works' retrospective exhibition, Bergamo Film Meeting, July 1991;*
Robert Cahen, *Complete works retrospective exhibition, Bergamo Film Meeting, July 1992;*
INVIDEO '93 - Mostra internazionale di video d'arte e ricerca, Seconda edizione, *(Second international Festival of video art and research), Milan, San Carpoforo, January 1993;*
Un anno italiano in video - Selezione della produzione italiana indipendente, Prima edizione, *(An Italian year in videos - Selection from Italian video production, First exhibition), Milan, Industria Superstudio, February 1994;*
Incontri con gli autori: Studio Azzurro, Theo Eshetu, Giacomo Verde, Correnti Magnetiche *(Meeting with videomakers: Studio Azzurro, Theo Eshetu, Giacomo Verde, Correnti Magnetiche), Milan, Nuovo Spazio Guicciardini, March/May 1994;*
INVIDEO '95 - Mostra internazionale di video d'arte e ricerca, Terza edizione, *(Third international Festival of video art and research), Milan, Palace of Art, February 1995;*
Selezione della produzione indipendente italiana, *(Selection from Italian independent video production), Bergamo Film Meeting, April 1995;*
Video Artisti Canadesi - Selezione a cura di Peggy Gale, *(Canadian videomakers selected by Peggy Gale), Milan, Nuovo Spazio Guicciardini, December 1995;*
Un anno italiano in video - Selezione della produzione italiana indipendente, Seconda edizione, *(Second exhibition of an Italian year in videos - Selection from independent Italian production), Milan, Industria Superstudio, February 1996;*
I luoghi del video - Heure Exquise! - Incontro con Martine Dondeyne, *(Video's Places: meeting Heure Exquise! With Martine Dondeyne), Palace of Art, Milan, October 1996;*
Video: Istruzioni per l'uso - Peter Greenaway fra cinema e video, *(Video Instructions - Peter Greenaway between cinema and video), Convention coordinates by Ninì Candalino, November 1996;*
Visioni Fuggitive - Incontro con Robert Cahen, *(Fleeting sights - Meet Robert Cahen), December 1996;*
INVIDEO '97 - Mostra internazionale di video d'arte e ricerca, Settima edizione, *(Seventh international Festival of video art and research), Milan, Palace of Art, February 1997;*
INVIDEO '98 - Mostra internazionale di video d'arte e ricerca, Ottava edizione, *(Eighth international Festival of video art and research), Milan, Palace of Art, February 1998;*
INVIDEO '99 - Mostra internazionale di video d'arte e ricerca, Nona edizione, *(Ninth international Festival of video art and research), Milan Palace of Art, February 1999;*
TECHNE - Tra arte e tecnologia - Viaggio nel mondo della video-installazioni, *(TECHNE - Between art and technology - Journey in the world of video installation), Milan, Spazio Oberdan, 19 November 1999 - 27 February 2000;*
INVIDEO 2000 - Mostra internazionale di video d'arte e ricerca, Decima edizione, *(Tenth international Festival of video art and research), Milan, Fondazione Paolo Grassi of Art, November 2000.* ■

ph. +39 02 76115394
info@mostrainvideo.com
www.mostrainvideo.com